股票投资的24个关键财务指标

雷冰◎著

中国宇航出版社
·北京·

图书在版编目(CIP)数据

股票投资的 24 个关键财务指标/雷冰著. --北京：中国宇航出版社，2012.6（2022.3 重印）

ISBN 978-7-5159-0233-3

Ⅰ.①股…　Ⅱ.①雷…　Ⅲ.①股票投资—基本知识 Ⅳ.①F830.91

中国版本图书馆 CIP 数据核字(2012)第 130146 号

策划编辑 田方卿　**责任编辑** 卢　珊　**装帧设计** 文道思

出版发行	**中国宇航出版社**		
社　址	北京市阜成路 8 号 (010)68768548	**邮　编**	100830
网　址	www.caphbook.com		
经　销	新华书店		
发行部	(010)68371900 (010)68768541		(010)88530478(传真) (010)68767294(传真)
零售店	读者服务部 (010)68371105		北京宇航文苑 (010)62529336
承　印	三河市君旺印务有限公司		
版　次	2012 年 7 月第 1 版		2022 年 3 月第 9 次印刷
规　格	787×960	**开　本**	1/16
印　张	17.5	**字　数**	289 千字
书　号	ISBN 978-7-5159-0233-3		
定　价	35.00 元		

本书如有印装质量问题，可与发行部联系调换

前　言

有一次和一个朋友到海边散步，看见附近在建楼，刚打完地基。

朋友问我：“这楼房要建多高？”

我回答：“要看地基打多深了。”

后来聊到股票，朋友问：“这只股票能涨多高？”

我说：“那要看你持有多长时间了。”

朋友想了想，“如果我一直持有呢？”

我们刚好又回到建楼的地方，“像这个楼一样，你要知道它能建多高，就得看看地基有多深，有多牢固。”

“什么意思？”

“分析公司的基本面啊！公司的基本面就是股价的地基，地基有多稳固，股价就会涨多高。”

类似“股价能涨多高”的问题还有很多。比如，为什么有的股票价格这么低，就是不涨？为什么有的股票会涨个不停？为什么有的股票跌个不停？这些现象都离不开基本面。

在这里提及这段对话和股价问题，就是要告诉读者，股市投资什么最重要，基本面最重要，上市公司的基本面，宏观经济的基本面，它们是股市发展的基础。股价能涨多高，不是靠炒作炒出来的，而是靠基本面的支撑。

目前股票分析有两大流派，分别是基本面分析流派和技术分析流派，它们各有优缺点。技术分析简单明了，看图说话，容易掌握，但被基本面分析流派戏称为“花拳绣腿”，因为技术分析无法触及股票涨跌的本质。技术分析的效率大小更多地取决于分析者的经验，因为技术分析完全是站在历史数据的角度，假设未来会重现历史，这本身就给判断未来添加了变数。基本面分析是切入到股价的核心，从研究企业的盈利能力和发展动力出发，进而判断股价运行的内在动力。股价的上涨源于两个方面，一是上市公司的价值，二是市场交易的推动力。基本面分析是确认前者，但无法知道后者。因此，股票投资分析的最好方法是将以上两种方法结合起来，不可偏废。

笔者认为，基本面分析应该提前于技术分析，特别是对于想在股市中长期获利的投资者，更应该掌握基本面分析方法。在基本面良好的公司里，再采用技术分析来完成投资交易，这样才可以大大提高获胜机会，防范交易性风险。

2012年5月1日后，创业板实施严格的退市制度，标志着我国股市在迅速地完善，价值投资将成为我国股市投资的主旋律。在此大背景下，基本的财务分析是投资者必备的能力，不然随时都会遭到惨重的损失。一旦踏着地雷，公司退市，投资者就会血本无归。如何判断公司是否退市，就要仰仗财务分析。

短线投机、波段交易也需要财务分析吗？当然需要！即使是“炒股”也要有基本的财务分析能力，要会看与股票交易相关的关键财务指标。股票其实与其他商品一样，也是有价值的，这种价值就是上市公司的价值。股票价格是由公司价值决定的，任何炒作只是股价暂时的波动。炒得越高，脱离价值越远，股价就会跌得越惨。这就是为什么许多投资者经常在股市里坐过山车的原因。如果我们能够知道企业价值，也就掌握了价格波动的节奏和幅度、投资的机会和风险，给“炒股”提供了准绳。

本书的本意并不是提倡股市炒作，而是能够给投资者一双明亮的眼睛，帮助鉴别上市公司的优劣品质，用简单明了的财务比率掀开上市公司神秘的面纱。

提及财务分析，许多投资者会觉得头大，认为看懂各种报表数据非常困难。本书的目的就是解决普通投资者这一难题，尽量用简洁通俗的语言，将复杂的财务数据简化为简单的财务比率指标，并且提供大量的A股真实案例，帮助读者了解公司基本面。同时结合技术分析方法，让投资更有操作性。

本书的内容分为五大部分：企业的价值与风险、企业的运营效率、企业的盈利能力、企业盈利的真实性和企业的前景与评估。

第一篇“价值与风险”，是基于企业的整体资产结构，对企业的当前价值和存在的风险进行评估。资产价值有两种不同的表现方式：账面价值和市场价值。账面价值可以看做是股票的当前价值，市场价值可以认为是价格。价格是否合理，要对比企业的当前价值和未来价值的大小。企业的风险无处不在，风险的大小直接影响企业的经营效率和股价的涨跌。如果企业无法控制好风险，会引发业绩急剧下滑甚至倒闭，对于投资者来说，最直接的后果就是股价暴跌和上市公司退市。

第二篇“运营效率”，这部分指标反映经营者利用企业各项资产的效率，反映公司的整体管理能力。运营效率越高，说明企业利用单位资源在单位时间里能够为股东创造的收益越多，股价也会表现得更好。

第三篇“盈利能力”，对于投资者来说，这部分指标应该是最受关注的，因为它们直接反映到股价的涨跌之中，因此目前用于评估股价的指标大部分来源于这里，比如大家熟悉的市盈率、每股收益等。正因为它们备受投资者关注，因此才带来很多人为干扰。如何看待这些指标，并非只是数据本身，本篇在介绍这些关键比率的同时，对一些弄虚作假的行为进行了揭露。

第四篇“盈利的质量”，主要涉及企业的现金流。大家投资股票时经常说“落袋为安”，意思是股票没有变成现金，赚得再多也只是账面游戏。其实公司也一样，盈利再好，如果没有变成实打实的现金，那也只是账面数字而已。要分析企业的盈利是否真实可靠，股价是炒作还是真实的价值表现，这部分指标就是检测它们的扫描仪。

第五篇“前景与评估”，是对企业的成长性和股价的合理性进行评价。企业有多大的成长速度和成长空间？股票的未来价值是多少？当前股价是否高估或者低估？这里的讲解指标和评估方法将告诉你这些问题的答案。

在编写本书的时候，考虑到一般投资者对财务知识了解得较少，行文尽量做到简单易懂，让那些没有财务知识的读者，也能通过阅读本书对公司基本面进行分析。本书既可以满足有一定基础的投资者进一步提高财务分析能力，也适合普通投资者使用。

编写本书时采用了大量数据和案例，采集数据的渠道较多，计算量较大，难以保证其中数据100%真实和准确，敬请读者谅解和指正。另外，本书中对相关公司的评价只适用于学习和交流，仅代表作者个人观点，并不构成投资建议，敬请相关人员和读者理解。

雷冰

2012年6月

目　录

第一篇　价值与风险

附录

第一篇　价值与风险

在讲解该篇关键指标前，先来简单地了解一下资产负债表。

企业的经济表现形式为资产，对资产价值的看法有两种不同的方式：账面价值和市场（预期）价值。账面价值反映的是当前或某一特殊时期企业拥有或控制的经济资源的价值。资产负债表反映的就是这种账面的价值及其构成情况，如总资产、股东权益（净值产）、负债等。账面价值主要反映的是企业的当前或历史价值。市场预期价值则是反映未来，是市场给予企业未来资产的预期判断，如股票的市值、兼并收购中支付的对价等。

一般情况下，账面价值与市场价值之间存在差距，因为市场价值包含了对企业未来价值的预期，如果市场预期价值超出账面价值过多，则被认为是市场“高估”，反之是“低估”。

股市投资中，对企业基本面分析的主要任务，就是根据账面价值分析，明确账面价值的大小，分析资产结构的合理性，预测企业市场预期价值是否合理。

资产负债表是会计报表的最重要部分。资产负债表包括“资产、负债、股东权益”三大内容，它们的关系可以用一个等式来表达：

资产 = 负债 + 股东权益

资产：可以理解为公司为了正常经营和创造利润需要付出或待付出的经济资源，并且这种资源是可以计量的。

负债：是三者中最好理解的，就是公司的债务。负债包括流动负债和长期负债。

股东权益：这一内容比较抽象，可以简单地理解为公司的全部资产扣除负债后剩余的部分。股东权益是总资产中属于股东的部分，故也被人们称为净资产。用算式表示就是：

股东权益=总资产–负债

举一个简单的例子。三人合伙做生意，开了一家A公司，需要1000000元资金（资产）作为生意的各种运用资金和资产。1000000元中，他们自己拿出了600000元，向银行贷款300000元，再向朋友借款100000元。这三人就是该公司的股东，他们的股东权益是600000元，负债为400000元。如果他们用500000元购买了店面、机器、原材料等资产，剩有价值300000元的存货商品、200000元现金。那么可以将它们的资产结构简单地进行记录，如表1–1。

表1–1　企业资产负债表

资产	期初	期末	负债	期初	期末
货币资金	200000		银行贷款	300000	
固定资产	500000		其他借款	100000	
商品存货	300000		负债合计	400000	
其他资产			股东权益		
			实收资本	600000	
资产总计	1000000		负债及股东权益总计	1000000	

表1–1就是一张最简单的资产负债表，是对这三人经营的公司的资产负债说明。上市公司对公司资产的记录方式就是基于这种方法，由于上市公司的运营复杂得多，因此资产负债表的内容也要多得多。

表1–2是武汉道博股份有限公司（道博股份600136）2011年度资产负债表。资产、负债和股东权益的相关项目和关系都反映在该表上。

表1–2　武汉道博股份有限公司（600136）2011年度资产负债表（单位：元）

资　产	行次	期末数	负债及股东权益	行次	期末数
流动资产			流动负债		
货币资金	1	20568345.00	短期借款	29	
短期投资	2		应付票据	30	
应收票据	3	5850000.00	应付账款	31	6221860
应收账款	4		预收账款	32	5258758
减：坏账准备	5		其他应收款	33	
应收账款净额	6	4888472.00	应付职工薪酬工资	34	907752
预付账款	7	14612171.00	应付股利	35	1777096
其他应收款	8	3368843.00	未交税金	36	7213836

（续表）

资 产	行次	期末数	负债及股东权益	行次	期末数
存货	9	445447.00	未付利润	37	
待转其他业务支出	10		其他应付款	38	11663816
待摊费用	11		预提费用	39	
待处理流动资产净损失	12		一年内到期的长期负债	40	
一年内到期的长期债券投资	13		其他流动负债	41	
其他流动资产	14		流动负债合计	42	33043117
流动资产合计	15	49733278.00			
长期投资					
长期股权投资净额	16	29250000.00	长期负债		
固定投资			长期借款	43	
固定资产原价	17		应付债卷	44	
减：累计折旧	18		长期应付款	45	
固定资产净值	19	90796675.00	影响非流动负债其他科目	46	1360897
固定资产清理	20		长期负债合计	47	1360897
在建工程	21		负债合计	48	34404014
待处理固定资产净损失	22		股东权益		
固定资产合计	23	120171848.00	少数股东权益	49	9141188
无形及递延资产			实收资本	50	104444000
无形资产	24		资本公积	51	681169
递延所得税资产	25	125173.00	盈余公积	52	6943130
其他长期资产	27		未分配利润	53	14291624
			股东权益合计	54	135501112
资产总计	28	169905126	负债及所有者权益总计	55	169905126

该表采取双栏格式，还有许多报表采取单栏格式，但结构都是一样的。由于不同公司的资产和负债项目不一样，资产负债表和损益表、现金流量表等具体内容项会存在差别，但结构和记录方式基本一致。

按照相关规定，目前A股上市公司需定期向股东公布四张财务报表，即资产负债表、利润表（损益表）、现金流量表和股东权益变动表（所有者权益变动表）。资产负债表是最基础的，也是最重要的。一般投资者往往喜欢看利润表，其实资产负债表里包含的信息更多，较全面地反映了上市公司的整体资产结构和经营状态，也展现了公司的风险程度。

表1–2的左栏是资产项，由流动资产、长期投资、固定资产、无形资产和无形及递延资产等项组成。流动资产还可以继续细分为货币资金、应收账款等重要项目。左栏资产部分的最下一行是资产总计，资产总计是各项资产之和。

在表1–2右栏上部分，即从行次29至行次48是资产负债表的“负债”项，包括流动负债和长期负债两大部分。其中流动负债可细分为多个小项目，如短期借款、应付账款等重要项目。长期负债也可以细分为长期借款、长期应付款等项。行次48是“负债合计”，负债合计是各种负债细分项的累积。

在表1–2右栏下部分，即从行次49至行次54是资产负债表的“股东权益”项目，也称所有者权益。行次54的“股东权益合计”是资产总计扣除负债合计后，属于股东自己的净值（净资产）。

资产负债表中，资产总计必须等于负债合计和股东权益合计之和，即：

资产=负债+股东权益

对资产负债表有了简单的认识后，下面开始具体探讨资产负债率的概念和该项指标的市场意义等。

关键指标1　资产负债率

一、概念

资产负债率是负债占总资产的比例，即负债除以总资产。资产负债率反映的是企业总资产中债务占有的比率。资产负债率可以衡量企业的财务风险程度和上市公司股价的稳定性。企业通过负债经营，会放大企业的盈利或亏损，同时也加大上市公司的股价波动性。理论上，资产负债率越高，财务风险越大，上市公司的股价越不稳定。

企业的合理资产负债率水准因不同的产业和不同的发展时期有所不同，处于发展期的企业资产负债率一般相对较高；处于成熟期后资产负债率相对较低，且较稳定。资产负债率的大小与宏观经济环境有关，在景气时期，企业的资产负债率可以适当增加，而在萧条期，企业会降低负债的比例。

资产负债率虽然对上市公司的股价没有直接的影响，但可以通过资产负债率的高低来评估公司股价的稳定性。一般而言，在宏观经济繁荣时期，资产负债率普遍偏高，对股价的影响不是非常明显。当宏观经济处于衰退和经济低迷时，由于高资产负债率增加了企业的财务成本，盈利受到较大影响，从而会对上市公司的股价起到压制和打压作用，投资者就要采取相对谨慎的态度。

二、计算

资产负债率=（负债总额/资产总额）×100%

资产总额：是指企业拥有或可控制的能以货币计量的经济资源，包括各种财产、债权和其他权利。该项数据在资产负债表中的资产栏目里以"资产总计"的方式出现，是流动资产与长期投资之和。值得一提的是，资产中的"流动资产"项是评估企业资产的变现能力和支付能力的主要指标，对企业的正常运营和盈利起到非常关键的作用，也是本书重点分析的内容。

负债总额：是指过去的交易、事项形成的现时义务，履行该义务预期会导致经济利益流出企业的资产，包括流动负债和长期负债。该项数据在资产负债表的负债栏目内，即"负债合计"项。流动负债项包含短期借款、应付票据、应付账款、应收账款以及员工薪酬等项目，是指在短期（通常是一年）内需要支付的款项。长期负债通常是指偿还期在一年以上，或超过一年的债务，包括长期借款、长期债券、长期应付款等项。

企业在经营过程中的通常风险主要表现在流动负债上，也就是流动性风险。比如2010年至2011年间出现的温州民营企业资金断链问题，基本上属于企业的短期负债过重，无力支付职工薪酬，缺少资金购买生产所需原材料等。企业的风险还表现在长期负债上，这是另一种财务风险，称为偿还风险。

计算演示：仍以前面提到的武汉道博股份有限公司（道博股份600136）2011年度资产负债表为例。

从该资产负债表中，我们可以提取资产总计数字169905126元，负债合计数字34404014元，算式如下：

资产负债率=34404014（负债合计）/169905126（资产总计）×100%=20.25%，即求得道博股份的当期资产负债率为20.25%。

三、意义与作用

1. 资产负债率是衡量公司财务风险程度的重要指标，折射出公司当前股价的风险程度。

资产负债率超出合理范围越高，财务风险就越大，股价上行的压力也越大，风险相对就越大。

企业负债经营是一把双刃剑，利用得好可以为股东赚取更多的利润，如果利用不好，则会造成更大的损失。

我们以前面表1-1为例来讲解。

假设A公司经过一个会计期间（1年）的经营后资产发生了变化，公司亏损了200000元，亏损率为200000元除以1000000元，为20%。那么A公司的资产就缩减到800000元。由于年初的贷款和借款有利息，因此新的负债就是银行贷款加银行利息（假如银行贷款的年利息是7%）和借朋友的钱加利息（假如借款利息是10%），为431000元，在原来的负债基础上增加了31000元，股东权益（净资产）缩减到369000元。期末时A公司的资产负债率为431000/800000=53.88%。比期初的资产负债率增加13.88%。

如果年初A公司只向银行贷款200000元，则期初公司资产为800000元，按同样的亏损率，亏损160000元，期末公司的资产为640000元，比借款400000元少亏损40000元，股东权益为640000元减掉贷款本金和利息214000元，为426000元。期末时A公司的资产负债率为214000/640000=33.44%。比期初资产负债率25%增加了8.44%。

根据这两组数字的对比，在其他条件不变的情况下，A公司负债所占资产比率越大，期末时A公司的资产负债率增加得越快，股东权益缩水越严重，如果不能有效地扭转这种局面，A公司就加快了破产速度，也就是企业加大资产负债比率的同时，也放大了企业财务风险。

这种资产负债率的放大作用，最终必将影响上市公司股价的变化。我们购买股票后，就成为企业的股东，持有股票数量占公司股本的比重越大，拥有公司的净资产比例越大，同样，承担公司亏损或破产的风险也相应增加，当然，享有公司增值收益的权益也越多。如果公司的资产负债率超出了某种水准，那么作为持有该公司股票的投资者，就会承担这种额外的风险。不愿意承担该风险的投资者就会变卖手中的股票，这样资产负债率越高，风险越大，投资者抛售股票的动机就越大。同时，关注该股的投资者也厌恶这种超出的风险，并拒绝买入该股票。在持有者和观望者的双重压力下，就会导致股价下跌。这种现象在股市处于牛市后期和熊市中最为明显，因为此时市场对股市风险的关注度大于收益。

2. 资产负债率可以评价企业的管理能力及盈利能力。

企业管理层如何控制合理的负债额度，如何利用包括负债在内的资源来做到利润的最大化，这是对企业管理能力和盈利能力的有效评估。企业充分利用负债，创造出远大于负债成本的收益时，说明企业的管理能力强；相反，企业没有利用好负债，所获得的收益小于负债成本时，则管理能力较差。不过这一点需要结合企业或新项目的进程阶段具体分析。一般情况下，在企业或新项目处于起步初期时，由于新项目还没有进入盈利阶段，资产负债率相应较高，并没有产生出大于负债成本的收益，这是可以理解的。

前面讲过资产负债率的杠杆作用，它既然可以放大风险，那么同样也可以放大收益。我们还是用上面的例子说明。

如果A公司经过一个会计期间（1年）后盈利200000元，则总资产为1200000元。由于银行贷款和借款的利率没变，因此负债仍然是431000元。这样期末的资产负债率为35.9%，比期初的40%下降了4.1个百分点。期末股东权益为769000元，比期初增加了169000元，净资产增长率[净资产增长率=（期末净资产–期初净资产）/期初净资产]为28.17%。

假设A公司年初只向银行贷款200000元，按同样的经营能力，则A公司期末资产为960000元，股东权益为746000元，净资产增长率为24.33%，小于期初负债400000元情况下的28.17%。

从以上对比可以看出，负债给企业带来了更快的增长，也就是给股东带来了更多的收益。这说明企业管理者如果能够有效地利用负债，就可以为股东带来额外的收益。

3. 合理的资产负债率有利于企业的发展壮大，有利于上市公司股价的稳定和上涨。

总体来说，上市公司的负债需要付出的成本代价往往要小于对股权的付出，如果利用负债能够创造出大于负债成本的利润，则可以增加现有股东的收益，股东权益回报率就获得放大，公司的发展速度加快。反之，如果公司没有合理地控制负债比率，获得的利润无法弥补负债成本，那么股东权益就会流失。

一般认为，成熟企业的资产负债率在40%至70%之间是比较合理的数字。资产负债率低于40%，说明企业的财务政策趋于保守，企业管理者没有较好地利用负债来创造额外的利润，或者是企业没有更好的发展项目。如果资产负债率高于70%，则显示企业的财务政策趋于激进，如果没有相应的利润或发展项目与之匹配，投资者就需谨慎对待上市公司高企的股价。

4. 资产负债率的变化趋势可以反映宏观经济的走向和上市公司的财务策略。

如果资产负债率整体下滑，说明整个经济进入紧缩，对股市产生系统性负面影响；相反，资产负债率整体抬高，说明宏观经济复苏或进入增长阶段，股市也会进入牛市。对于单个上市公司来说，资产负债率从较低水准出现上升，可能是公司进入发展期，股价会出现上涨；当资产负债率从高位出现向下的拐点，可能是企业已经完成扩张期，进入成熟期，股价很可能会从高位开始回落，然后趋稳。

5. 资产负债率越高，企业重新贷款的难度就越大。

公司向银行或其他机构、个人借债时，这些机构或个人会评估公司的还款能力，要看公司历史和当前的负债情况，以及当前和未来的发展和盈利能力，资产负债率自然成为潜在债权人考虑的重要因素，过高的资产负债率会让他们更加谨慎。

6. 资产负债率还可以衡量企业在清算时的利益分配，保护债权人利益的程度。

如果企业出现破产，企业剩余资产优先支付职工薪酬福利、所欠税款和普通债权人债权等，最后剩余资产才是股东自己的。资产负债率反映了企业剩余资产中有多大比例是必须优先支付的。资产负债率越高，最后剩余给股东的越少，如果资产负债率大于100%，股东的权益等于零。事实上，一旦企业宣布破产，股东的投入全部付之东流。

7. 资产负债率对股价的影响是潜在的。

直接影响上市公司股价的因素来源于两个方面：从市场的表现看，股价直接受到市场交易的影响，即二级市场中的供求关系直接影响股价的涨跌。投资者看好某只股票或整个股票市场时，需大于供，推动股价上涨；相反，市场不被投资者看好时，抛售的人数多于买入人数，供大于求，股价就会下跌。从影响股价表现的根本基础，即从基本面上看，宏观经济和企业的盈利能力、发展前景以及风险程度影响着股价的变化。资产负债率是反映企业风险程度的重要指标，也是影响投资者交易的重要因素，资产负债率超出其盈利能力，理性的投资者自然不会买入这些公司的股票。

四、注意事项

1. 在分析资产负债率对股东权益和股价的影响时，需要考虑负债的杠杆作用。资产负债率越高，其杠杆作用越强，对股东权益和股价的影响越大，这种影响既有负面作用也有正面作用。如果负债给股东带来额外的收益，股价也会超出正常价格；如果负债产生的成本吞噬股东的权益，就会对股价产生压制作用。资产与负债的杠杆作用可以用财务杠杆系数来衡量。财务杠杆系数是指普通股每股利润的变动率相当于息税前利润变动率的倍数。计算公式为：

财务杠杆系数（DFL）= 普通股每股利润变动率(△EPS/EPS)/息税前利润变动率(△EBIT/EBIT)

其中，△EPS为普通股每股利润变动额；EPS为变动前的普通股每股利润；普通股每股利润变动率=（报告期每股收益–基期每股收益）/基期每股收益。

△EBIT为息税前利润变动额；EBIT为变动前的息税前利润。息税前利润变动率=（报告期息税前利润–基期息税前利润）/基期息税前利润。

DFL的值越大，筹资风险越大，财务风险也越大。在资本结构不变的前提下，EBIT的值越大，DFL的值就越小；在资本总额、息税前利润相同的条件下，负债比率越高，财务风险越大。

财务杠杆系数更具体地描述了企业负债经营的风险程度。在应用财务杠杆系数测定企业财务风险程度时，必须注意其应用条件，即企业息税后利润大于零，资本规模、资本结构、债务利率等因素基本确定时，才能使计算出的财务杠杆系数具有实际价值。

2. 合理的资产负债率与企业的资产大小并没有直接的正相关或负相关关系，而是取决于企业本身的经营发展需要和债权人的认可度，是否超出企业的偿还能力。企业的偿还能力可以从两方面考虑，一是结合资产负债中的短期负债项和流动资产项，将两者进行对比，看流动资产与短期负债是否平衡；二是企业的长期资产或总资产与企业的长期负债之间是否处于平衡状态。

3. 评估资产负债率对企业财务风险及盈利能力的具体影响时，可以将资产和负债进行细分，评估企业资产的组成部分对风险和盈利的影响，分辨出负债中的主要项目，短期负债和长期负债的比率关系。比如短期负债情况、长期负债情况，可以参考后面的流动比率和速动比率等指标。如果企业的短期负债存在较大风险，就会影响企业的中短期股价表现，长期负债存在风险可能制约股价的长期走势。

4. 在分析企业的负债情况时，要特别关注负债的目的和结果。企业负债是为了正常的经营运转，还是因为新项目研发或上马。如果是日常的正常运营，就要结合企业的资产运转效率、盈利能力及现金流量等，判断企业的负债是否有效。如果是上马新项目，则要知道新项目的未来前景预期，评估是否值得投资者进行长期投资。对负债经营结果的研究，需要看历史数字，企业以前负债经营的一贯表现如何，投资利润率是否高于负债利息率。如果企业的表现一贯良好，投资者就可以放心持有或买入该股。

5. 在分析资产负债率时，要结合宏观经济、行业和企业的运行周期阶段考虑。资产负债率在不同时期、不同行业里对股价的反映和影响也不相同。宏观经济处于繁荣时期，资产负债率要偏高。宏观经济的变动对科技含量较高的行业来说影响较大，其资产负债率的波动也较大。另外，企业处于成长时期，资产负债率要比成熟时期或衰退时期高。

6. 不同行业之间，资产负债率所表达风险的标准会有所不同。一般来讲，企业产品的盈利能力较高，或者企业资金的周转速度较快，日常经营活动取得大量现金且现金流比较稳定的行业，还有企业的可变现资本较充足，抵押价值较大的行业，企业可承受的资产负债率也相对较高。经营环节占用大量资金的行业和竞争激烈的行业，企业倾向于降低资产负债率。

7. 政策导向对企业资产负债率的影响。一般受到国家财政政策支持的行业，其资产负债率往往会提高。这是因为，在国家财政政策的支持下，某些行业会得到银行机构的支持，贷款成本和额度都会受到优惠，这样就可以刺激这些行业的发展。

8. 投资者在评估资产负债率的风险标准时，需要结合企业发展需要。如果企业有发展前景良好的项目，采取增加负债的方法筹资，此时投资者应该认可资产负债率的上升。在对公司前景看好的情况下，投资者可以采取较积极的态度，因为这可能会给投资者带来更多的超额价值，比如说股价的连续大幅增长。

9. 不同的投资者对资产负债率的看法存在差异。正如在股票二级市场交易中，有厌恶风险的稳健型投资者，也有喜好风险的激进型投资者。资产负债率的杠杆作用折射到股价的变化上，也会使股价波动加大。高资产负债率的公司可能让投资者享受高成长带来的高回报，因此喜好风险的投资者就敢冒风险。

五、股市应用

1. 资产负债率并非决定股价走势的关键指标，也不对股价产生直接影响，因此该项指标不可以作为股票交易的决定性指标。决定股价的关键因素有两个方面，一是企业自身的盈利能力和未来发展空间，二是交易市场中投资者的交易行为。前者是股价的基础和决定性因素，对股价的影响是深远的；后者是股价的市场表现。资产负债率对股价的影响是辅助和间接的。资产负债率在一般情况下不能单独作为投资者买卖股票的指标。

2. 资产负债率低，并不能说明上市公司的价值或股票有投资价值。实际上，一些质地较差的上市公司的资产负债率非常低，因为这些公司没有好的产品。对公司前景不看好，经营者就会采取非常保守的态度。当然，也有的好公司可能自身有着较丰富的可用资金，无需大量借债就可以保证自身的经营运转和扩大再生产的要求。决定企业价值大小的是企业的盈利能力和未来发展前景，资产负债率只是衡量企业财务风险大小的指标，并且该指标的风险高低与企业当前和未来的盈利能力呈负相关。

3. 资产负债率作为选股的参考指标时，可以注意以下几点。

①激进型投资者可以寻找那些资产负债率偏高的中小型上市公司，结合公司的资产结构和销售状况进行基本面分析。如果企业的销售情况良好，产品有竞争力，股价并没有较大涨幅，那么这些中小型公司的股价往往会有不错的表现。这是因为，这样的公司多半为成长型的公司，虽然未来存在着不确定性，但企业的盈利能力及发展势头表现良好，所以相对于承担的风险来说，可观的收益也一样值得期待。

②稳健型投资者可以选择那些资产负债率基本处于安全范围内（偶尔可以超出或低于资产负债率的安全范围），业绩平稳增长的绩优公司。在这方面，苏宁电器（002024）是一个典型的案例。该公司的资产负债率一直都控制在50%~70%之间，企业的销售状况也一直保持良好，销售毛利率和销售净

利率一直处于增长之中。因此，像这类上市公司的股票还是值得投资者长期持有的。

③作为获取暴利的参考指标，利用资产负债率指标有时候也可以捕捉到“黑马”。根据统计，在A股中，出现重组、资产注入、收购等题材的股票，这些上市公司经常会出现连续几年都有非常高的资产负债率，这一点也是A股市场的特色吧。

4. 在股票交易中，投资者也可以利用资产负债率来控制交易风险。投资者在买入股票时，资产负债率虽然不是重要的指标，但在市场风险来临时，却可以起到警示风险的重要作用。比如，当宏观经济或行业出现拐点，股市的技术走势也面临转向时，此时对资产负债率的分析就非常重要。如果宏观经济或行业出现衰退，那些资产负债率较高的个股面临的股价下跌风险，比资产负债率较低的股票更大。因此，在股票交易中，资产负债率的预警作用比选股作用更为重要。

六、案例：鲁商置业（600223）资产负债率分析

2009年以来，房地产行业可以说是让投资者最揪心的板块。我们现在选择两个有代表意义的上市公司，利用资产负债率来分析一下房地产板块个股的表现。

表1-3是万科A（000002）和鲁商置业（600223）两家房地产公司2000年到2011年的资产负债率和总资产利润率的统计表。

表1-3　两家公司资产负债率和总资产利润率统计表

日期	万科A（000002）		鲁商置业(600223)	
	资产负债率	总资产利润率	资产负债率	总资产利润率
2011/12/31	77.0997	6.176	92.0426	2.152
2010/12/31	74.6861	6.7606	89.67	6.4099
2009/12/31	67.0017	6.7102	90.4233	9.3553
2008/12/31	67.4441	5.7651	90.4619	–3.0892
2007/12/31	66.1125	10.1878	82.6576	0.2612
2006/12/31	64.9418	9.6355	78.6304	–18.6417
2005/12/31	60.9809	10.5321	62.4407	–3.2389
2004/12/31	59.4163	9.6594	55.7353	0.6427
2003/12/31	54.9243	8.8446	52.414	3.836

（续表）

日期	万科A（000002）		鲁商置业(600223)	
	资产负债率	总资产利润率	资产负债率	总资产利润率
2002/12/31	58.2944	7.0756	39.2727	4.5354
2001/12/31	51.7797	8.3183	28.5707	6.3514
2000/12/31	47.2516	7.6336	23.5915	9.5352

基于表1-3的数据，图1-1是万科A和鲁商置业的资产负债率走势对比图，图1-2是总资产利润率走势对比图。

从表1-3和图1-1中，很明显地看出鲁商置业的资产负债率上升幅度远大于万科A，2005年后大大超过万科A，并继续攀升到90%上方，超出同行业近20个百分点。万科A虽然也处于上升趋势，但上升幅度较小，2011年的资产负债率为77.1%，略高于行业平均值72.2%。

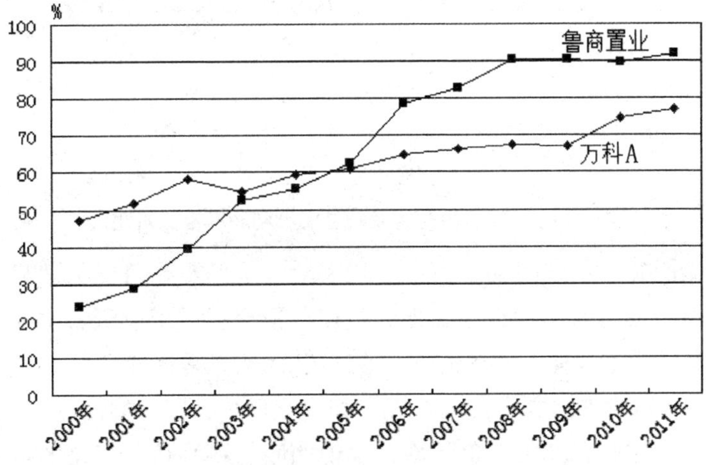

图1-1　万科A和鲁商置业的资产负债率走势对比图

从图1-2可以看出，鲁商置业的总资产利润率波幅非常大，2006年处于最低点，为-18.67%。反观万科A，总资产利润率一直保持在5%上方。2009年到2011年，房地产行业受到政策调控影响，房地产板块上市公司的流动性受到较大的影响。在控制财务风险的前提下，获得较充分的流动性成为房地产公司的首要任务。这三年中，鲁商置业的资产负债率维持在90%左右，几乎没有变化，这可能存在两个因素，一是企业不敢再增加风险，二是可能很难获得新的贷款。因为鲁商置业的负债率较高，而且其盈利能力不稳定，银行或其他债权人不敢再给该公司进行贷款。万科A在这三年中，资产负债率反而增长了10%。这也存在两个原因，一是由于万科A历史资产负债率相对较低，为了应对房地产企业的流动性困难，可以扩大负债；二是由于万科A的资产负债率没有达到危险程度，并且该公司的历史偿还记录良好，盈利能力相对较强，因此银行愿意继续贷款给万科A。这样万科A相对于鲁商置业就存在明显的优势。

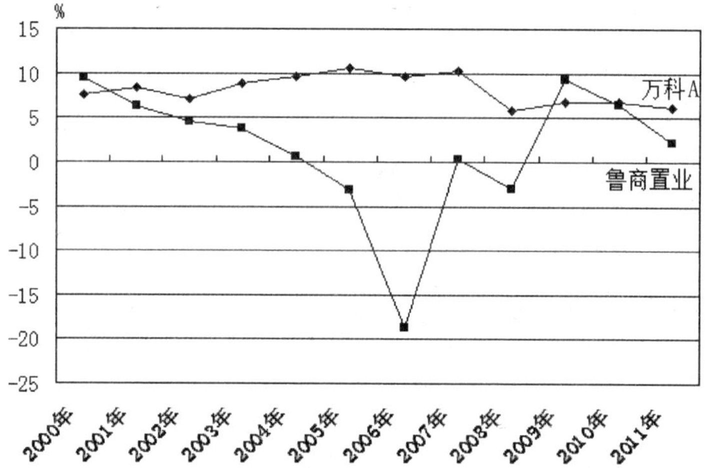

图1-2　万科A和鲁商置业的总资产利润率走势对比图

在房地产处于景气时期，资产负债率对股价的影响可能无法显现出来，一旦宏观经济或行业出现衰退，那么资产负债率就成了投资者主要的投资依据。排除其他因素（如企业与政府、银行和大股东等因素）的影响，投资者很难相信像鲁商置业这样的经营状况，如何支付这么沉重的债务。

鲁商置业如此高的资产负债率，也说明股东将背负着高昂的负债成本。比如公司用于山东省常春藤三期工程的开发建设，2011年初公司向威海市商业银行贷款人民币 1 亿元，期限半年，年利率 8.5%；用于凤凰城三期项目建设贷款5 亿元，期限 3 年，执行年利率 7.32%；用于国奥城项目的开发建设，向渤海银行济南分行贷款不超过人民币 2 亿元，期限不超过1年，年利率不超过 8.203%。这说明如果企业无法获得高于这些贷款利率的利润率，那么企业就会形成恶性循环。如果公司现存的房产无法快速变现，资金链就会出现断裂，企业将面临破产的危险。

像鲁商置业这样资产负债率居高不下的房地产上市公司，在我国还有很多，这其中有我国特殊的背景。一是房地产是地方政府的一大经济支柱，房地产公司与政府及银行有着千丝万缕的关系；二是受房地产行业暴利吸引，已经过度炒作；三是房地产的主要负债目的是购买土地等有形固定资产。这些原因造成房地产业一直享有较其他行业较高的资产负债率，比如2011年房地产行业上市公司的平均资产负债率达到72.2%。

在房地产行业景气时期，鲁商置业这样的高负债率公司，似乎无法用资产负债率来衡量股价的高低和风险，但是当房地产市场出现拐点后，高资产负债率公司的股价就会承受不住负债的压力，其跌幅也会大于同行。图1–3是万科A和鲁商置业2011年下半年以后的股价走势对比图。从图中可以看到，到2011年年底，万科A的跌幅为8%左右，而鲁商置业跌幅达到40%。

图1-3 鲁商置业与万科A的股价走势对比图（2011年8月10日至12月31日）

这个案例告诉我们，企业的资产负债率对股价影响表现在以下方面。

①公司的资产负债率出现异常，如大幅超出同行水平，其股价下调的概率和空间较大。

②在行业出现向下的拐点时，资产负债率的高低与股价的风险程度正相关。

③分析资产负债率，要与同行业上市公司进行对比。

关键指标2　流动比率与速动比率

一、概念

流动比率是流动资产与流动负债的比率，也称为营运资金比率，是衡量企业短期债务清偿能力最常用的指标。利用流动比率这一指标，可以衡量企业财务流动风险，评估企业是否有足够的现金支付短期内到期的应付账款。流动比率也说明企业的流动资产能够在多大程度上快速转换成现金。

速动比率是企业的速动资产与流动负债的比率，是在资产负债率和流动比率的基础上更进一步衡量企业现金支付能力的指标。所谓速动资产，是指流动资产中扣除变现相对困难的其他流动资产，比如存货等。

另外，还有一个描述企业及时偿还能力的指标，即现金比率，它是企业资产中所拥有的货币资金和现金等价物的总和与流动负债的比率。现金比率反映了企业的及时偿还能力。现金等价物指企业持有的期限短、流动性强、易于转换为已知金额现金、价值变动风险很小的投资。现金等价物是企业为了不让资金闲置而购买的短期债券等投资项，但它可以随时兑换成现金。现金比率将存货与应收款项排除在外。现金比率与速动比率有着类似的功能，但对企业短期偿还能力的评估更趋于保守。

资产负债率、流动比率、速动比率和现金比率都是对企业的短期偿还能力的评价，但它们也有着不同的评价目的和程度。

资产负债率是企业总负债与总资产的比率，是评价企业整体财务风险的指标；流动比率是企业流动资产与流动负债的比率，是评估企业短期整体偿还能力的指标；速动比率是企业的货币资金和比较容易变现的资产与流动资产的比率，是对企业短期偿还能力的保守评估指标；现金比率则是企业拥有的现金及现金等价物与流动资产的比率，是对企业及时偿还能力的评估指标。

对于成熟和健康的企业，一般认为合理的比率范围如表1–4所示。

表1–4　企业合理的流动比率、速动比率、现金比率范围表

流动性/风险强弱	流动比率	速动比率	现金比率
差/高	小于1	小于0.5	小于15%
较合理	1.5至2	0.75至1.25	20%左右
好/低	大于2	大于1.25	25%

（注：不同行业、不同经济环境和不同企业的反转时期，这些比率会有所不同。）

流动比率为2（百分比为200%）表示流动资产是流动负债的两倍，也就是说，只要流动资产中的一半变现，就可以保证支付公司所有的流动负债；当速动比率等于1（百分比为100%）时，说明企业刚好可以支付企业的流动负债；现金比率为20%时，说明企业随时可以从流动资产中提取20%的现金用于急需。

一般说来，流动比率、速动比率和现金比率越高，说明企业资产的变现能力越强，短期偿债能力亦越强，反之则弱。企业是否能偿还短期流动负债，这不仅关系到企业的正常经营运作，还关系到企业的商誉。因此，流动比率、速动比率和现金比率在分析企业的财务风险中占有较重要的地位。

流动比率、速动比率和现金比率通常间接地对股价发生影响。这些比率控制得好，说明企业运营效率较高，对股价产生正面影响。在特殊情况下，这些比率也会对股价产生直接影响，这多数表现在企业的流动性控制出现较大问题而影响企业正常运营的时候。

二、计算

流动比率=流动资产/流动负债

速动比率=速动资产/流动负债

现金比率=(货币资金+有价证券)/流动负债

流动资产：是与固定资产相对应的概念，是指企业可以在短期内（通常是1年内）可以变现或者运用的资产。流动资产包括货币资金（现金或银行存款）、短期投资、应收账款、应收票据、存货、预付费用等。短期投资是公司将现金投资于短期项目并可在短期内变现的投资项。应收账款、应收票据和存货属于企业在运营过程中产生的资产，这种资产可以在短期内变现。预付费用指公司运营中提前支付的款项。

流动负债：是指短期内（通常是1年）需要支付的各种款项。流动负债包括短期借款、应付票据、应付账款、预收账款、应付工资、应付福利费、应付股利、应交税金、其他暂收应付款项、预提费用和一年内到期的长期借款等。

速动资产：是相对于流动资产更容易或更短的时间内变现的资产，如货币资金、现金等价物（如交易性金融资产）和各种应收款项、预付款项。速动资产不包括变现能力相对较差的存货项。

货币资金：是企业所储备的现金。

有价证券：是企业随时可以兑现的现金等价物。

计算演示：

我们还是利用武汉道博股份有限公司（道博股份600136）2011年度资产负债表来计算该公司的流动比率和速动比率。

表1-5　武汉道博股份有限公司（道博股份600136）2011年度资产负债表（单位：元）

资　产	行次	期末数	负债及股东权益	行次	期末数
流动资产			流动负债		
货币资金	1	20568345.00	短期借款	29	
短期投资	2		应付票据	30	
应收票据	3	5850000.00	应付账款	31	6221860
应收账款	4		预收账款	32	5258758
减：坏账准备	5		其他应收款	33	·
应收账款净额	6	4888472.00	应付职工薪酬工资	34	907752
预付账款	7	14612171.00	应付股利	35	1777096
其他应收款	8	3368843.00	未交税金	36	7213836
存货	9	445447.00	未付利润	37	
待转其他业务支出	10		其他应付款	38	11663816
待摊费用	11		预提费用	39	
待处理流动资产净损失	12		一年内到期的长期负债	40	
一年内到期的长期债券投资	13		其他流动负债	41	
其他流动资产	14		流动负债合计	42	33043117
流动资产合计	15	49733278.00			

从表1-5中可以提取流动资产合计项数据（49733278元）和流动负债合计项数据（33043117元），这样就可以通过流动比率的计算公式计算出该公司的流动比率。

流动比率=49733278（流动资产）/33043117（流动负债）=1.5

同样，从流动资产合计中扣除存货（445447.00）、待转其他业务支出（0）、待摊费用（0）等非速动资产项数据，就可以算出该公司的速动比率。

速动比率=（49733278−445447）/33043117=1.49

从表中提取货币资金数据（20568345元）并除以流动负债合计，就算得现金比率。

现金比率=（20568345/33043117）×100%=62.25%

三、意义与作用

1. 流动比率、速动比率和现金比率是用来衡量企业短期财务风险的重要指标。

前面学习了资产负债率概念，但是通过资产负债率还无法充分显示公司的财务风险。流动比率、速动比率和现金比率是在资产负债率的基础上，一步一步地对影响企业正常运转的财务风险进行更细致的分析。

企业的财务风险有两种，一种是总负债量所带来的绝对风险，这种风险可能导致企业破产；另一种风险是企业资产和负债的结构性风险，是由于企业的资产结构不合理所带来的风险，如流动性风险。一般情况下，它只是影响企业的正常经营运转，但如果无法控制，也会引发企业破产。

从财务账面观察，有些公司资产负债率的绝对数字并不高，但企业仍然面临严重的财务风险，甚至资金断链，破坏了企业的正常运转。这是因为这些企业的资产负债结构不合理，分配到用于营业的流动资金不足，导致短期偿还或支付能力不足。这种现象无法从资产负债率的大小上查看出来。

2. 流动比率、速动比率和现金比率还可以作为判断企业信用和商誉的依据。

在对流动比率和速动比率作分析时，我们发现有许多行业的龙头公司的流动比率和速动比率长期达不到安全指标2和1，或高于其他同行，但是它们的财务状况却并不令人担忧。这有两个方面的原因，一是这些公司在行业中的地位是其他公司无法撼动的；二是公司的竞争力极强，可以充分利用上下游企业作为短期资金的提供者。

对于没有垄断地位，行业竞争又非常激烈的企业，却是另一番景象。它们从银行贷款或者与上下游企业发生业务时，如果没有足够的信用和商誉，债权人对流动比率和速动比率以及现金比率的评估将更加严格，这些指标成为信用评价的重要指标。如果企业的流动比率和速动比率一直处于不佳状态，或者在账面上有较好的比率数据，但其结构不合理，需要拆东墙补西墙，那么企业的信用自然不佳，这样也导致企业的商誉下降。比如，因经营需要，某公司向银行贷款，该公司的资产负债率、流动比率等指标无法达到银行的评估要求，这时就会遭到拒绝。当企业向上游企业赊账购入生产所需原材料时，对方也会因这些指标产生担忧，从而拒绝赊账或减少赊账比例。

3. 流动比率、速动比率和现金比率可以反映企业管理层的管理能力及企业的运营效率。

流动比率和速动比率都可以用来衡量企业短期流动性的好坏。流动性越好，说明企业能够偿还短期债务的能力越强，反之就越差。但是如果企业的流动比率太大，就会影响企业的资金周转效率，从而影响企业的盈利能力。因此，对于一般成熟企业，流动比率在200%左右较为合理。不过这也不是绝对的，根据不同的行业和经济环境及公司的发展状况，流动比率可以有所不同。具体分析时需要结合实际情况，研究流动资产和流动负债的结构。

在评价企业对流动资产的管理和运营能力时，可以结合流动资产周转率，或者更细致的应收账款周转率和存货周转率，以及经营活动现金流等相关指标进行分析。流动资产周转率是销售收入与流动资产平均余额的比率，反映的是全部流动资产的利用效率。流动资产周转越快，企业的流动和速动资产就越灵活，对流动比率和速动比率的控制可适当放宽。反之，企业的流动资产周转缓慢，则对公司流动比率和速动比率的评估就要更加保守。

4. 通过流动比率、速动比率和现金比率之间的差距，可以评估企业的销售状况。如果企业的流动比率较高，而速动比率和现金比率非常低，说明企业的存货比重可能较大，商品出现积压，企业的销售状况不佳。

5. 流动比率、速动比率和现金比率对上市公司的股价也会产生间接或直接的影响。

对股价产生影响较为直接的是企业的创收能力。企业的净利润可以直接转化为股东的收益，可以以股利的形式分配给股东，也可以作为企业的公积金用于企业的发展。收益的增加直接推动股价的上涨和稳定。流动比率等指标在一般情况下虽然不是股价变化的直接影响者，但通过它们可以知道企业的历史盈利能力和对未来盈利能力的预测。如果企业对这三项比率一直控制在较为合理的水准，充分利用了包括流动负债在内的流动资产，提高了资产利用率，那么企业的盈利自然就会增加，股东也获取了来自于负债创造出来的额外收益，股价也会水涨船高。

在股市中，经常有一些企业由于资金出现问题而导致股价大跌的情况。*ST中达（600074）在2011年10月下旬披露“收到债务逾期催收通知”的公告后，虽然公司一再表示正在积极协商调整还款计划及逾期贷款的处置，但公司资金链严重恶化仍然让投资者失去信心，股价连续暴跌。又如华北制药（600812）2011年9月30的报表中，流动比率只有0.762，并连续几年低于1，公司采用再融资的方法募集资金进行还贷，也引起了投资者的关注和担心，导致股价出现大跌。

四、注意事项

1. 流动比率、速动比率和现金比率对企业的财务风险程度描述并不是完全同步的关系。也就是说，流动比率所描述的风险程度可能与速动比率或现金比率反映的风险程度不一样。比如对流动资产量的统计误差，折旧与应收账款的计提方法，存货价值的确认等因素，都可以造成流动比率、速动比率的计算误差。另外，有些企业的资产注入和担保贷款等，都会对这些比率产生巨大的影响。

分析企业的流动性和财务风险时，需要结合企业的行业特性、规模、行业地位以及资产结构等内容，才可以得出更可靠的结论，切不能将这些指标孤立使用，更不能认为流动比率、速动比率和现金比率，以及前面介绍的资产负债率，对企业风险的反映是同步一致的。

2. 在分析流动比率、速动比率和现金比率时，要结合流动资产和流动负债的结构内容进行分析。

流动资产包括货币资金、短期投资、应收账款、应收票据、存货、预付费用等。流动负债包括短期借款、应付票据、应付账款、预收账款、应付工资、应付福利费、应付股利、应交税金、其他暂收应付款项、预提费用和一年内到期的长期借款等。流动比率或速动比率为什么高或为什么低？在比率的相关成分中，是流动负债项发生变化大还是流动资产项发生的变化大？其中哪些因素是导致这些比率变化的主要因素？这些问题都需要找出答案，这样才可以知道问题所在，才可以准确评估该项指标的变化对企业财务或经营带来什么样的影响。

比如前面计算出的道博股份（600136）三个比率数据，流动比率（1.5）、速动比率（1.49）和现金比率（62.25%），可以发现流动比率与速动比率基本相当，现金比率远远超过正常的安全比率（20%），企业的现金存量非常高，说明企业几乎没有什么库存商品等其他流动资产，这是否说明企业的销售非常好呢？为了寻找其中的原因，就需要进一步分析该公司的利润表和现金流量表，从中找出企业的现金流量来源、支出目的和方式。

3. 分析时要注意了解行业特性和公司规模，并在同行业内进行比较，切忌与行业性质差别较大的公司进行对比。大多数财务指标对不同的产业有着不同的评价标准，只有将分析对象与同行业竞争对手进行比较才有意义。一般而言，商品流动性较强的行业（如商业百货）比流动性较差的行业（如生产型行业）的流动比率和速动比率相对较低；具有行业垄断地位的企业相比规模较小、缺乏竞争力的企业，其流动比率和速动比率要低。

4. 注意对企业的这三项比率进行历史数据对比分析。这种纵向的按时间顺序对比分析的方法，与前面的结构关系分析，以及行业间横向对比分析方法一样，都是财务分析中的重要方法和手段。按时间顺序对流动比率、速动比率和现金比率分析，可以了解这三项比率的变化规律和趋势。

比如，当企业的流动比率达到较高或较低水平，此时就意味着企业可能面临着某种经营方式或资金面上的改变，企业可能要解决当前流动资金紧张或闲置带来的问题。投资者也可以在此时多留意公司的举动，是否有什么实质性的举措，是否会影响股价的大幅变化，从而规避风险，或者寻找新的投资机会。

5. 注意企业经营和财务的重大变化。当企业进行经营策略或经营方向调整等重大决策时，企业会对现有资产进行调整，财务指标也会出现不同程度的变化。比如，公司如果进行战略转型，那么公司就会将原有的资产货币化，这就会相应地减少固定资产和原有商品的库存，原有的负债也会出现下降。此时，流动比率、速动比率或现金比率会出现大幅增长，三者间的差距也可能拉近。如果出现这种迹象，投资者就可以利用这种变化，验证其他渠道所得信息的可靠性，以用于股票投资决策。如前面提到过道博股份（600136）的流动比率和速动比率几乎相当，现金流量达到62.25%，这说明该企业正在积累资金，这是否预示着该公司有某种经营策略的变化呢？

6. 要考虑整个宏观经济的发展阶段。企业是宏观经济组成的一分子，总会受到宏观经济的影响。无论是上市公司的基本面分析还是技术面分析，都需要将公司的财务状况和股价表现与宏观经济或股市的大盘走势结合起来。

宏观经济向好，股市整体系统性风险降低，企业的流动性风险也会适当放宽。宏观经济恶化，银根收紧，企业的财务风险也会随整体经济下滑而加大，对流动性风险的评估也就要相应地收紧。

7. 流动比率、速动比率和现金比率并非是越高越好。前面讲过，流动比率、速动比率和现金比率越高，企业的财务风险越低，但是这些比率并非越高越好。这个比例如果超过合理的水准，则说明企业的资产没有发挥效率。比如，流动比率太高，说明流动资产相对于流动负债太多，可能是存货积压，也可能是持有现金太多，或者两者兼而有之；速动比率或现金比率过高，说明公司持有现金或现金等价物太多；企业的存货积压，说明企业经营不善；现金持有太多，说明企业不善理财，资金利用效率低下。

8. 注意结合其他指标分析。由于流动比率、速动比率有自身的缺陷，必须结合其他关键指标一起分析，才能作出更准确的判断。

首先，会计时间点带来的误差。流动比率等数据都是基于企业的财务报表，也就是某一时间点所产生的数据，这就会带来两种不确定性，一是这些数据是否反映了企业的真实情况（是否被美化）；二是该比率无法对企业未来的流动性作出较客观的评估。

其次，流动资产中的一些项目在会计上的处理方法会带来数据的可靠性问题。比如，折旧政策不同带来的问题。有的公司较保守，折旧比率较高，折旧时间较短，而有的公司折旧比率较低，折旧时间较长，这样在会计报表中反映出来的资产数据就会不一样。再如坏账准备的时间界限、存货的价值评估标准不同带来的问题。保守的公司会计采用较短时间（比如3年）和较高比例的坏账准备，而有的公司则延长坏账准备时间（比如5年或更长时间）和较低比例的坏账准备，都可以导致流动资产、速动资产和现金流量的变化。

因此，投资者不能只看比率数据本身，还要看其他指标。在分析这三项比率时，需要结合其他关键财务指标，尽量减少评估的偏差。

五、股市应用

1. 一般情况下，流动比率、速动比率和现金比率与资产负债率类似，对股价的影响是间接的。但是在特殊情况下，流动比率、速动比率和现金比率也会对股价产生直接的影响。它们对股价产生直接影响，往往是这些比率出现严重失调，引起资金链问题，影响企业的正常运营，从而导致股价大幅波动。如果被媒体曝光，短期股价下行幅度会更大。

例如华北制药（600812）2011年流动比率不到0.8，速动比率也只有0.55，说明企业面临流动性风险。反映到股市中，该股股价从年初的17.40元一直下跌到5.60元，下跌幅度达300%。

在股市投资中，如果持有某只股票，该上市公司出现流动比率或速动比率等急剧恶化现象，就应该尽快回避风险。

2. 流动比率、速动比率和现金比率在选股中的作用表现在以下几个方面。

①激进的投资者可以从流动比率等出现异常的股票中寻找“黑马”股。流动比率等出现异常，说明企业会出现某种变数，这种变数有可能是正面的，也可能是负面的，投资者需要结合其他指标和表外信息来综合判断，看企业是否有经营策略的转变，是否有资产重组或资金注入等方面的可能等。同时还有结合技术分析，观察股价是否已经出现向上的方向性转变，成交量是否出现底部放大等现象。

②稳健的投资者可以选择那些在同行中保持相对较低的流动比率或速动比率的个股，这些上市公司同时在行业中起到龙头作用，这类个股一般会给投资者带来较稳定的收益。需要提醒的是，如果在同行业中不是占有举足轻重的地位，或产品竞争激烈，流动比率和速动比率等长时间处于较低水准并不是好事，说明企业可能存在流动性风险。

图1-4是青岛啤酒（600600）和兰州黄河（000929）的流动比率自2000年至2011年的对比走势图。青岛啤酒的流动比率一直低于兰州黄河，也没有达到2的安全值，这并不能说青岛啤酒的流动性较差。众所周知，青岛啤酒是我国啤酒行业的知名品牌，在行业内的竞争力勿庸质疑。流动比率保持相对较低的水平，说明企业可以利用其竞争地位、品牌效应来获得更丰富的资金。

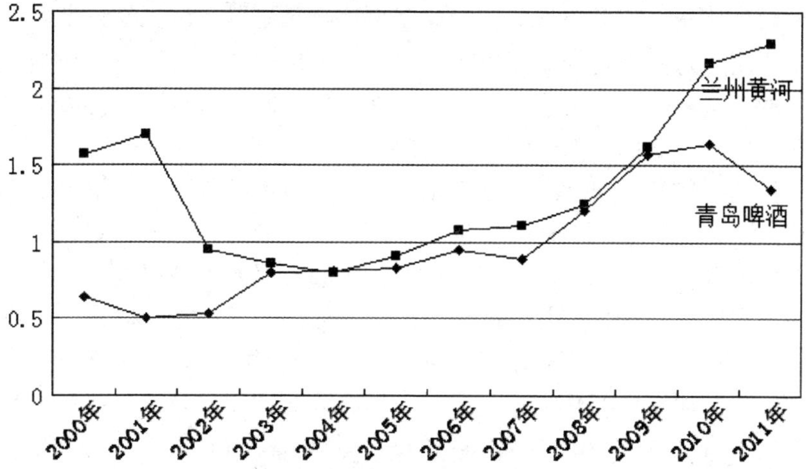

图1-4　青岛啤酒和兰州黄河的流动比率走势对比图

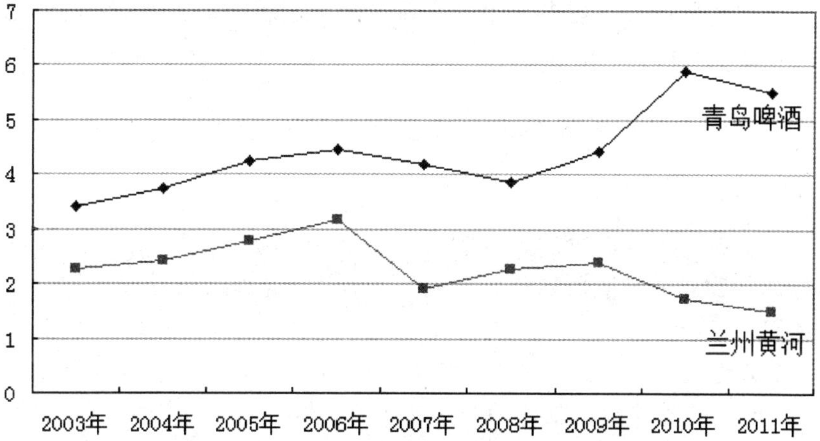

图1-5　青岛啤酒和兰州黄河存货周转率走势对比图

我们还可以对它们的存货周转率进行分析，如图1-5所示。青岛啤酒的存货周转率明显高于兰州黄河，这说明青岛啤酒的存货流动性较好，存货所占用资源远小于兰州黄河，资金回笼速度快，减少了流动比率偏低带来的风险，也就是说青岛啤酒的流动性仍然比较充分。关于存货周转率，读者可以参考后面讲解的内容。

因此，稳健型投资者自然要选择青岛啤酒作为投资标的。

3. 流动比率、速动比率和现金比率更适合判断股票的风险程度。这三项比率主要用于判断企业的短期偿还能力。如果出现比率控制失调，会直接影响企业的正常经营，增加企业的不确定性，这样既从消息面上使股价产生短期波动，也影响企业的盈利水平，压制股价的中长期走势。

4. 投资者在实际交易时，尽量结合技术分析进行判断。股票投资有两大类分析方式，一种是以上市公司的基本面分析为依据进行股票交易决策，也就是对影响股市走势的宏观经济、行业板块和公司基本情况进行分析，其中对上市公司的财务分析是基本面分析的重要内容。另一种是以技术分析来决定买卖的时机。技术分析是指以市场行为为研究对象，以判断股市变化趋势并跟随趋势的周期性变化来进行股票交易决策的方法。技术分析最主要和最基本的内容有价格和指数、成交量和技术图形、支撑和阻力、线条和通道、新高价位和新低价位等。基本面分析和技术分析各有优缺点，孰优孰劣，不能一概而论，在具体分析时要相互结合，取长补短。

关于技术分析，可以参阅中国宇航出版社出版的拙著《K线综合实战分析》和《波段操作实战精解》。

六、案例：华北制药（600812）流动比率和速动比率分析

华北制药是一家老牌原料药企业，公司经营却不尽如人意，该股虽然经常被媒体“推荐”，股价的表现事实结果却令投资者失望。公司到底出现了什么样的问题，造成股价如此疲软呢？下面就从企业的流动比率和速动比率指标谈起。

表1-6是华北制药2002年至2011年9月30日的流动比率等指标统计，图1-6是根据这些统计数据制作的两个比率变化图。从表中数据和变化图可以看出，该公司的流动比率和速动比率基本属于同步变化，整个趋势向下。也就是说该公司的流动性变小，短期财务风险在加大，不过在2007年以后出现了一定的转机。该公司的现金比率变化较剧烈，特别是2009年和2010年出现了异常的状态，这一点要引起高度注意。最后一列的资产负债率也是节节攀升，这说明该公司的整体财务风险逐步加大。

表1-6　华北制药流动比率历史统计

报告时间	流动比率	速动比率	现金流量比率	资产负债率
2011/9/30	0.763	0.524	0.163	89.314

（续表）

报告时间	流动比率	速动比率	现金流量比率	资产负债率
2010/12/31	0.824	0.576	–12.381	87.043
2009/12/31	0.808	0.630	22.492	87.797
2008/12/31	0.669	0.517	20.315	76.265
2007/12/31	0.602	0.427	12.803	78.180
2006/12/31	0.613	0.482	10.754	80.155
2005/12/31	0.644	0.463	4.072	79.185
2004/12/31	0.783	0.589	6.031	77.405
2003/12/31	0.873	0.741	13.080	62.072
2002/12/31	0.927	0.801	18.163	61.664

该股所处的生物制药行业又如何呢？根据对177只涉及生物制药的上市公司的统计，2011年该板块的平均流动比率为6.281，资产负债率为38.9%，也就是说华北制药的流动比率远远低于行业平均值，资产负债率远远高于行业平均值。也就是说，华北制药出现的流动性风险并不是整个行业的共性。

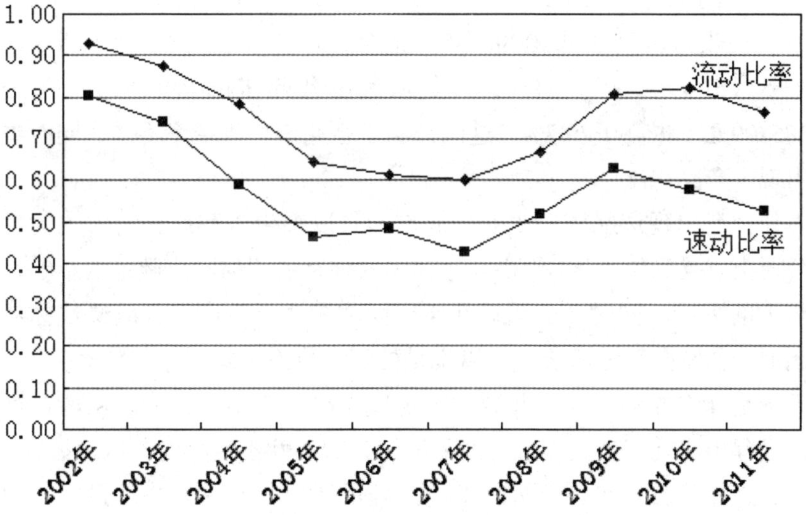

图1-6　华北制药流动比率和速动比率变化图

那么，是什么原因造成华北制药出现这种财务风险呢？

可以先看看企业的主营收入和销售收现比率的情况。图1-7很明显地反映了2002年以来的营业收入与实际收现的关系。2010该公司的销售收入猛然增加，但收现率却出现负值，说明公司销售并没有带来实质性的流动性改善。

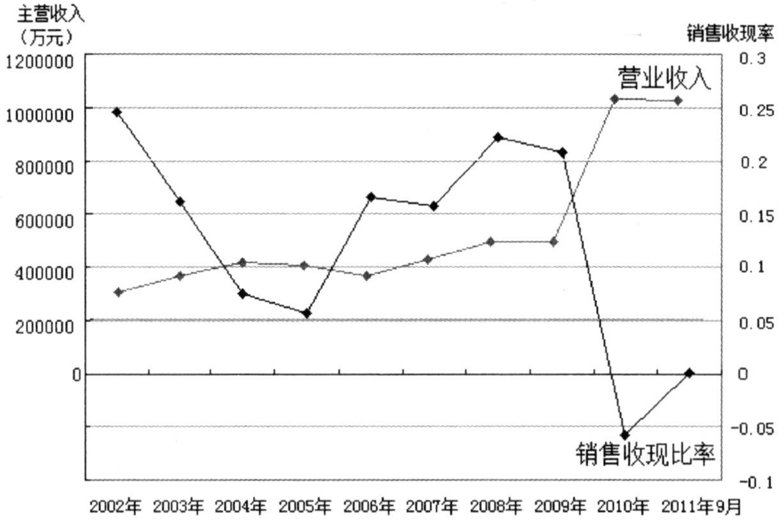

图1-7 华北制药营业收入与销售收现比率对比图

华北制药的应收账款和存货在2009年到2011年的3年中出现较大幅度上升，应收账款净额从2009年年末的668604736元上升到2011年9月30日的1009541564元，提高51%；存货从2009年年末的799362449元上升到1436385799元，提高了79.7%，这既证实了企业销售收现率不高，同时也说明企业出现了产品积压。

为什么会出现产品滞销呢？华北制药是以维生素和原料药为主的生产企业。公司由于受到维生素C价格低迷和国内抗感染药物限用政策的影响，业绩出现较大的下滑。同时，公司近几年还面临淘汰落后产能，战略目标从原料药向制剂生物制药转型阶段，可以说是处于青黄不接之时。

无论是什么原因，从这些数据上可以得出一个结论：华北制药在近几年的经营过程中出现了较大问题，产品滞销，流动性不足，财务风险显现。

那么，作为投资者应该如何对待这样的股票呢？这取决于投资者的投资理念。稳健型的价值投资者，会对这种公司采取谨慎态度，一般不会参与。但对于喜好风险者，可着重分析公司未来的业绩拐点是否存在，何时可能出现，然后再制定相应的投资策略。比如，华北制药主打产品维生素C的价格何时出现回升；公司对抗感染药物的限用如何做出积极的调整；公司从原料药向制剂生物制药转型的进程是否顺利，等等。一旦这些问题得到有效解决，华北制药的业绩自然会出现拐点。

另外，还可以关注这类公司是否有“有钱人”乘机收购或资产注入。收购和资产注入既解决公司的流动性问题，同时也注入新的资产项目。一旦有了这种题材预期，股价就会被市场放大炒作，或许喜好风险的投资者可以得到意想不到的收益。当然，对于股价走势，还需要结合多方面来分析，除了公司基本面分析外，还要结合消息面和技术分析。在这里必须提醒的是，参与这类公司的操作风险很大，可以说这样的上市公司面临降级（ST亏损公司）甚至破产，因此投资者一定要将控制风险放在首位。

关键指标3　市净率（股价/账面价值比）

一、概念

市净率就是股价账面价值比，是股价除以账面价值得出的比率。因为账面价值称为股票净值，因此股价账面价值比又简称为市净率。其中的账面价值是指公司的资产减去负债后，可供分配给股东的净资产价值，即大家通称的股东权益。

股价和净资产是影响市净率高低的直接因素，股价越高，净资产越少，则市净率越大；股价越低，净资产越多，则市净率就越小，这两个因素的相对变化决定市净率的高低。

市净率是表示每1元的股东权益在证券交易市场中能值多少钱，该指标直接地反映了投资者购买股票的现实价值与购买成本的差距。投资者也可以通过市净率的变化来判断股票未来的上涨空间。一般来说，市净率较低的股票，投资价值较高；相反，市净率越高则投资价值较低。但这不是绝对的，在实际分析中需要结合市场环境、公司所在行业、盈利能力和未来发展预期，分析市净率是否合理。

市净率是影响股价变动的重要指标之一。投资者在买入某只股票时，考虑的是股价的安全程度和股价的上涨动力。决定股价的安全程度有多种因素，其中市净率是重要的指标之一。低市净率的股票，说明用同样的成本可以买到更多的企业净资产。

二、计算

股价账面价值比=总市值/账面价值（股东权益）

或：市净率=价格/每股净资产

总市值：是指在某一特定时间（如分析的时间点）内总股本数乘以当时股价后得出的股票总价值。

股价：是指股票的当前每股市场价格。

账面价值：又称净资产、净值或股东权益，是企业有形固定资产加上流动资产，减去流动负债、长期负债以及其他负债得到的数值，代表股东真正拥有的资产净值。该项数据在资产负债表中可以找到。

股东权益：又称净资产，是指公司总资产中扣除负债所余下的部分。是指股本、资本公积、盈余公积、未分配利润之和，代表了股东对企业的所有权，反映了股东在企业资产中享有的经济利益。

每股净资产：是净资产（即股东权益）除以已发行流通在外的股数（普通股）。净资产的多少是由股份公司经营状况决定的，股份公司经营业绩越好，其资产增值越快，股票净值就越高，因此股东拥有的权益也就越多。每股净资产数据在上市公司网站和各种交易网站中的财务分析数据中均可以找到，也可以通过资产负债表相关数据计算。

三、意义与作用

1. 市净率是表示每1元的股东权益在证券交易市场中的价格。

比如2012年第一家发布财务报告的上市公司营口港（600317），其截至2011年12月31日的资产负债表中，股东权益为5219830000元，流通股总数为1097570000股，则每股净资产为5219830000元除以1097570000股，得4.76元/股。

如果2011年12月30日每股股价为4.06元，则市净率为股价4.06元除以每股净资产4.76元/股，得到营口港的市净率为0.85。也就是说，如果投资者持有1元该公司资产，当日在市场中交易，只能卖0.85元。从当前价值来看，这显然是不划算的。

2. 市净率是判断股价风险的重要指标之一。

在分析公司的股价风险时，可以按时间顺序对比市净率的历史变化情况，用以判断股价的稳定性和发展趋势。如果股价上涨，市净率稳定，说明企业基本面能够支持股价继续上涨。相反，如果股价上涨，市净率增长幅度放大，则说明公司净资产并没有与股价相应同比增长，则市场有炒作的嫌疑，交易风险也就加大。如果市净率出现大幅度的波动，就需要深入分析造成这种大幅波动的原因，留意是否存在人为的会计处理或涉嫌操纵股价。

同样也可以在行业内对比竞争对手的市净率，即市净率的横向比较。如果个股市净率大幅偏离行业平均市净率，那么就需要引起投资者的注意，分析造成这种大幅偏离的原因，要留意远高于行业市净率平均值的上市公司的股价风险。

3. 市净率可用于判断整体市场的风险和机会。

对于不同产业的股票，其市净率有不同的分析标准。不同的公司，在不同的发展阶段，会有不同的市净率。但对于整体市场来说，市净率是衡量市场风险和投资机会的一个重要指标。

对于一个成熟的股票市场，其整体平均市净率在1.5~3倍之间，可以认为是一个合理区间。也就是说，如果市场整体平均市净率高于3倍，则认为市场存在风险，向上偏离3愈多，风险愈大；而低于1.5倍，则说明市场面临投资机会。从个股数量来看，如果个股市净率大面积出现跌破1的现象，也就是股价低于每股净值，则认为市场整体进入低估区间，投资机会加大。

需要注意的是，市净率对风险的预警作用要大于对投资机会的提示作用。

4. 市净率还可以作为确定新发行股票初始价格的参照标准。

在新股发行中，市净率往往是新股定价的重要参考指标。在新股定价时，参考同行业及竞争对手的市净率确定新股发行价格是常见的做法。投资者除了评估公司项目及发展前景之外，还要看公司拥有的实实在在的资产价值有多少。依据市净率定价法估计股票发行价格时，首先根据审核后的净资产，计算出发行人的每股净资产。然后根据二级市场的平均市净率、发行人所在行业的情况、发行人的经营状况及净资产收益率等，拟定发行市净率的大小，确定发行股票的价格。

5. 在判断股价合理性和分析某种类型的股票时，市净率有时候比市盈率更可靠。

无论行业景气与否，上市公司每股净资产一般不会出现大幅波动，而企业的盈利状况则变化较大，致使市盈率的波动幅度也较强，因此市净率有时比市盈率更具参考价值。在实际交易中，投资者可以根据市净率的这种波动性来把握波段操作的时机。比如，在股市处于极端状态下，比如牛市后期的疯狂时期和熊市末期的超跌中，市净率对股市的风险和熊市机会来临的判断是非常有用的。针对那些周期性行业的个股来说，市净率也比市盈率更能发挥作用，此类股票每股盈利随行业景气度的变化可能出现极大波动，市净率指标相对稳定，此时就可以发挥作用，因此对股价变化规律的判断极具参考价值。

四、注意事项

1. 不同公司进行比较时，要采用同一口径的计算数据。

计算上市公司净资产时，多数并不包含股权（外部股东因合并拥有附属公司所持有的部分资产）及商誉在内。另外，如何评价土地资产、已上市项目及未上市项目，都会出现不同的方法，从而造成净资产的统计误差。有的公司将长期持有的土地资产以每年重新评估后的价值计入，已上市投资项目以成本价或市价计算其价值，未上市投资项目则以成本价计算其价值。各家上市公司统计口径不同，因此，在对比不同公司或分析公司历史资料时，要采用同一口径。

2. 股价账面价值比（市净率）在评估有形资产占比较重的上市公司时更有效。

在对企业资产进行评估时，有形资产相对容易计量，而商誉和以人力、科技含量较高的资产，计量时容易出现较大的分歧和误差，这样就无法保证市净率在评估过程中的准确和效率。也就是说，在评估以商誉、人力、科技（如软件）类资产为主的公司时，要慎用该项指标。这一点是非常值得注意的。

3. 不同的产业有不同的市净率评估标准。

一般来讲，对于传统制造业等行业，市净率都会偏低，而高科技类股票的市净率相对较高。因此，在选择股票时，不能一味追求市净率较低的股票，还要看该上市公司的行业情况，横向对比同行业的同类指标。

4.不同的宏观经济时期，市净率的平均标准也有所不同。

从股市整体看，宏观经济景气期，市净率的评价标准往往可以高于低迷期。在宏观经济处于繁荣时，人们对企业的盈利能力和股价的表现总会给予更多的期望值，愿意用更高的价格买入股票，以期望未来有更多的收益。在宏观经济处于衰退期时，投资者的心态刚好相反，因为对企业的盈利和股价走势的悲观，就不愿意花钱买入没有增值前景的资产。

5. 并非是市净率越低股票越有价值。

投资股票是对企业未来盈利抱有预期。企业未来发展空间越大，投资者就愿意用更多的钱买入该档股票，因此市价合理地高出账面价值是企业资产质量较好的表现，说明企业的盈利能力被市场看好。通常优质股票的市净率达到3倍，这也说明该上市公司有较好的形象。另外，处于快速成长中的上市公司的市净率，会在投资者的预期下变得相对较高，而没有发展前景的上市公司，市净率则往往较低。

6. 注意公司对净资产的统计计算是否真实。净资产（股东权益）是资产减去负债，资产包括许多方面，不同的会计方法可以得出不同的结果。比如存货，存货的真实价值会随时间和商品市场价格的变动而改变，如果存货的现时价格出现上涨，而会计方法仍然按历史价格计算，则低估了存货的价值，相反则高估了存货价值。因此，在分析市净率时要注意企业的会计方法，是采取稳健策略还是有夸大的成分。

五、股市应用

1. 市净率对股价的影响是长远的，一般不可以作为中短线投资的决策指标。企业净资产的增加是一个慢慢积累的过程，股价也会随着这种积累将股价安全底线抬高，并且形成上涨趋势。这从市净率的定义、计算上可以得出结论。净资产增加会导致分母变大，市净率要保持一定的水准，股价必须上涨。

不过，市净率在中短线投资中的辅助作用不可忽视。前面已经讲过，市净率在市场处于较极端的情形下会非常有作用，经过技术分析和其他分析后，再结合市净率指标所发出的信息来综合考虑，有助于中短线的交易决策。

2. 利用市净率选股主要考虑以下方面。

①市净率较长时间相对过低，说明股票的活性不够；相对过高则说明股票估值偏高，存在风险。

②成熟的优秀公司的市净率一般会保持在3~5的水准波动。

③成长性行业、成长型公司的市净率往往会偏高，但股价波动风险也会偏大。

3. 选股时，市净率与企业盈利指标和成长性指标配合使用，分析效果会更好。投资者可以从低市净率的股票中选择有较强盈利能力和成长性的标的股。

六、案例：钢铁板块与传媒板块市净率分析

表1–7是2012年6月25日统计计算A股钢铁板块较有代表性的30家上市公司的市净率。其统计数据来源于当日上证和深证交易所。在计算上，是用公司股票的当日收盘价除以每股净值得出市净率，也就是股价账面价值比。

用计算公式表示为：

市净率=股价/每股净资产

表1–7　钢铁板块市净率统计数据

排名	代码	名称	2012/6/25 股价（元）	每股净资产	市净率
1	600569	安阳钢铁	2.44	4.44	0.55
2	000898	鞍钢股份	3.95	7.01	0.56
3	000932	华菱钢铁	2.49	4.17	0.6
4	000709	河北钢铁	2.79	4.371	0.64
5	600808	马钢股份	2.27	3.44	0.66
6	600019	宝钢股份	4.39	6.08	0.72
7	600782	新钢股份	4.49	5.961	0.75
8	600005	武钢股份	2.73	3.512	0.78
9	600126	杭钢股份	3.64	4.38	0.83
10	000761	本钢板材	4.45	4.98	0.89
11	000825	太钢不锈	3.63	3.953	0.92
12	002443	金洲管道	6.87	7.39	0.93
13	000717	韶钢松山	2.58	2.604	0.99
14	600282	南钢股份	2.58	2.5	1.03
15	600231	凌钢股份	4.85	4.56	1.06
16	002110	三钢闽光	6.14	5.52	1.11
17	600022	山东钢铁	2.6	2.312	1.12
18	000959	首钢股份	2.9	2.51	1.16
19	600307	酒钢宏兴	3.56	3	1.19
20	601005	重庆钢铁	2.87	2.25	1.28
21	600581	八一钢铁	6.72	4.79	1.4
22	000708	大冶特钢	9.16	6.451	1.42
23	600399	抚顺特钢	4.73	3.236	1.46
24	600117	西宁特钢	5.87	3.84	1.53

（续表）

排名	代码	名称	2012/6/25股价（元）	每股净资产	市净率
25	601003	柳钢股份	3.22	2.063	1.56
26	002318	久立特材	12.08	7.08	1.71
27	600507	方大特钢	3.87	2.16	1.79
28	000629	攀钢钒钛	6.62	2.65	2.5
29	600010	包钢股份	5.09	2.01	2.53
30	002075	沙钢股份	4.25	1.42	2.99
平均市净率					1.22

从表中可以计算出钢铁板块的平均市净率为1.22倍，有13只个股出现“破净”现象。所谓“破净”是指市净率小于1，即每股股价低于每股净资产。“破净”比例达到43.3%，说明当前股票市场低迷，人们对宏观经济发展前景感到担忧。

从前面讲解的市净率市场意义中可以了解到，如果市场出现大面积破净现象，说明股市的整体下跌将放缓，或者股市进入底部区域，市场风险已经得到较大的释放，投资者可以择机进行长线投资布局。

当然，股市是否见底并非只凭市净率这一个指标判断，更不能只用钢铁板块的市净率大小来得出结论，这需要结合很多渠道的信息，最重要的莫过于整个宏观经济是否见底回升。只有宏观经济企稳回升时，股市才是真正意义上的见底。对于宏观经济的判断，也有许多指标，较常提及的影响股市的指标有CPI、PPI、存款准备金率、银行利率以及汇率、央票发行政策等，这里不再一一列举。总之，宏观经济以及宏观经济政策是影响股市大趋势的最重要因素。至于市净率出现大面积破净也好，还是市盈率达到历史低位也好，通过这些指标来判断股市是否见底，只是通过历史统计和经验得出的结论，是一种预计和推断，并非是这些指标决定股市见底。

投资者决定投资某只股票时，更看重的是公司的盈利能力和发展前景。市净率则是反映公司当前股票的股价与当期或前期股东权益的关系，再通过这种对比关系来评估当前股价是否值得投资，评估购买当期股票是否划算，并没有评估未来股价的上涨空间。这一点，将在后面关于上市公司盈利和发展能力的指标中重点讲解。

为了更好地理解和运用市净率进行股票投资，下面选择其中的宝钢股份（600019）、包钢股份（600010）和安阳钢铁（600569）三家公司来进行比较分析。自2001年到2011年9月30日，这三家公司市净率的平均值分别为1.67、1.88、1.34，行业平均市净率为1.76，图1-8是这三家公司的市净率和平均市净率的变化情况。

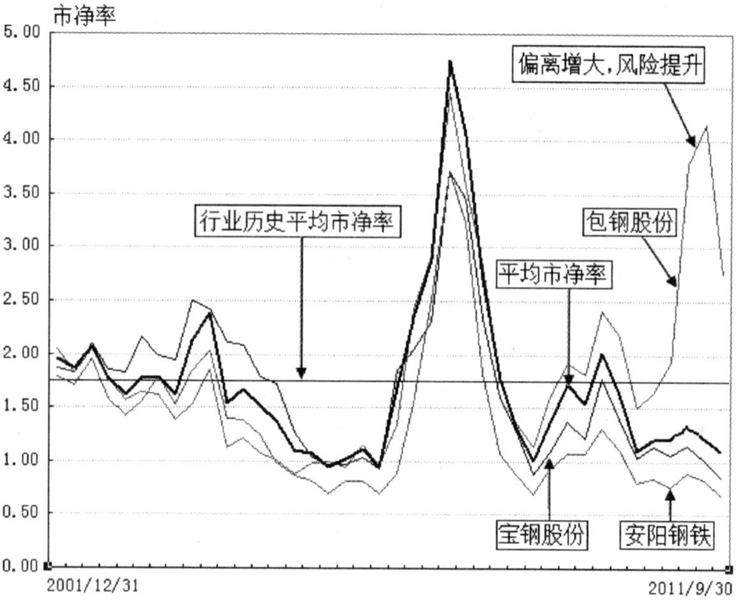

图1-8　宝钢股份、安阳钢铁、包钢股份市净率和平均市净率走势对比图

从图1-8中可以看到，宝钢股份的市净率走势基本与该板块的平均市净率走势表现一致，股性不活，相对风险也偏低，适合稳健型投资者。包钢股份因市场对该公司的预期相对较高，因此股价2010年以来强于同行水平，市净率也高于同行平均值。但是随着该股的市净率急速上升，2011年下半年市净率超出市净率的安全边际“3”，并大幅偏离自己的历史市盈率平均值1.88和行业平均值1.76，也就是说，在包钢股份市净率向上大幅偏离安全区间时，其股价风险在加大。像这样的股票，市场关注度高，股价波动大，股性活跃，适合较激进的投资者投资。安阳钢铁的市净率一直低于行业平均市净率，说明该股不被市场看好，虽然有较低的市净率，但投资者并不愿意将资金浪费在没有成长前景的公司里，除非以后公司经营方向出现改观，给公司注入新的活力。

从这个案例中可以得出以下的结论。

①长期低于行业平均市净率的个股，说明该公司存在一定的缺陷，致使没有充分利用股东的资产创造出更多的利润。

②一直保持高出行业平均市净率的公司股票，是值得投资者关注的股票。

③市净率大幅度偏离自己的历史市净率平均值或行业平均值时，需要慎重分析其内在原因，并保持相对谨慎的态度。

使用市净率评估股票的投资价值时，不同行业间的市净率有不同的标准，不能按同一标准评价不同板块、行业性质差别较大的股票。

表1-8是2012年6月25日统计计算A股传媒娱乐板块有代表性的30只股票的市净率。

我们从表1-7和表1-8的对比中发现，不同行业的市净率差距很大，比如，钢铁板块30只股票的平均市净率只有1.22，而传媒娱乐板块的平均市净率达到3.20。这个数据还是在整体市场处于低迷时期统计的结果，如果经济出现景气，它们之间的差距会进一步加大。

在利用市净率选股时，如果将传媒娱乐板块的最低市净率与钢铁板块进行比较，就会得出非常错误的结果。

表1-8 传媒板块市净率统计数据

排名	代码	名称	2012/6/25 股价（元）	每股净资产	市净率
1	300251	光线传媒	24.26	16.32	1.49
2	600037	歌华有线	7.6	5.05	1.5
3	600551	时代出版	10.55	5.871	1.8
4	300133	华策影视	12.53	6.85	1.83
5	601098	中南传媒	9.45	4.41	2.14
6	600386	北巴传媒	7.78	3.39	2.29
7	600832	东方明珠	5.45	2.322	2.35
8	601928	凤凰传媒	8.27	3.52	2.35
9	600373	中文传媒	15.05	6.219	2.42
10	601999	出版传媒	7.27	3	2.42
11	601801	皖新传媒	11.4	4.3	2.65
12	600757	长江传媒	6.95	2.59	2.68
13	600825	新华传媒	6.15	2.296	2.68
14	002181	粤传媒	9.71	3.445	2.82

排名	代码	名称	2012/6/25 股价（元）	每股净资产	市净率
15	000719	大地传媒	10.21	3.48	2.93
16	601929	吉视传媒	7.89	2.65	2.98
17	300071	华谊嘉信	8.69	2.91	2.99
18	600880	博瑞传播	9.91	3.29	3.01
19	300148	天舟文化	16.56	5.35	3.1
20	600831	广电网络	8.3	2.63	3.16
21	000793	华闻传媒	6.32	1.98	3.19
22	002400	省广股份	18.4	5.686	3.24
23	002238	天威视讯	14.37	4.25	3.38
24	000917	电广传媒	26.12	6.92	3.77
25	600088	中视传媒	11.84	3.1	3.82
26	300291	华录百纳	59.98	14.4	4.17
27	300027	华谊兄弟	14.85	2.84	5.23
28	002292	奥飞动漫	21.64	3.45	6.27
29	600637	百视通	15	2.32	6.47
30	600633	浙报传媒	14.81	2.13	6.95
平均市净率					3.20

表1-8中，传媒娱乐板块中市净率最低的是光线传媒（300251），为1.49倍。表1-7钢铁板块中，市净率最低的是安阳钢铁（600569），只有0.55倍。传媒娱乐板块中最高的是浙报传媒（600633），为6.95倍，钢铁板块最高的是沙钢股份（002075），其市净率为2.99倍。这两个板块的市净率比较，无论是最高板块中市净率最高的还是最低的，其市净率的差别都很大，因此在分析个股的投资价值时，不同性质板块之间是不可以使用统一标准的，要在行业内比较。实际投资中，有经验的投资者会根据宏观经济发展情况，以及国家宏观经济结构的布局来选择那些在未来有更好发展空间的行业，然后在这些行业里挑选更有投资价值的个股。当然，正如前面所讲的，市净率只是评价个股投资价值的一个方面，并非市净率越低就越好，还要看上市公司的盈利能力等其他关键指标，比如市盈率等。

关键指标4 Altman Z 指数

一、概念

Z指数是采用企业的资产结构、运营能力、盈利能力、变现能力、偿还能力等不同单项指标，通过加权后组成一个多变量的综合性指标。Z 指数用以评估企业的财务风险程度以及企业的综合运营情况。Z指数也称为Z分数，其评价方式称为Z-Score模型。

Z指数的大小与公司的风险程度成反比，即Z值越小，公司财务风险越大；Z值越大，公司的财务风险越小。

Z指数用于股市投资分析时，其作用与反映的上市公司的财务风险相一致。也就是说，Z值越大，上市公司的经营风险越低，则股价也会表现得越稳定。

二、计算

$$Z=ax_1+bx_2+cx_3+dx_4+ex_5$$

Z：Z指标值；

X_1=营运资金／资产总额。该项指标反映公司发生的现金流动特征和资产变现能力。营运资金是流动资产减去流动负债。公司如果持续性亏损，就会导致该项比率下降。如果该项比率上升，则显示公司的运营状况良好。

X_2=留存收益／资产总额。该项指标反映公司的累积获利能力。留存收益是指净利润减去全部股利的余额。留存收益越多，表明公司支付股利的剩余能力越大。

X_3=息税前利润／资产总额，即总资产报酬率。它反映了公司在不考虑融资、贷款等情况下的资产报酬情况。息税前利润是公司扣除利息和所得税之前的利润。

X_4=总市值／负债总额。该项指标反映的是上市公司股价与负债之间的关系。总市值是指公司已发行的股数与每股股价的乘积。一般认为，公司在运行良好的情况下，总市值要大于负债总额。

X_5=销售收入／资产总额，即总资产周转率。该项指标反映的是公司的经营能力和经营效率。如果企业总资产周转率高，说明企业利用全部资产进行经营的效率越高，经营能力越强。

公式中的a、b、c、d、e是因子系数，一般对于上市公司的该项系数取值和Z值计算公式为：

$Z= 1.2X_1+1.4X_2+3.3X_3+0.6X_4+0.99X_5$

在计算Z值时，一般情况下是采用以上5项指标，根据分析者的需要，也可以采用7项指标或者更多。另外，也有分析者会根据自身需要对因子系数作适当的调整。

计算演示：

友阿股份（002277）2012年2月29日公布了2011年度财报，现在使用该年报数据计算其Z值。

根据Z值的计算公式内容，从友阿股份的资产负债表和利润表中提取相关数据，并计算Z指数的五项X值，然后乘以因子系数，最后将5项数字相加则得出友阿股份的Z值。

表1-9　友阿股份资产负债数据与Z指数统计

项目	数量与计算方式		计算结果
资产总额	7838490000		
流动资产	4228890000		
流动负债	5058040000		
营运资金	流动资产–流动负债	–829150000	
aX_1	1.2×(营运资金/资产总额）		–0.127
盈余公积	212215000		
未分配利润	709374000		
留存收益	盈余公积+未分配利润	921589000	
bX_2	1.4×（留存收益/资产总额）		0.165
息税前利润	395887000		
cX_3	3.3×(息税前利润/资产总额）		0.167
总市值	6428995791		
负债总额	5065190000		
cX_4	0.6×（总市值/负债总额）		0.762
销售收入	13864400000		
dX_5	0.99×（销售收入/资产总额）		1.751
Z值	$1.2X_1+1.4X_2+3.3X_3+0.6X_4+0.99X_5$		2.718

三、意义与作用

1. Z指数是对企业财务状况进行综合评估的指标，主要用于对公司的财务风险程度进行评估。Z值得分越高，说明企业的财务安全性越好。

一般上市公司通用的Z值取值范围和意义为：Z值大于3，则表示企业的财务状况良好，企业不存在破产的可能；Z值小于1.8，则说明企业的财务风险非常大，公司面临破产；如果Z值处于1.8至3之间，则显示企业存在财务风险，存在破产的可能性。比如友阿股份的Z值是2.718，这个数字表示该公司存在一定的财务风险，但风险并不大。

2. Z指数可以帮助企业调整公司的资产结构和经营策略。比如，企业在Z值出现下降，处于风险区间时，可以降低负债；当Z值较高时，企业可以加大负债。当然也可以在其他资产结构或经营策略上进行调整，这样就可以更充分地利用资源，创造更多利润。

3. Z指数是那些缺乏内部风险评估系统的公司或机构对本身或他人财务风险评估的通常工具。Z指数对不同领域、行业和规模的公司提供较一致的财务风险评价方法。

4. Z指数的构成部分，本身也可以从不同角度描述企业不同方面的能力。这方面在Z值计算说明里已经作过简单说明。

5. 有些分析机构或分析者会对Z指数中的因子系数进行适当的调整，以适合不同的国家、地域或性质差别很大的产业，有针对性地形成新的Z值评价标准。

6. 投资者同样可以利用Z指数来分析上市公司的优劣，从而指导投资者选股，或了解公司基本面带来的风险，并结合技术分析指导实际交易。

四、注意事项

1. 在使用Z值作为企业财务风险评价工具时，要保证使用同一因子系数。Z值计算中，因子系数并非是统一的一个标准，投资者尽可能地采用适合的常用因子系数。如果自行调整，要保证计算使用中的统一。

在实际运用中，因地区、产业性质等不同，Z值因子系数会有不同的数值，比如上市公司与非上市公司的Z值因子系数略有不同，国有公司和私营公司的Z值因子系数也有差别。如果采用不同的技术方式却用同一Z值安全标准衡量，则会出现分析错误。

2. 在使用Z指标评判企业的财务风险时，需要结合整个宏观经济和行业的景气度以及企业的实际情况分析。在宏观经济和行业处于景气时期，可以适当放宽Z值的下限，相反，则要适度严格。企业处于成长期，Z值也会较成熟期要小。

3. Z指标对市场反应比较迟钝，特别是企业公布财务指标的时候，时间点往往已经过了1~4个月。因此，投资者在利用该项指标时，需要结合考虑Z指标的趋势，提前预测该项指标对公司或股价的影响。

4. 还需要提醒的是，Z指标对评价那些制造业的风险度更加适合，对一些有形资产较少的公共企业、人力资源为主的行业以及新成立的公司，其评价功能会受到较大的限制。

5. 在股票分析中，Z指标只能作为一个辅助性的和纲要性的工具使用，不能利用该指标直接进行投资决策，特别是在中短线投资时，更要注意这一点。

五、股市应用

1. 在股票投资中，使用Z指标往往是对标的股票的最基本风险进行评估。在实际投资决策时，可以使用该项指标对标的股作一个风险判断，或在选股时利用Z值作一个初步的筛选。

2. Z指数在股市处于高风险期时可以发挥较大的作用。投资者通过对Z值在行业中的横向比较和公司自身的纵向比较，可以衡量股票相对于行业其他股票的风险程度，以及自身累积的风险大小。如果上市公司的Z值小于行业平均值，或者远小于3，处于财务风险区域，那么该档股票所处的价位相对风险较大。这一点可能在牛市中被投资者忽略，但股市处于风险期或熊市时，Z值的指导意义很明显。

六、案例：10家商业百货公司的Z指数分析

2008年以来，我国正面临经济结构转型，扩大内需成为拉动我国经济的主要动力。消费是内需的核心内容，消费概念股也就成为当前和中长期的投资热点。下面选取10家以商业百货为主业的公司为例，讲解如何计算它们的Z值，并分析比较这些公司的财务风险。

1. 提取数据并计算Z值。

根据Z值计算公式，从资产负债表及利润表中分别提取成商集团（600828）等10家公司2009年、2010年和2011年的资产总额、流动资产、流

动负债、盈余公积、未分配利润、息税前利润、负债总额和销售收入数据，并且找到与这些数据时间相对应的总市值。

表1–10是从资产负债表中提取的资产总额和负债总额数据。

表1–10 10家商业百货公司资产负债总额

企业名称	资产总额			负债总额		
	2011/12/31	2010/12/31	2009/12/31	2011/12/31	2010/12/31	2009/12/31
成商集团	2093510000	1611540000	1483520000	1267890000	986854000	964717000
益民集团	2313600000	2096330000	2040000000	864632000	738663000	765548000
渤海物流	1585830000	1520250000	1396440000	850677000	855352000	760205000
飞亚达A	2895780000	2436540000	1523940000	1502020000	1148970000	788717000
北京城乡	2907780000	2892330000	2723750000	748860000	777216000	647934000
大东方	3962090000	3155860000	2586880000	2576640000	1808540000	1474380000
步步高	5180760000	3819250000	3041900000	3435810000	2253290000	1480890000
中百集团	7838490000	5869000000	4641950000	5065190000	3359810000	2905970000
天虹商场	8805200000	7149720000	3933290000	5159820000	3839700000	3030120000
友阿股份	4907330000	3259320000	2634310000	2907470000	1508370000	1114850000
银座股份	10883000000	8307120000	5494330000	8283800000	5799370000	3912270000

同样，也可以从资产负债表中提取流动资产和流动负债等数据，如表1–11。

表1–11 10家商业百货公司流动资产与流动负债数据

名称	流动资产			流动负债		
	2011/12/31	2010/12/31	2009/12/31	2011/12/31	2010/12/31	2009/12/31
成商集团	467225000	317829000	282355000	712288000	533520000	458051000
益民集团	871482000	609392000	514724000	766523000	558984000	585961000
渤海物流	1003520000	946733000	752784000	725040000	692239000	757205000
飞亚达A	2212240000	1905730000	1009500000	1442510000	965002000	688710000
北京城乡	1493180000	1267580000	1431830000	731817000	759426000	639134000
大东方	1949620000	1543350000	1364450000	2532340000	1763690000	1426540000
步步高	2340220000	2124790000	1660740000	3145870000	2189470000	1480190000
中百集团	4228890000	3135000000	2244220000	5058040000	3320480000	2838840000
天虹商场	6627700000	5060530000	2399110000	5158880000	3839700000	3030120000
友阿股份	2587970000	2070220000	1647320000	2852130000	1474260000	1091290000
银座股份	4120060000	2972450000	2068710000	6963530000	4668370000	3502270000

根据运营资金等于流动资产减去流动负债，可以得到这10家公司近3年的运营资金，并可以计算出Z值的第一项“ax_1”，其计算方法是将每个公司对应的运营资金除以资产总额（资产总额数据与表1-10相同），然后乘以因子系数1.2，计算结果如表1-12。

表1-12　10家商业百货公司运营资金与资产总额比值

名称	运营资金			2011/12/31	2010/12/31	2009/12/31
	2011/12/31	2010/12/31	2009/12/31	1. $2X_1$	1. $2X_1$	1. $2X_1$
成商集团	-245063000	-215691000	-175696000	-0.629	-0.814	-0.747
益民集团	104959000	50408000	-71237000	0.054	0.029	-0.042
渤海物流	278480000	254494000	-4421000	0.333	0.323	-0.007
飞亚达A	769730000	940728000	320790000	0.319	0.463	0.253
北京城乡	761363000	508154000	792696000	0.314	0.211	0.349
大东方	-582720000	-220340000	-62090000	-0.176	-0.084	-0.029
步步高	-805650000	-64680000	180550000	-0.187	-0.02	0.071
中百集团	-829150000	-185480000	-594620000	-0.127	-0.038	-0.154
天虹商场	1468820000	1220830000	-631010000	0.2	0.205	-0.193
友阿股份	-264160000	595960000	556030000	-0.065	0.219	0.253
银座股份	-2843470000	-1695920000	-1433560000	-0.314	-0.245	-0.313

表1-13中的留存收益是盈余公积与未分配利润之和，X_2是留存收益与总资产的比值，其中资产总额数据与表1-10相同。“$1.4X_2$”是X_2乘以因子系数1.4，其结果组成Z值的第二项。

表1-13　10家商业百货公司留存收益与资产总额比值

名称	留存收益			2011/12/31	2010/12/31	2009/12/31
	2011/12/31	2010/12/31	2009/12/31	1. $4X_2$	1. $4X_2$	1. $4X_2$
成商集团	326032000	214404100	126887500	0.977	0.944	0.629
益民集团	575839000	484114000	404995000	0.348	0.323	0.278
渤海物流	103376300	33017990	2483910	0.144	0.049	0.005
飞亚达A	474984000	343582000	274523000	0.23	0.197	0.252
北京城乡	913809000	870571000	831141000	0.44	0.421	0.427
大东方	585452000	430384000	424532000	0.207	0.191	0.23
步步高	699792700	520809600	512135800	0.189	0.191	0.236
中百集团	921589000	736529000	553338000	0.165	0.176	0.167
天虹商场	1132055000	998259000	513260000	0.18	0.195	0.183

（续表）

名称	留存收益			2011/12/31	2010/12/31	2009/12/31
	2011/12/31	2010/12/31	2009/12/31	$1.4X_2$	$1.4X_2$	$1.4X_2$
友阿股份	763962000	525861000	367909500	0.218	0.226	0.196
银座股份	761480800	660261600	433247400	0.098	0.111	0.11

表1-14的息税前利润是利润表中净利润前的利润总额项，是净利润扣除所得税和利息之前的总利润。X_3是息税前利润与总资产的比值，乘以权数3.3后，就是Z值的第3项。

表1-14　10家商业百货公司息税前利润与总资产比值

企业名称	息税前利润			2011/12/31	2010/12/31	2009/12/31
	2011/12/31	2010/12/31	2009/12/31	$3.3X_3$	$3.3X_3$	$3.3X_3$
成商集团	258967000	181919000	156493000	1.829	1.889	1.829
益民集团	194176000	173565000	151464000	0.277	0.273	0.245
渤海物流	96831300	32425800	–58278300	0.318	0.113	–0.255
飞亚达A	191579000	113493000	85336100	0.218	0.154	0.185
北京城乡	119059000	102219000	118354000	0.135	0.117	0.143
大东方	358571000	383916000	305198000	0.299	0.401	0.389
步步高	340821000	234700000	229294000	0.217	0.203	0.249
中百集团	395887000	357458000	298910000	0.167	0.201	0.212
天虹商场	804054000	641081000	470615000	0.301	0.296	0.395
友阿股份	399756000	295687000	202088000	0.269	0.205	0.253
银座股份	164856000	185923000	157615000	0.05	0.074	0.095

表1-15中的X_4是总市值与总负债的比值，乘以权数0.6后，就是Z值的第4项。

表1-15　10家商业百货公司总资产与总负债比值

企业名称	总市值			2011/12/31	2010/12/31	2009/12/31
	2011/12/31	2010/12/31	2009/12/31	$0.6X_4$	$0.6X_4$	$0.6X_4$
成商集团	3690305477	6666098472	4566767040	1.746	4.053	2.84
益民集团	3674455264	5057865712	6814577392	2.55	4.108	5.341
渤海物流	1784989052	3603848864	2733370332	1.259	2.528	2.157
飞亚达A	5145259490	4962902965	3258586260	2.055	2.592	2.479
北京城乡	2214466251	3174385098	3291602911	1.774	2.451	3.048
大东方	3766759196	6255324482	4669320968	0.877	2.075	1.9
步步高	5550490800	7042878000	7602523200	0.969	1.875	3.08

（续表）

企业名称	总市值			2011/12/31	2010/12/31	2009/12/31
	2011/12/31	2010/12/31	2009/12/31	$0.6X_4$	$0.6X_4$	$0.6X_4$
中百集团	6428995791	8444666600	5754631675	0.762	1.508	1.188
天虹商场	800200000	14123530000		0.093	2.207	0
友阿股份	2521224000	4186908000	2778080000	0.52	1.665	1.495
银座股份	5668726158	7306936011	6107471928	0.411	0.756	0.937

表1-16是Z值的第五项，是销售收入与总资产的比值，乘以权数0.99后得到的数字。

表1-16　10家商业百货公司销售收入与总资产比值

企业名称	销售收入			2011/12/31	2010/12/31	2009/12/31
	2011/12/31	2010/12/31	2009/12/31	$0.99X_5$	$0.99X_5$	$0.99X_5$
成商集团	2040160000	1710670000	1722240000	4.323	5.329	6.039
益民集团	2186580000	1865700000	1450220000	0.936	0.881	0.704
渤海物流	1690320000	1418910000	1177710000	1.668	1.484	1.549
飞亚达A	2561050000	1780750000	1237400000	0.876	0.724	0.804
北京城乡	2051820000	1789810000	1636880000	0.699	0.613	0.595
大东方	7094370000	6344940000	5559200000	1.773	1.99	2.128
步步高	8439190000	6770270000	5725330000	1.613	1.755	1.863
中百集团	13864400000	11872400000	10096000000	1.751	2.003	2.153
天虹商场	13035600000	10174400000	8057270000	1.466	1.409	2.028
友阿股份	4741080000	3563460000	2746570000	0.956	1.082	1.032
银座股份	10907500000	8794680000	5242640000	0.992	1.048	0.945

这样就可以将Z值各项分别对应相加，计算出10家公司2009年、2010年和2011这3年的Z值，如表1-17所示。

表1-17　10家商业百货公司连续3年Z值统计

代码	名称	Z值		
		2011/12/31	2010/12/31	2009/12/31
600828	成商集团	8.246	11.4	10.59
600824	益民集团	4.165	5.615	6.526
000889	渤海物流	3.722	4.496	3.448
000026	飞亚达A	3.698	4.13	3.972
600861	北京城乡	3.362	3.812	4.563

（续表）

代码	名称	Z值		
		2011/12/31	2010/12/31	2009/12/31
600327	大东方	2.979	4.574	4.618
002251	步步高	2.802	4.004	5.499
000759	中百集团	2.717	3.849	3.567
002419	天虹商场	2.24	4.312	2.413
002277	友阿股份	1.899	3.398	3.229
600858	银座股份	1.237	1.744	1.773

2. 竞争对手间的纵向比较。

从表1－15中可以看出，成商集团、益民集团、渤海物流、飞亚达A和北京城乡五家公司在这三年里Z值都处于3以上的水平，说明这些公司的财务状况处在安全范围内。特别是成商集团，其Z值远远大于3，说明企业的财务状况非常好，但也存在经营过于保守的嫌疑。

大东方、步步高和中百集团2011年Z值出现低于3的情况，说明企业在2011年的经营过程中存在一定的财务风险，有可能是经营中遇到了困难，也有可能是公司扩大了负债经营比例。这就需要结合其他指标分析。比如中百集团这三年的资产负债率，2009年为62.6%，2010年为57.24%，2011年则增加到64.61%，这说明企业的资产负债率增加对Z值造成了一定影响，不过该项指标仍处于安全边际之内。

再来看看该公司的主营业务是否出现问题。三年来主营业务增长率分别是：2011年为16.77%，2010年为17.5951%，2009年为16.729%。从该项比率看来，公司主要业务基本稳定，并没有出现什么大问题，那么2011年的Z值2.717并不会对中百集团造成重大影响。投资者也可以利用本书所介绍的其他关键指标继续向下深挖分析，更多地了解该公司的经营情况和对未来的评估。

这10只个股中，最让人担心的是银座股份（600858）。该股连续3年的Z值都小于1.8，这说明该企业的财务风险非常大，理论上已经具备破产条件。下面再来看看其他关键指标的表现，如表1–18所示。

表1–18　银座股份关键财务指标

时间	资产负债率	流动比率	速动比率	资产周转率	销售毛利率	市盈率
2011/12/31	76.1168	0.5917	0.1481	22219.3332	17.6313	49.0132

（续表）

时间	资产负债率	流动比率	速动比率	资产周转率	销售毛利率	市盈率
2010/12/31	69.812	0.6367	0.2159	8766.4603	18.1873	64.7465
2009/12/31	71.2055	0.5907	0.2744	7965.6618	18.6789	51.3743

当看到表1-18中的各项指标后，作为价值投资者，根本不用再浪费更多的时间去关注该股了。

3. 综合分析。

通过以上对这10家公司的横向比较分析，可以排除部分个股。从这10只股票里挑选出那些Z值大于3的个股，并避免涉足像银座股份这样的危险股。

在选择投资标的股时，并不是说Z值越大越好。Z指虽然对企业的经营能力和前景有所反映，但该项指标主要是告诉人们投资存在的风险。总体原则是Z值要大于3，或者在行业中该项指标的表现相对较好。

在投资时，通过Z值分析，主要是确认标的股是否存在财务风险，并尽量避免这些风险。在具体选股时，可以进一步深入展开分析，比如，可以结合具体反映企业财务风险的单项指标（如资产负债率、流动比率和速动比率），反映企业运营效率的指标（如周转率指标），反映企业盈利能力的收益率类指标（如市盈率、净资产收益率等），反映企业现金流量和增长情况的指标，等等，通过这些综合分析，最终从基本面确定投资对象。

第二篇　运营效率

关键指标5　总资产周转率与周转天数

一、概念

总资产周转率也称为资产周转率，是企业一定时期（一般按年度）的当期营业收入与平均资产总额的比率，也就是这段时间里资产的周转次数。总资产周转率是考察企业资产运营效率的一项重要指标，体现了企业经营期间全部资产从投入到产出的周转速度，反映了企业全部资产的管理质量和利用效率。该项指标数字越大，说明企业利用总资产的效率越高。

与总资产周转率具有同样意义的另一个指标是总资产周转天数，它是用当期天数除以总资产周转率得到的结果，表达资产周转一次所用的时间。总资产周转天数越低，说明企业的总资产利益率越高，越有效率。

总资产的利用效率越高，说明企业更充分地利用了包括股东权益和负债在内的总资产，为投资者带来更丰厚的收益，公司股价也会在收益增加的推动下稳定上涨。投资者在选择股票时，要考虑总资产周转率高的或总资产周转天数少的上市公司。

二、计算

总资产周转率=营业收入/平均资产总额

总资产周转天数=期间天数/总资产周转率

营业收入：是指企业主要经营业务所产生的收入总额。该项数据出现在企业利润表中的第一项。

平均资产总额：期初资产总额加期末资产总额除以2。期初资产总额也可以是上期期末的资产总额，期末资产总额就是本期期末的资产总额。

期间天数：是指与营业收入和资产统计同等期间的时间天数，一般为一年。我国一般按360天为一年的期间天数来计算年度资产周转天数。在分析半年或季度数据时，也有用半年（180天）或季度时间（90天）来分析计算的。

计算演示：

现在来看看总资产周转率和总资产周转天数是如何计算出来的。

表2-1是南洋科技（002389）自2008年到2011年度总资产周转率和周转天数的计算。

表2-1　南洋科技总资产周转率和周转天数统计

报告期	资产总额（万元）	平均资产总额（万元）	营业收入（万元）	总资产周转率	总资产周转天数
2011年	99584.55	90473.745	39719.48	0.439	820
2010年	81362.94	54679.27	25198.71	0.461	781.2
2009年	27995.6	27965.54	21408.7	0.766	470.3
2008年	27935.48	13967.74	22381.4	1.602	224.7

比如，表中2011年度的总资产周转率和总资产周转天数的计算为：

总资产周转率=39719.48/[（81362.94+99584.55）/2]=0.439

总资产周转天数=360/0.439=820.05

也就是说，南洋科技在2011年度的资产周转率为0.439。该数字的意思是，在2011年的一年时间里，该公司的总资产周转次数只有0.439次。公司的资产周转天数是820.05天，表示该公司的总资产周转一次需要820.05天的时间。

这种周转速度是否表示该公司的运营效率非常低下呢？这需要根据同行竞争对手进行比较才可以知道。比如法拉电子（600563）2011年度的总资产周转率为0.87，铜峰电子（600237）是0.56，江海股份（002484）为0.69，因此相对这些上市公司来说，南洋科技的总资产周转率偏低。

三、意义与作用

1. 总资产周转率和总资产周转天数反映了企业的经营效率。从定义上可以知道，总资产周转率的意义是期初每1元钱的资产在期末所创造出来的营业收入。总资产周转率越高，也就是每1元资产创造出的收入越多。当1元钱创造出3元的营业收入时，其资产周转率就是3，也就是企业利用这1元钱的资源完成了3次回收。如果用资产周转天数表示，就是企业用多长时间能够回收1元钱的投入。比如前面所说的南洋科技在2011年的资产周转天数是820天，就是说该公司要回收这1元的投入需要820天的时间。

这个数字似乎看起来很糟糕，但只凭这个数字是不能完全表达企业的经营效率或者盈利能力大小的，还要看毛利率、利润率等。比如，某科技含量高的公司投入1元钱能够获得500%的利润，也就是可以赚到5元钱，其资产周转率为0.5，资产周转天数是720天；另有一家公司是科技含量较低的产品，1元钱的利润率只有20%，那么1元钱所带来的利润只有0.2元，其资产周转率为4，周转天数是90天。对比这两家公司，显然前面一家公司的盈利能力强。

2. 总资产周转率和总资产周转天数反映的是企业经营期间全部资产从投入到产出的周转速度，是企业管理者对全部资产管理能力的评价。企业的管理能力越强，就会越充分地利用企业的现有资源，总资产周转率就会越高，总资产周转天数就越小。企业经营者对资源的合理调配对资产周转率的影响较大，如果资源闲置太多，资产周转率就会下降。比如，某公司闲置了50%的资产资源，那么与100%充分利用资源时的资产周转率相比就下降了一半。

3. 总资产周转率给企业管理者提供有效的信号，以提高和改进企业的运营效率。对企业资产进行分析的目的之一，就是评价企业全部资产的利用效率，有多少比例的资产被闲置或效率低下，闲置的和低效率的资产在哪里，是短期的还是长期的，这些问题首先可以通过总资产周转率等指标反映出来。一旦公司的总资产周转率下降，这个信息就会警示经营者，经营者就会查找原因，尽快解决问题，保持企业的运转效率。如果企业的总资产周转率较低，且长期处于较低的状态，企业应采取措施提高各项资产的利用效率，处置多余、闲置不用的资产，提高销售收入，从而提高总资产周转率。

4. 公司管理阶层通过行业内对比和自身对比分析，可以寻找自身的缺陷和差距，促进企业挖掘潜力，提高资产利用效率。行业性质相同的公司之间进行对比分析，是财务分析的重要手段。比如前面提到的南洋科技、铜峰电子、江海股份三家公司，都是生产电容器类产品的公司。通过资产周转率的对比，就可以知道南洋科技在生产销售同样的产品时，花费的时间要比其他两家公司长。是什么原因造成这种落后于同行的现象呢？是生产环节还是销售环节？南洋科技就可以逐步查找原因。

5. 分析对比总资产周转率，主要是用于判断企业的优劣，衡量股票的价值与风险相对强弱，为投资决策提供依据。在相同板块中，有相同产品的公司，投资者往往会投资运营效率更高的上市公司。因为这些公司在利用同等资源的情况下，在相同的时间里可以创造出更多的利润，股价也就有更大的上涨空间。

四、注意事项

1. 不要忽略现金和金融资产的有效运营。对于非金融企业，高效率运营应该是大部分资产都应用到生产和经营活动中。持有的现金和金融资产过多，说明企业的资金没有被高效率地运用。企业应该持有一定数额的现金以备经营需要，折现现金在短期内用不到的时候，可以投资到金融产品中，不过投资要适度，不能不务正业，影响企业的正常运营。因此，非金融行业的企业长期持有大量现金或金融资产，对股东来说是负面消息。

2. 有些地方在计算总资产周转率时，分母采用期初（如年初）的资产总额代替平均资产总额。在A股上市公司中的财务指标里，绝大部分是采用平均资产总额，这是因为有些公司在期间内出现了总资产的变动，采用平均资产总额可以弥补这种变动对计算资产周转率的影响。

3. 注意造成资产周转率变化的原因。比如，企业的总资产周转率突然上升，而企业的销售收入却无多大变化，很可能是企业本期报废了大量固定资产造成的，而不是企业的资产利用效率提高。

4. 如果企业资产变化频繁，波动较大，在计算资产周转率时，总资产平均余额应采用更详细的资料进行计算，如按照月份统计计算。

5. 总资产周转率公式中的分子是指营业收入，主要是指主营业务收入。如果公司的营业收入包括了其他收入，在计算或分析总资产周转率时，要查看一下主营业务收入和其他业务收入的比重。如果其他业务收入较多，那么就要清楚企业业务收入与主营业务收入的关系是否密切，是否来源于生产销售。如果这些收入与主营收入没有关联，就应该剔除这部分收入对资产周转率的影响。

7. 若要更加系统深入地分析总资产周转率，需要将总资产进行分解，分别分析各项主要资产的周转情况，并识别主要的影响因素。一般应先按流动性分解为流动资产周转率和非流动资产周转率，再将流动资产周转率分解为应收账款周转率、存货周转率等。

在深入分析资产周转率时，需要了解企业资产的结构。资产结构是全部资产中流动资产和非流动资产各项占比的关系。了解资产结构有助于优化企业资产结构，改善财务状况，提高资产利用效率。图2-1是青岛啤酒（600600）2011年的流动资产结构饼图。

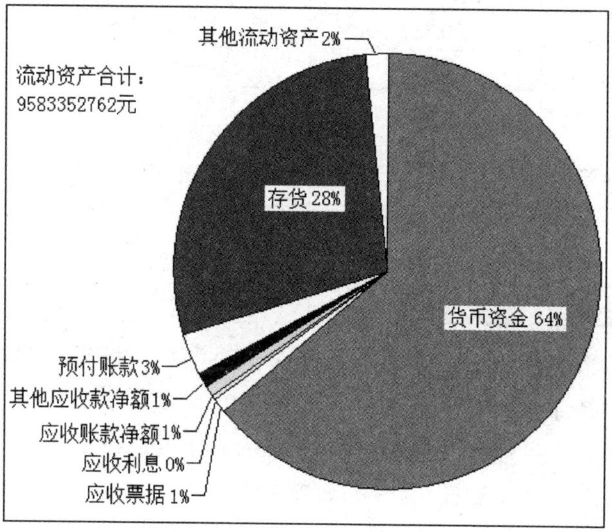

图2-1 青岛啤酒2011年的流动资产结构图

从图中可以看出，在青岛啤酒流动资产中，货币资金的占比最大，其次是存货。如果该公司的资产周转率或流动资产周转率发生重大变化，那么这两项就是引起变化的主要因素。当然，还需要对该公司的流动资产结构进行历史对比，分析这些组成部分的变化情况。

8. 各行业的性质不同，决定了行业之间的总资产周转率有不相同的评价标准。像商业连锁、外贸物流、家电、食品等行业竞争激烈，毛利率较低，但商品周转较快，因此这类行业的总资产周转率相对较高。而像公路桥梁、电力、飞机制造、船舶制造等行业，资产周转率相对较低。因此，在具体分析时要注意行业之间的差别。

表2-2是2011年部分行业的资产周转率不完全统计数据。从表中可以看出，各行业之间的资产周转率存在或大或小的区别。最大的是商业贸易，行业平均资产周转率是1.205，最小的是房地产行业，只有0.228。

表2-2　2011年部分行业资产周转率

行业	总资产周转率	行业	总资产周转率
房地产	0.228	信息技术	0.542
综合类	0.329	机械仪表	0.597
供水供电	0.338	采掘业	0.651
交通仓储	0.399	纺织服装	0.656
文化传播	0.437	其他制造	0.679
农牧业	0.449	建筑业	0.710
木材家具	0.463	石油化工	0.744
社会服务	0.474	金属材料	0.759
生物医药	0.509	食品饮料	0.819
电子	0.532	商业贸易	1.205

9. 资产周转率指标中的资产数据是一个时点数，极易受偶然因素的干扰甚至是人为的修饰。要弄清企业资产周转率的真实状况，首先应对其进行趋势分析，即对同一企业各个时期的资产周转率加以对比分析，以掌握其发展规律和发展趋势。

比如青岛啤酒，从2000年开始，该公司的总资产周转率总体趋势向上，说明公司的资产运营效率总体在提高。但2009年后有所下滑，说明企业在经营过程中受到某种因素的干扰，或经营策略发生改变，致使该项指标下降，如图2-2所示。

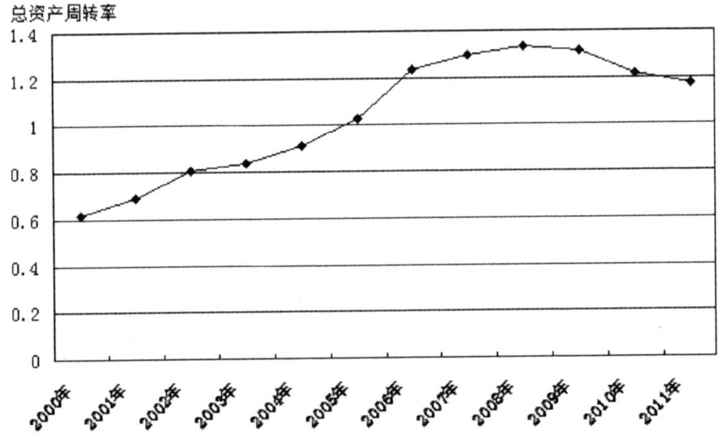

图2-2　青岛啤酒总资产周转率变化图

导致总资产周转率下降的因素可能是2008年以来宏观经济衰退的影响，也可能是企业的一种战略策略，或者是经营过程中出现了某种管理问题。该指标的变化给经营者以警示，经营者就会根据这种变化进行分析研究，寻找其中的原因并设法解决。这里只是强调，在分析资产周转率时，不能只看其中一个点，仅凭一点说明不了问题，至少两点以上才可以形成变化趋势。如图2–2所示，通过这些点才可以得知该项指标的变化情况，才可以判断公司运用资产效率是提高还是下降了，从而帮助投资者评估企业的经营现状，对公司未来进行合理预测。

五、股市应用

1. 选择资产周转率较高的个股。总资产周转率对股票价格没有直接的影响，但它可以侧面反映企业的经营效率和管理能力，从而衡量企业当前和未来的发展形势。如果一个企业的资产周转率一直较竞争对手低，说明企业在运用资产资源方面不如对手，在其他条件相同的情况下，该公司的盈利能力就赶不上竞争者，股票一般也不会有好的表现。投资时，还是尽量选择资产周转率较高且较稳定的公司。

2. 有时候资产周转率可以作为验证企业虚假盈利的指标。比如，如果某公司的当期盈利大幅增加，市盈率等指标大幅下降，那么可以查看资产周转率的变化情况。如果企业的资产总额和资产周转率并没有发生大的变化，说明这家公司盈利大幅上升并不是通过正常的主要营业活动所得，因此该股票也不值得中长期投资。同时，如果股价被短期炒作到高位，投资者就要结合技术分析见好就收。

3. 在投资股票时，总资产周转率要与其他关键财务指标配合使用，不能仅凭该指标来对投资进行决策。比如对股价产生直接影响的资产回报率和股东权益回报率中，资产周转率起到较重要的作用。这在对资产回报率进行杜邦分析方法分解后是销售边际利润率乘以资产周转率上就可以得知这个道理。杜邦分析法是将资产回报率分解为更细和更基本的组成部分，以利于投资者更好地预测企业未来发展趋势。

资产回报率={[净利润+利息费用×（1–企业所得税税率）]/营业收入}×营业收入/平均资产总额

其中，[净利润+利息费用×（1–企业所得税税率）]/ 营业收入就是销售边际利润率，它是衡量企业销售创造利润的能力，也是企业控制成本的核心指标。营业收入/平均资产总额就是资产周转率。

销售边际利润率是指每1元钱的销售收入为股东和债权人创造的利润数量。

4. 总资产周转率可以用来判断那些毛利率不高、竞争激烈行业股票的投资价值。这是因为毛利率不高，单位产品创造的利润不足，需要靠资产周转来弥补。这类企业的盈利多少与资产周转有着极大的关系，资产周转率越高，它们创造的利润可能越高。比如商业贸易、食品饮料等行业，其商品价格竞争激烈，毛利率较低，企业只能通过加快资产周转来取得更多收益。因此这类行业中，总资产周转率是判断股票投资价值的关键指标。

六、案例：3家乳制品公司总资产周转率与周转天数分析

乳制品已经成为千家万户的日常必需生活消费品，行业竞争也变得越来越激烈。下面以光明乳业（600597）、皇氏乳业（002329）和伊利股份（600887）三家公司为例，通过资产周转率和其他相关指标分析，对比它们的投资价值。

1. 收集相关数据并计算总资产周转率。

根据总资产周转率的定义，需要收集3个数据：本期营业收入（主营业收入）、本期和前期资产总额。主营业收入在当期利润表中可以找到，资产总额在资产负债表中可以找到。

表2-3是采集数据后并计算出的总资产周转率。其中平均资产总额是当年期末资产总额加前一年末资产总额除以2得出的数字。总资产周转率是营业收入除以平均资产总额得到的数据。

表2-3　3家乳制品公司总资产周转率数据

光明乳业（600597）总资产周转率				
报告期	资产总计	平均资产总额	营业收入	总资产周转率
2011年度	7374010000	6674280000	11788779319	1.766
2010年度	5974550000	5048770000	9572111030	1.896
2009年度	4122990000	4080325000	7943169711	1.947
2008年度	4037660000	4099580000	7358544348	1.795
2007年度	4161500000	4071700000	8206011404	2.015

（续表）

2006年度	3981900000			
皇氏乳业（002329）总资产周转率				
报告期	资产总计	平均资产总额	营业收入	总资产周转率
2011年度	1097180947	1009924623	572435775.6	0.567
2010年度	922668298	918999989.5	411022605.3	0.447
2009年度	915331681	614393924	304718455.7	0.496
2008年度	313456167	287713121	256766478.7	0.892
2007年度	261970075	253552965	208690312.2	0.823
2006年度	245135855			
伊利股份（600887）总资产周转率				
报告期	资产总计	平均资产总额	营业收入	总资产周转率
2011年度	19929500601	17645912344	37451372249	2.122
2010年度	15362324086	14257233866	29664987261	2.081
2009年度	13152143646	12466316291	24323547500	1.951
2008年度	11780488935	10977194723	21658590273	1.973
2007年度	10173900510	8849329816	19359694865	2.188
2006年度	7524759121			

为了便于分析对比，这里将这三家公司的总资产周转率用折线图表示出来，如图2-3所示。

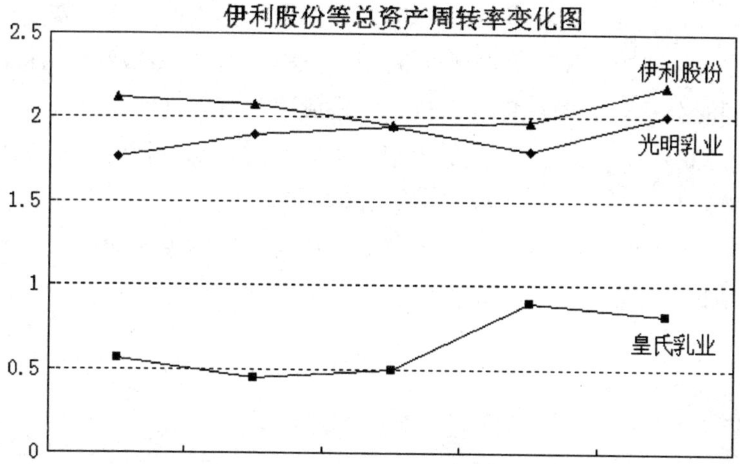

图2-3　伊利股份等3家乳制品公司的总资产周转率变化图

通过图表对比，就很容易看到这三家公司资产周转率的走势变化和它们之间的关系。2007年至2011年间，伊利股份的资产周转率基本趋于平衡，2009年后略有上升。光明乳业和皇氏乳业处于缓步上升趋势。三家公司中，伊利股份的资产周转率一直高于其他两家公司，说明其运营效率最高。而皇氏乳业则明显低于其他两家，说明其资产利益率相对太低。

从这三家公司的资产周转率对比中可以初步认为，皇氏乳业的资源利用率和经营效率相对较低。是否真的如此，还要分析其他指标。下面再来对比一下前面讲解过的资产负债率和流动比率。根据2011年度报表，通过计算可以得到皇氏乳业的资产负债率为19.9%，流动比率为2.38；伊利股份和光明乳业的这两项指标分别为68.4%、0.678和61.6%、0.983。根据前面对资产负债率和流动比率的介绍可以知道，皇氏乳业经营太过保守，光明乳业的这两项比率较合理，伊利股份的流动比率偏低，相对趋于激进。

皇氏乳业的低资产周转率、低资产负债率是否给企业的盈利带来影响呢？伊利股份的低流动比率是否会给企业带来流动性风险呢？下面看看它们的盈利情况。

图2-4是伊利股份和皇氏乳业的总资产利润率情况。很明显在2006年至2008年，皇氏乳业的总资产利润率明显高于伊利股份。在2008年出现“三聚氰胺事件”后，伊利股份受到很大的影响，这在伊利股份当年的财务报告中可以找到说明：“三聚氰胺事件的发生，对整个乳品行业造成了非常严重的负面影响，使公司产品销售大幅下滑，存货积压报废严重，为恢复市场销售的促销和宣传费用增加。报告期内受三聚氰胺事件影响造成存货报废88466.60万元，同时公司对期末存货进行核查，按成本与可变现净值孰低原则，计提跌价准备23848.07 万元，因此导致报告期内归属于母公司的净利润出现大幅亏损，也使其他相关财务指标产生了大幅度的变动。”皇氏乳业并没有受到该事件多大的影响。2009年后，伊利股份摆脱了“三聚氰胺事件”的阴影，利润出现加速增长，并逐步与皇氏乳业拉开距离。

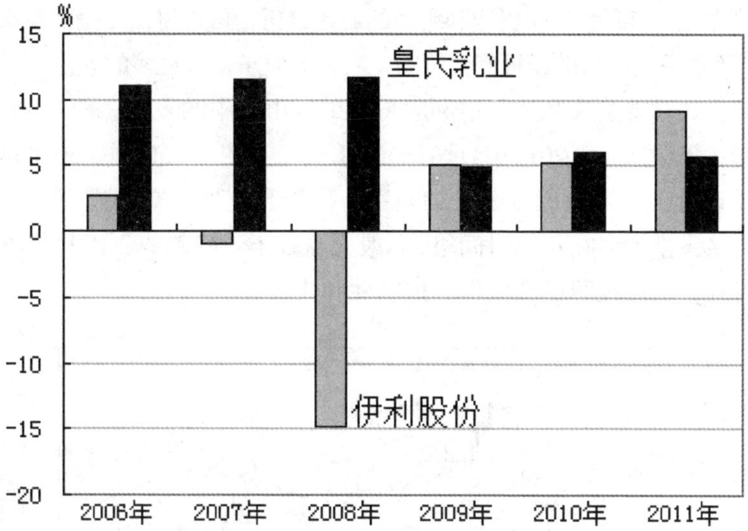

图2-4　伊利股份和皇氏乳业的总资产利润率对比图

图2-5是伊利股份和皇氏乳业的净资产利润率对比图。从数字和图形看，净资产利润率是总资产利润率的放大，这符合资产负债率的杠杆作用。从2009年到2011年来看，伊利股份采取较激进的负债经营取得了效果，为股东带来了更大的利润增长。

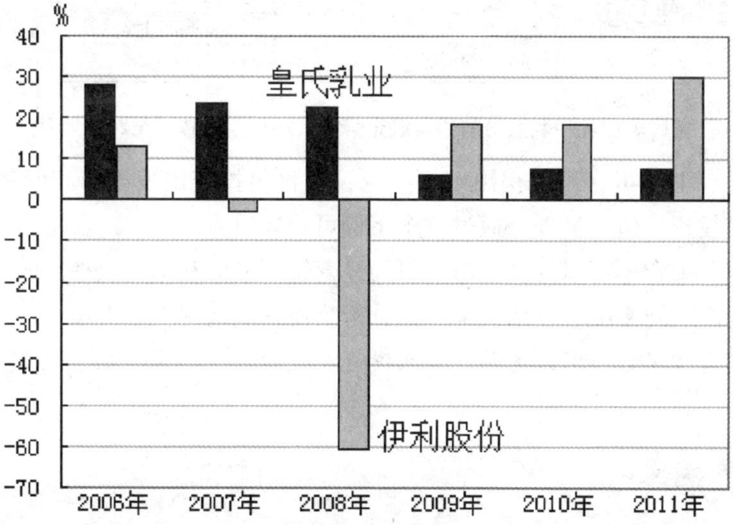

图2-5　伊利股份和皇氏乳业的净资产利润率对比图

通过总资产利润率和净资产利润率的对比分析，可以得出结论：皇氏乳业的保守经营不如伊利股份的积极经营策略，后者为股东带来更多的收益。

下面再来看看皇氏乳业与伊利股份在二级市场中的表现。图2-6是这两只股票自2010年4月9日至2011年4月6日的周K线走势图。从10周、30周和60周均线很清楚地看出这两只股票明显的差别：皇氏乳业处于空头排列，伊利股份仍然保持多头排列。在这段时间里，A股大盘处于下降趋势，伊利股份仍然保持向上趋势，足以说明伊利股份的抗跌性和成长性。

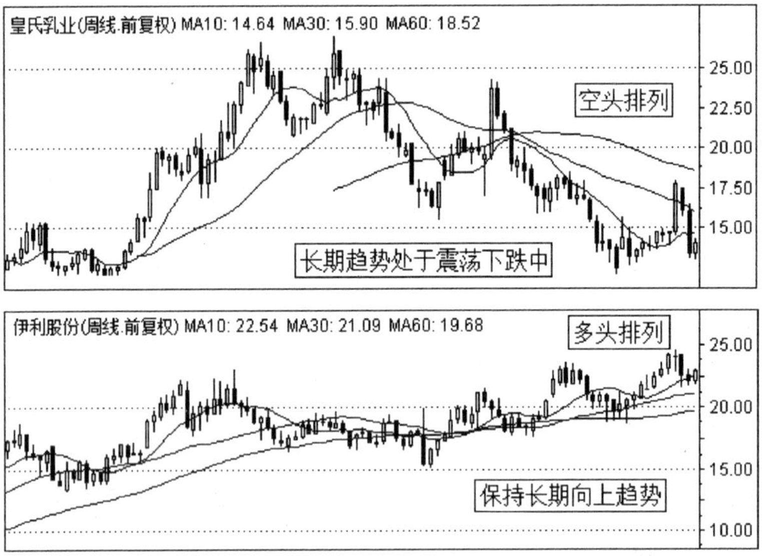

图2-6 皇氏乳业和伊利股份的周K线走势图（2011年4月9日至2011年4月6日）

通过以上分析，可以得出以下结论：从价值投资出发，伊利股份较皇氏乳业更有投资价值。另外，通过这个案例可以知道：

①资产周转率可以反映上市公司的经营管理能力和运营效率。

②资产周转率配合其他关键指标分析公司发展情况会更可靠。

③结合技术分析可以更贴近股票投资实战。

关键指标6　流动资产周转率

一、概念

流动资产周转率是指企业一定时期的主营业务收入与流动资产平均总额的比率，表示企业流动资产在一定时期内（通常为1年）周转的次数。

流动资产周转天数是用会计期间的天数除以流动资产周转率得到的结果，反映企业要用多少天时间可以创造出与流动资产相同的营业收入。

流动资产周转率和流动资产周转天数，都是反映企业流动资产运用效率的指标。该项指标越大，说明企业利用流动资产创造营业收入的效率越高，股东获得的最终净利润也会越多。一般来说，企业要实现流动资产的良性循环，在一个年度里，该项比率必须大于1。不过这并非是绝对的，不同行业有不同的要求，该指标还与企业产品的生产、销售周期关系密切。

流动资产周转率对股价的变化没有直接的影响，这种影响是通过企业对流动资产的使用效率转化为创收能力来实现的。流动资产周转率越高，企业的管理能力和经营效率就越高，越有利于企业创收，也就有利于股价的稳定和上涨。

二、计算

流动资产周转率=营业收入/平均流动资产总额

流动资产周转天数=期间天数/流动资产周转率

营业收入：是企业的主营收入，是指企业在销售商品和提供劳务及他人使用本企业资产等日常活动所形成的经济利益的总流入。其他短期投资收入等营业外收入不能包括在内。在新的会计准则下，营业外收入单列，因此在计算时采用的主营收入可以使用营业收入项数据。如果分析者更进一步分析，也可以查看会计附注内营业收入细项，排除其他营业收入，采用销售收入来代替。营业收入是指企业主要经营业务产生的收入总额。该项数据在企业利润表中的第一项中出现。

平均流动资产总额：期初流动资产总额加本期期末流动资产总额的平均数。期初流动资产总额也就是上期期末的流动资产总额。流动资产与固定资产相对应，是指企业可以在一年或者超过一年的一个营业周期内变现或者运用的资产，是企业资产中必不可少的组成部分。在周转过渡中，流动资产从货币形态开始，依次改变其形态，最后又回到货币形态，各种形态的资金与生产流通紧密相结合。流动资产包括现金或银行存款、短期投资、应收账款、应收票据、存货、预付费用等。

期间天数：是指与营业收入和资产统计同等期间的时间天数，一般为1年。我国一般按360天为1年的期间天数，与年度周转率配套来计算年度资产周转天数，在分析半年或季度数据时按半年180天或季度90天分析计算。

计算案例：

下面根据山东章鼓（002598）2011年和前3年的年度财务报告来计算该公司的流动资产周转率。

首先从各年度资产负债表中提取流动资产合计项，在利润表中提取营业收入项，如表2-4所示。

表2-4 山东章鼓（002598）流动资产周转率计算

时间	营业收入（元）	流动资产合计（元）	平均流动资产（元）	流动资产周转率
2011年	640403502	663391145	494384193	1.295
2010年	558764953.9	325377241	304048772	1.838
2009年	521700252.4	282720303	277620613	1.879
2008年	516070656.2	272520923		

然后计算平均流动资产。计算2011年的平均流动资产时，用2011年度的流动资产合计663391145元，加上2010年的流动资产合计325377241元，然后除以2，则得到平均流动资产数额494384193元。最后用当年的营业收入除以平均流动资产，就得到流动资产周转率。2011年度流动资产周转率计算式为：

2011年流动资产周转率

=2011年营业收入/[（2011年流动资产合计+2010年流动资产合计）/2]

=640403502/[（663391145+325377241）/2]

=640403502/494384193

=1.295

这样就得到山东章鼓2011年度的流动资产周转率为1.295。该数字表示公司每1元流动资产在2011年的一年时间里创造出1.295元营业收入，或者表示公司的流动资产在2011年里周转了1.295次。

计算流动资产周转天数时，是用360天除以流动资产周转率，比如山东章鼓2011年的流动资产周转天数计算为：

2011年流动资产周转天数

=360天/流动资产周转率

=360天/1.295

=278天

即山东章鼓2011年的流动资产周转天数为278天，该数字表示公司的流动资产通过营业收入收回的时间是278天。

同样，利用以上方法可以计算出其他两年的流动资产周转率和周转天数，如表2-4所示。

三、意义与作用

1. 企业流动资产周转率越高或周转天数越短，说明企业的流动资产运用效率越高，有助于企业提高盈利。打个比方，如果企业有100万元流动资产用于生产经营，假设流动资产周转率是1，那么企业在1年的时间里创造了100万元的营业收入。如果净利润率是20%，那么企业就可以获得20万元的净利润。如果企业的流动资产周转率是2，则企业在这1年的时间里就有200万元的营业收入，如果净利润不变，则企业在该年度创造净利润40万元。显然，在相同的流动资产数量下，流动资产周转率越高或周转天数越短，企业的收益就越多。

2. 流动资产周转率对企业的短期偿还能力有较大的影响。流动资产周转率越高，财务流动风险相对越低。提高流动资产周转率有利于保持企业资产结构中的流动性，提高偿债能力，维护企业信誉。前面讲解流动比率时已经知道，流动比率是反映企业短期偿还能力的重要指标，流动比率等于流动资产除以流动负债。当流动资产周转率提高时，一方面企业可以创造出更多的流动资产，另一方面，企业可以在较短的时间里收回投入的流动资源，以缓解急需的短期偿还债务。

3. 流动资产周转率同时可以影响企业的财务费用。财务费用指企业在生产经营过程中为筹集资金而发生的各项费用。包括企业生产经营期间发生的利息支出（减利息收入）、汇兑净损失、手续费，以及筹资发生的其他各种财务费用（如债券印刷费、借款担保费等）。流动资产周转率对财务费用最直接的影响就是节约时间，该项指标高就节省了债务借贷时间，降低了利息等费用。对于负债率较高的企业，该项指标非常重要，因为它对企业的净收益率影响较大。

4. 流动资产周转率可以反映企业管理水平的高低，促进企业管理能力的提高和改善，保障企业生产经营活动的顺利进行。流动资产周转率是反映企业管理能力和运营效率的重要指标。与竞争对手比较，如果该项指标较低，则说明公司的流动资产运营效率较低，与同行有差距，需要寻找原因加以改善。

5. 流动资产周转率是全面了解企业管理能力、运营效率以及盈利能力的重要指标之一。在分析企业基本面时，流动资产周转率，以及更详细的存货周转率、应收账款周转率，都是非常重要的指标，它们是衡量企业管理能力和运营效率，评估企业盈利能力及真实性的重要指标。比如，如果企业的利润大幅度提升，而流动资产周转率等出现下降，说明企业的盈利增长缺乏真实性。

四、注意事项

1. 以流动资产周转率评估公司管理能力、资产利用效率以及盈利能力等，需要根据企业的产业性质区别对待。不同性质的产业，有不同的流动资产结构，也有着不同流动资产周转率评判标准。比如，工业制造业的流动资产主要集中在原材料库存、生产中的资产和成品资产、结算资产（包括发出商品、应收账款、应收票据以及货币资产）。商业行业的资产主要有商品资产（包括库存商品和在途商品）、非商品资产、结算资产和货币资产。工业企业和商业企业的流动资产构成有很大不同，工业制造业的生产与库存往往相对较高，商业行业库存则较低。一般工业制造业的流动资产周转率要低于商业行业，不能将这两个行业的上市公司的流动资产周转率进行对比，以此评估企业的优劣。

2. 在分析流动资产周转率时，要注意流动资产表现形式之间的区别，并结合应收账款周转率和存货周转率进行分析。流动资产可分为货币性流动资产和实物形态的流动资产。货币性流动资产以货币形态存在，包括结算资产和货币资产。货币性流动资产存在坏账死账等风险，公司对提计坏账准备方式有着不确定性。实物形态流动资产包括储备资产、生产资产、成品资产等。实物形态流动资产存在着价格鉴定的不确定因素，这一点将在后面的应收账款周转率和存货周转率里具体讲解。

3. 要注意流动资产与流动资金的区别。广义上的流动资金是指流动资产。狭义上看，流动资金是流动资产减去流动负债，也就是企业的净流动资金。区别它们之间的关键，是净流动资金占流动资产的比率，该比率越大，说明企业的短期偿还能力越强，信用也会越高。

4. 分析流动资产周转率要与资产收益率结合起来。提高流动资产周转率的目的是为了提高流动资产的创收效率。资产周转得快，只是说明企业运营资产周转的速度快，但效果如何，还要看收益率的大小。企业的最终目的是获得净收益，达到这个目的的途径因企业的经营策略不同而各有不同。比如大家熟知的薄利多销，是采取降低价格和收益率，加快资金周转速度。也有的公司注重毛利润或利润率的高低，周转率则在其次。孰优孰劣，要看企业的最终成绩，投入相同的情况下，看谁赚的钱更多。因此，收益率是根本，流动资产周转率是手段。

5. 流动资产周转率可以反映企业的生产周期长短，帮助投资者了解企业的经营产品性质。现在许多企业都是跨行业经营，产品复杂多样。有的企业很难区分哪个是主业，这给投资者分析企业的行业性质增添了许多麻烦。投资者可以结合企业的整体流动资产周转率，来判断企业的主要性质。流动资产周转率越接近企业参与的某一行业领域的该项指标，则可以初步认为该企业的主营接近这一领域。

6. 根据企业行业性质不同，区别对待流动资产中的构成部分的流动情况。以制造业为基础的公司，要结合存货周转率分析，了解企业的销售是否通畅；以中间流动服务为主的公司，要结合应收账款周转率的高低，进而评估企业的销售能力和盈利能力。

图2–7是对2012年4月10日A股上市公司部分行业统计计算后得出的行业板块流动资产周转率平均值对比图。在统计计算中，因公司公布财报的时间不同，以及对一些公司的行业划分存在疑虑，因此该统计计算存在某些误差，不过这也足以反映行业之间流动资产周转率的差别。很显然，行业之间有着不同的流动资产周转率，该指标最大的商业贸易比房地产高出几倍。一般来讲，竞争较剧烈的、商品流动性较强的行业，其流动资产周转率普遍较高。

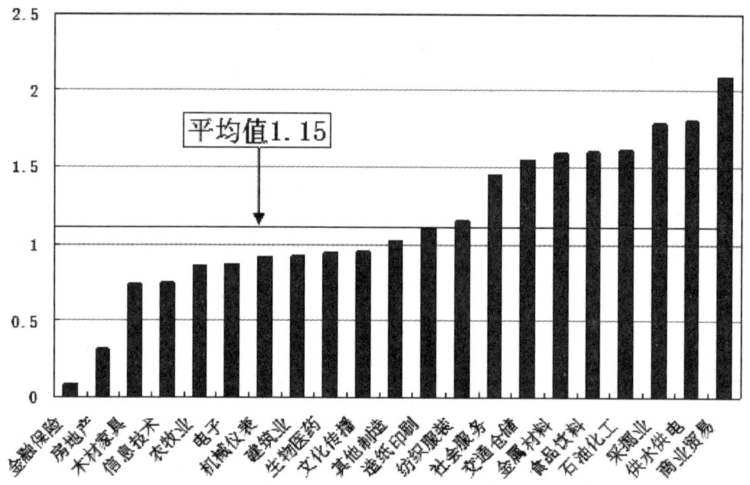

图2-7　部分行业的流动资产周转率对比图

五、股市应用

流动资产周转率在股市中的应用主要有以下几点。

1. 选股时，主要选择在同行业中流动资产周转率较高，或流动资产周转天数较少的公司。

2. 在横向对比时，要根据行业的性质，采集数年（最好是3至5年）的数据进行同期对比。对比时除了流动资产周转率本身数据的大小外，还有注意它的变化趋势。尽量选择该项指标处于高位且稳定的个股。

3. 不要单独使用该项指标来对股市投资决策，要与其他反映盈利性指标和财务风险指标结合起来使用。通常的做法是先对比公司之间的盈利能力指标和成长性指标，并筛选出数只标的股，然后再通过流动资产周转率分析来评估企业的运营效率。在盈利能力等其他情况相同时，选择效率更高的个股，也就是选择流动资产周转率较高的标的公司。

4. 结合技术分析查看个股的市场表现。在股市投资中，不见得某项或某几项财务指标表现好，该股就会有较好的表现。对上市公司的财务指标进行分析，是为了衡量公司的风险程度、盈利能力和企业未来的发展情况，财务指标不是决定股价变动的唯一因素。一家基本面较好的企业，有能力让股价表现良好，但股价是否能够表现出来，还要看市场中投资者的群体认可度。对企业财务分析是评价企业是否有让股价表现良好的能力，技术分析则是发现上市公司的能力是否已经表现出来。有些投资者喜欢将基本面分析和技术分析对立起来，其实这是不对的。基本面好才能支撑股价更好地上涨，或者抗风险的能力更大。技术面好说明上市公司的人气足，表现机会多。有好的基本面没有表现机会，投资者无法从股市中获取交易性收益；如果股价上涨，却缺乏基本面支撑，那么股价上涨就缺乏动力，上涨既没有持续性，风险也大，参与这类股票的炒作形同赌博。因此，投资者要对基本面和技术面进行综合分析，这样既能降低风险，也能抓住投资机会。

六、案例：4家商业百货公司流动资产周转率分析

每年的第一季度，都是上市公司向投资者公布前一年度成绩单的时候，最抢眼的莫过于那些有着较高净利润增长率的公司。但这些业绩大幅增长的数字背后，是否隐藏着什么风险呢？下面利用流动资产周转率来对它们进行分析。

这里选取商业连锁板块中净利润增长超过100%的4家公司来对比分析。这4家公司2011年度净利润增长率见表2-5。

表2-5　2011年工大首创等公司净利润增长率

公司名称	工大首创（600857）	三联商社（600898）	新华锦（600735）	大商股份（600694）
净利润同比增长（%）	255.590	204.190	188.190	124.980

从表2-5中看到，这4家公司的净利润都出现翻番，可谓是大增。但是这些数字后面却有着不同的故事。下面先对这4家公司进行流动资产周转率分析。

收集这4家公司2005年至2011年的资产负债表和利润表，并从中提取流动资产和营业收入数据，按照以上介绍的计算方法，计算2006年至2011年的流动资产周转率，最终计算结果如表2-6所示。

表2-6　2006年-2011年工大首创等公司流动资产周转率

年度	工大首创（600857）	三联商社（600898）	新华锦（600735）	大商股份（600694）
2011年	4.504	2.777	2.270	4.901
2010年	4.020	2.915	2.190	4.389
2009年	2.861	1.680	2.871	4.702

（续表）

年度	工大首创（600857）	三联商社（600898）	新华锦（600735）	大商股份（600694）
2008年	2.528	2.065	2.563	5.183
2007年	2.456	2.084	3.551	4.867
2006年	2.517	1.947	1.541	4.833

根据表2-6制作折线图2-8。为什么不直接用2010年和2011年的数据比较，而要采集6年的数据呢？这是因为，仅凭两年的数据是很难看出企业的一贯表现的，数据太少以及偶然因素对指标的影响无法反应企业的真实情况。选择5年以上的时间更为合理。某家公司连续6年都表现良好，另外一家公司只有某一年或两年表现较好，谁更可信？很显然，一贯表现良好的公司更值得信赖。

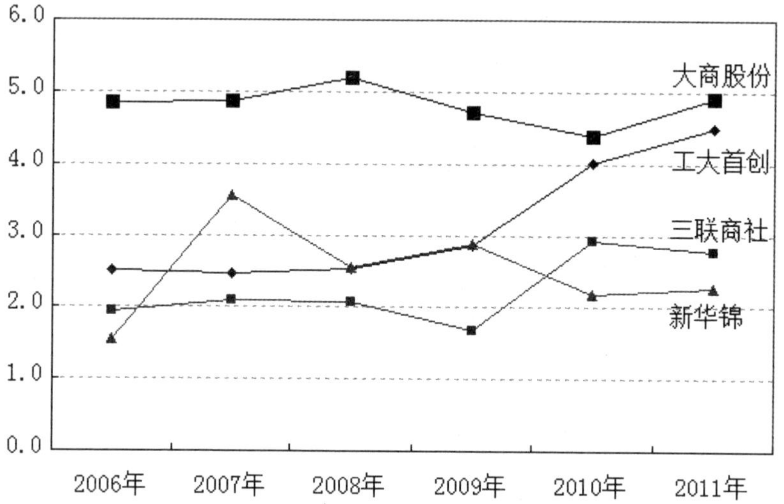

图2-8　工大首创等上市公司流动资产周转率比较图

从图2-8中很明显地感受到大商股份的流动资产周转率属于一贯表现良好的公司，工大首创的该项指标趋势向上，也属表现优良。而三联商社和新华锦则不尽人意。2011年度的流动资产周转率相对于2010年的该项指标，大商股份和工大首创是提高的，说明企业的经营效率提高了，这是支持企业净利润出现增长的原因。相反，三联商社和新华锦的流动资产周转率本身基数就不高，2011年不仅没有提高，甚至小幅下跌，这说明企业的经营效率并没有明显好转，但净利润增长率却高达204%和188%，这个数据很难让人信服。

前面提到过，改善流动资产周转率是企业提高利润的手段，利润指标才是企业的最终成绩。投资股市主要是基于对企业未来的盈利预期，也就是预期未来企业能够为股东创造更多的利润，那么企业的盈利能力就是投资的关键。盈利能力并非来自某一次非经常性损益，而是来自企业的主营业收入。稳定且不断提高的营业收入，才能保证源源不断的利润流入。因此，投资者在看待企业年报时，不能只看某某企业的业绩“翻番”、“大幅增长”，需要用关键指标去分析利润的属性，看看利润是来自企业的主营业收入，还是来自特殊的渠道，是经常性的还是非经常性。

下面以大商股份等4家公司的主营业务收入增长率，来看看这4家公司的主营业务增长情况，评估它们业绩出现巨幅增长的属性。

图2-9是大商股份等4家公司自2006年到2011年的主营业务收入增长率的走势对比图。

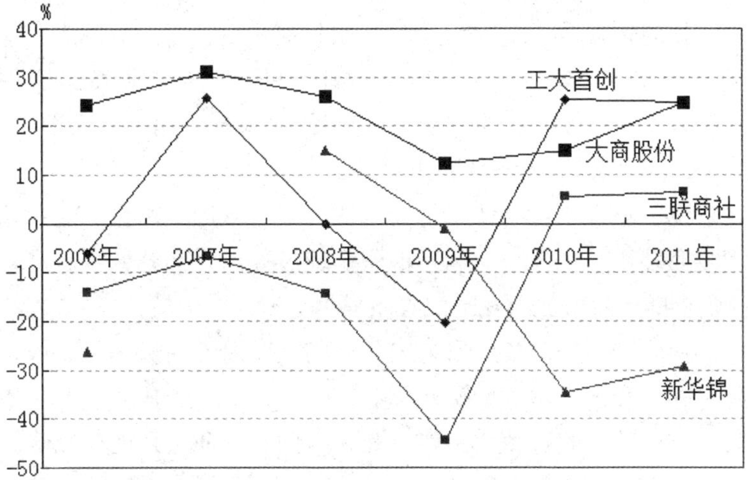

图2-9　大商股份等主营收入增长率走势对比图

从图中可以看到，大商股份的该项指标一直处于正增长中，工大首创的主营业务收入增长不稳定，但总体仍属于正增长。三联商社是在2010年开始扭转了负增长的势头，但增速仍然缓慢。新华锦的表现最差，2010年和2011年的营业收入衰退较大。因此，从这4家企业的主营业务收入状况看，也符合流动资产周转率对公司经营情况的判断。

结合流动资产周转率和主营业务收入增长率，对工大首创、三联商社、新华锦和大商股份4家公司在2011年度出现的业绩大幅增长进行了简单鉴定：大商股份业绩的增长最可信；工大首创的主营业务出现增长是可信的，但净利润增长255%，应该不是完全来自企业的主营业务收入；三联商社和新华锦的净利润增长，不会是来自企业的正常经营，因此这两家公司暂不具备价值投资的条件。

关键指标7　应收账款周转率

一、概念

应收账款周转率（次）是指企业一定时期的主营业务收入与应收账款平均余额的比值，它意味着企业的应收账款在一定时期内（通常为1年）周转的次数。应收账款周转率是反映企业应收账款运用效率的指标。

应收账款周转天数（或称为应收账款收现天数）是用时间表示应收账款周转速度或周期，表示企业从取得应收账款的权利到收回款项所需要的时间。应收账款周转天数与应收账款周转率的关系是，用期间天数（通常为1年，按360天计）除以应收账款周转率。

一般来说，应收账款周转率越高，或应收账款周转天数越短，则企业的应收账款收回越快，用于企业运营的资金就越充足，经营效率越高，企业的财务风险也会随应收账款的及时回收而减小。

应收账款周转率是衡量上市公司品质的重要财务指标之一。股价能够维持持久稳定的上涨一定是一个优质的上市公司，而一个优质企业是不会有过多的且时间较长的应收账款（呆账、死账）的。优质公司的应收账款周转率应该保持在行业中的较高水准。

二、计算

应收账款周转率（次）=营业（主营）收入/平均应收账款余额

应收账款周转天数=期间天数（1年）/应收账款周转率

营业（主营）收入：是指企业在销售商品和提供劳务及他人使用本企业资产等日常活动所形成的经济利益的总流入，是与企业主要经营项目相关的收入部分，不包括非经常性损益。

平均应收账款余额： 是期初应收账款与期末应收账款的平均值，即：

平均应收账款余额=（期初应收账款余额 + 期末应收账款余额）/ 2

应收账款： 该项位于资产负债表中的应收款项中，应收款项包括应收票据、应收账款和其他应收账款等。因考虑历史成本以及坏账风险，应收账款往往以应收账款净额来计量。

期间天数： 是指在计算应收账款周转率时采用的会计期间的时间天数，一般以1年360天计量。如果计算半年期间的应收账款周转天数，则用180天，季度指标采用90天。

计算演示：

根据2012年2月22日鼎汉技术（300011）公布的2011年度财报，从资产负债表中找到相应的"应付账款净额"数据为235870477元，在利润表中的主要营业收入数据为308960632.73元。为了计算2011年年度平均应收款余额，查到该公司2010年12月31日的应付账款净额为172810264元。这样就可以计算出鼎汉技术2011年度的应收账款周转率和应收账款周转天数。

根据应收账款收周转率以及应收收款周转天数的计算公式，将以上数据代入：

应收账款收周转率（次）=308960632.73 /[（235870477+172810264）/2]=1.512（次）

应收账款周转天数=360/应收账款收周转率=360/1.512=238.1（天）

这样就求得鼎汉技术2011年度的应收账款周转率和周转天数。

三、意义与作用

1. 应收账款周转率反映了企业对应收账款的管理能力，从企业的赊账和资金回笼的角度显示企业的资产运用效率，以及回款的强度。企业的应收账款周转率越高，周转次数越多，应收账款回收速度越快，资产流动性越高，短期偿债能力越强。较高的应收账款周转率可有效地减少收款费用和坏账损失，同时增加企业流动资产周转率，提高经营运作效率，有利于增强盈利能力。企业经营中的赊账和借贷与个人之间的相互借款类似，但比个人借款更加常见。赊账销售是很难避免的，关键在于赊账销售的数量比例以及收回款项的周期。好的企业一是应收账款占销售收入比例较低，现货销售比例较高，即销售现金比较高；二是应收账款回笼周期短，即应收账款周转率高，周转天数少。

2. 应收账款周转率和应收账款周转天数是资产负债表、利润表以及现金流量表之间的重要纽带。在资产负债表中，应收账款是其中重要的一项流动资产，也是现金流量表中的重要组成部分，营业（主营）收入是利润表的核心部分。应收账款周转率和应收账款周转天数将三个重要的财务报表有机地联系起来，综合反映了企业的流动资产与收益的关系，以及企业最终利润变现的效率。比如，一家公司利润表中的销售收入包含了较多应收账款，公司的收现速度较慢，就使企业的最终利润和短期偿还能力打了折扣，并且无法将这部分资源较快地重新投入经营中，降低了生产效率和创收。

3. 通过对比分析同等性质公司的应收账款周转率，可以初步鉴别它们经营体质的强弱。不同产业的应收账款周转率标准虽有不同，但在相同性质的同行业公司之间对比该项指标是极具参考意义的。一家有着较强竞争力的公司，其产品供不应求，无需赊销欠款就可以达到销售目标，营业收入也不会因此下降，因此它的应收账款周转率会保持较高水准；相反，如果企业的销售量靠赊销来完成，那么其产品自然较前者竞争力差。因此，如果某公司该项指标表现经常低于对手，那么该公司的竞争力往往也比对手逊色。

4. 应收账款周转率可以反映企业管理层的信用与风险政策。如果企业流动性风险较低，比如流动比率高于安全值时，为了促销，企业可能降低信用等级，这样就会造成应收账款周转率下降。如果企业为了减少流动资金占用量、回避风险和减少坏账损失，就会收紧信用，应收账款周转率则会加快。

在介绍总资产周转率的案例中，用到伊利股份(600887)和皇氏乳业（002329）两家乳业制品公司，下面再来看看这两家公司的应收账款周转率与它们的业绩对比情况。

表2-7　伊利股份和皇氏乳业净资产收益率与应收账款周转率对比表

报告期	伊利股份（600887）		皇氏乳业（002329）	
	净资产收益率	应收账款周转率	净资产收益率	应收账款周转率
2011年	30.03	139.09	7.45	5.67
2010年	18.42	124.85	7.61	7.55
2009年	18.81	117.23	6.3	9.96
平均值	22.42	127.06	7.12	7.73

从表中对比看，应收账款周转率越高，净资产收益率也越高，两者一般是呈现正相关的关系。伊利股份的应收账款周转率比皇氏乳业高得多，说明

企业控制货款回收较严格。伊利股份采取这种高应收账款周转率，应该与其积极的财政策略有关系，通过如此高的应收账款周转率，可以相应地提高企业的借贷比率，提高财务杠杆的作用。这一点可以通过流动比率和资产负债率来验证。

表2-8 伊利股份和皇氏乳业流动比率与资产负债率对比表

报告期	流动比率		资产负债率	
	伊利股份	皇氏乳业	伊利股份	皇氏乳业
2011年	0.678	2.383	68.3611	19.9234
2010年	0.741	3.569	70.6292	18.8445
2009年	0.756	4.951	71.7921	20.909
平均值	0.725	3.634	70.261	19.892

显然，从流动比率和资产负债率来看，伊利股份的财务风险和流动性风险要比皇氏乳业高得多，但是伊利股份利用应收账款周转率等手段来降低财务风险，而皇氏乳业无法达到伊利股份的周转速度，因此只能降低资产负债率，提高流动比率，以控制企业财务风险。

为什么伊利股份可以实现较高的财务杠杆效能呢？这主要是由伊利股份的市场占有率以及该公司在行业中的地位确定的。伊利股份可以借助这种竞争优势来提高包括应收账款在内的资产周转率。皇氏乳业没有伊利股份这种垄断优势，因此很难达到伊利股份那样的周转速度。这也就是为什么应收账款周转率可以反映企业的行业地位和竞争力的原因。

四、注意事项

1. 应收账款周转率对于不同行业有不同的评价标准。这是因为企业的产品生产周期、投资大小、销售方式各有不同，从而导致行业间的应收账款周转率存在较大的差异。一般零售行业、小商品日用生产企业的应收账款周转率较高。对于大型建设项目，产品制造周期较长、资金投入较大的行业，其应收账款周转率相对较低。因此，在投资分析时，需要在同行业、同性质的公司之间进行对比分析。

2. 要注重分析公司的应收账款周转率或周转天数的变化趋势和规律，要与竞争对手对比分析，不要看该项指标的绝对数字大小，更不能以某一次应收账款周转率的好坏来判断企业短期或未来的盈利能力。

3. 在分析该项指标时，要注意影响企业应收账款周转率的因素，寻找该项指标发生变化的原因。特别是对那些该项指标出现异常变化的公司，投资者一定要对指标的异常变化进行追踪分析，找出原因。一般造成这种大幅变化的原因如下。

①企业调整了信用政策。如果应收账款周转率不断提高，可能是企业采取了较积极的销售策略，放松了对客户的信用标准；相反，如果该项指标出现大幅度下降，则反映企业开始收紧客户的信用，并收回前期的欠款。

②扩大市场占有率。这种现象多出现在新产品上市或开拓新的市场区域时。

③企业战略性转移。企业在进行战略性转移前，需要对以前的老产品进行处置，从而增加了应收账款，致使应收账款周转率下降。

④企业产品竞争力下降，存货积压。为了防止产品积压，维持生产的运行，企业不得不采取赊销等策略，以减少库存。

4. 在分析应收账款周转率时，还要注意应收账款的账龄。企业的财务稳健政策不同，对应收账款的坏账计提也有不同的方法和标准。稳健型的公司会将超过3年的应收账款计提坏账准备，而有些公司可能是5年。这种不同的坏账准备政策，会对应收账款和流动资产及总资产的真实性产生较大的影响。在分析时，投资者应该更相信财务政策较稳健的公司。

5. 注意应收账款周转率变化中营业收入与应收账款的关系。该指标分子和分母的变化都会影响指标数字的变化，在分析时要看是哪项数字起到了主导作用。比如，在营业收入没有变动情况下，企业收回以前的应收账款，那么应收账款周转率就会大幅度提升；相反，如果公司的应收账款不变，营业收入出现下滑，该项指标就会下降。

6. 并不是所有公司都适用应收账款周转率来分析企业的运营效率。对于购入成本较低，大部分附加价值是由内部产生的公司来说，应收或应付账款并没有太大意义。以资产为主、签订长期契约的公司，应收账款周转率也不能准确地反映公司的实际情况。对于这类公司，分析者应该更加关注公司接到订单、认列营收的期间长短，以及公司长期契约认列营收的方式。

7. 注意应收账款周转率的缺陷。影响该项指标正确性的主要有如下因素。

①季节性经营的企业使用这个指标时，不能反映循环周期内的实际情况，要用更长的周期来评价该项指标的变化。

②当企业大量使用分期付款结算方式或其他意外方式结算时，应收账款

周转率就会失去真实性。

③企业本身信用政策的调整。公司的某些短期或中期政策调整，对应收账款周转率的影响很大。比如企业为达到某一销售目标时，降低信用政策，采取短期促销，这样就增加了应收账款周转率。

④应收账款周转率里的分子部分，即主营业务收入，该项数字既包括赊销额，也包括现销额，因此主营收入里已经包含了应收账款项，这样导致应收账款周转率代表周转周期并不十分准确。如果使用以营业收入现金流入额来代替营业收入或许更加准确。

8. 应收账款周转率和周转天数对股价的影响是间接的。单期应收账款的绝对数字一般不能作为判断股票投资价值的依据。在判断上市公司的经营效率时，要从历史变化趋势和同行对比中挖掘信息。在同行中保持持续高效率的公司，才是投资者值得关注的公司。

五、股市应用

1. 通过应收账款周转率来判断股票的炒作性质。这种方法主要是用于公司发布年报、半年报或季报成绩的时候。在接近上市公司财报时间点时，应收账款周转率可以帮助投资者发现可能存在的短线机会，或避开带来的短期交易风险。有的游资借助靓丽的业绩报表对某些股票进行炒作，抬高股价获取短期的暴利。一般散户投资者可以利用应收账款对这些公司进行验证，在业绩大增的背景下，如果应收账款周转率出现下降，说明企业的业绩并没有实质性提高，股价炒作风险较大。

在对应收账款周转率进行历史跟踪分析时，如果发现企业该项比率的波动规律，就可以预测即将到来的下期财报的盈利成绩。比如，通过该项比率发现上期非常低，存在大量的应收账款，企业就有可能在本期采取信用从严的措施以加快货款回收，因此表现在本期的营业收入上可能出现下滑。相反，如果企业上期应收账款周转率很高，企业的应收账款非常少，那么企业在本期的营业业绩可能会出现较大幅度上升，但应收账款周转率有可能降低。因此在“财报行情”中，投资者可以结合其他分析指标和方法来寻找短线机会或规避短线风险。

2. 价值投资者可以通过应收账款周转率来寻找或验证优质上市公司。优质上市公司的应收账款周转率表现，都会优于同行的平均水平。投资者在选股时，一般是从企业的盈利水平或盈利成长情况着手。在对比个股时，可以利用应收账款周转率评估企业的管理和运营效率，以及行业中的地位，来确认标的公司的盈利能力和成长性。在其他关键指标基本一致的情况下，应该选择应收账款周转率更高的企业。

3. 可以利用应收账款周转率的周期变化来指导波段操作。应收账款周转率的波动会随企业业绩的周期性、季节性波动而改变，企业进入销售旺季时，应收账款周转率会提高。相反，进入行业低谷时，该项指标就会下降。投资者可以结合应收账款的周期变化，预测行业或个股的高峰期，提前布局，当业绩达到峰值时卖出股票。这种方法对强周期性行业和销售受季节影响的行业非常有效。

六、案例：大商股份（600694）应收账款周转率分析

前面已经对大商股份进行了初步的分析，现在再通过应收账款周转率等指标对该公司作进一步的评估。

表2-9　大商股份的营业收入、应收账款净额及应收账款周转率

报告期	营业收入	应收账款净额	应收账款周转率
2011年	30403787639	243876648	151.11
2010年	24343456921	158517576	213.54
2009年	21163159558	69477513	470.88
2008年	18849668539	20410041	1014.05
2007年	14968766421	16767088	849.82
2006年	10663549544	18461068	583.80
2005年	8576566038	18070419	417.38

根据表2-9制作应收账款周转率的折线图，如图2-10所示。

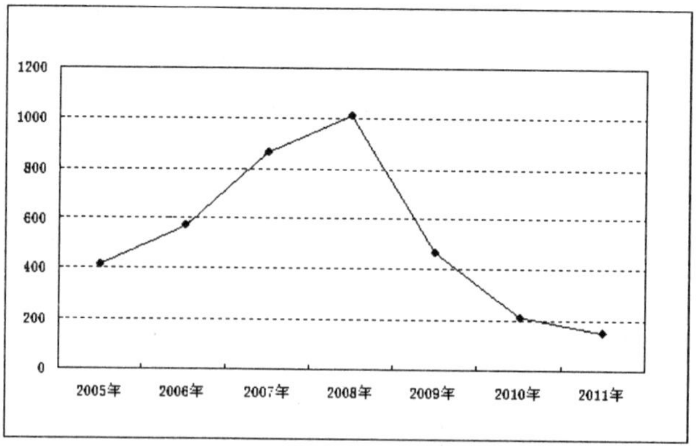

图2-10　大商股份应收账款周转率折线图

在这7年里，从应收账款周转率的走势看，大商股份该项指标出现了一个较大的转折，转折点是2009年该项指标突然出现了大幅度下滑。那么是什么因素导致该项指标出现大幅变化呢？是企业出现了大量应收账款，还是营业收入大幅下降？为了查找原因，分别对应收账款和营业收入进行对比，如图2-11所示。

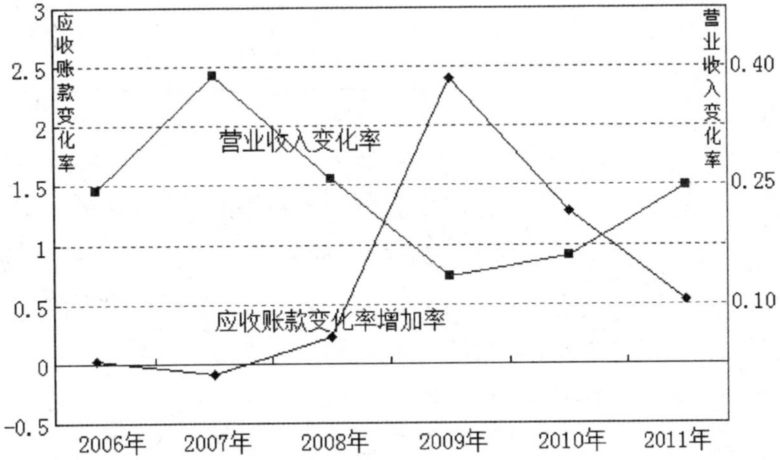

图2-11　大商股份应收账款与营业收入变化率比较

从图中可以得知，这两项数据基本都大于零，说明营业收入和应收账款都处于增长中，但其增长的幅度出现反向的变化。2009年以前，当应收账款加速上涨时，营业收入却出现增速放缓。2010年以后，应收账款增速放缓，营业收入增长率却在增加。2009年是一个转折期，大商股份的销售收入增长率出现大幅下滑，而应收账款增长率大幅上升，这就是造成应收账款周转率快速下滑的原因，是应收账款快速增加和营业收入增速放缓的双重作用造成的。

在这种双重压力下，企业的经营和创收一定会受到影响，下面来看看图2-12中净利润的变化情况。

显然，在2009年，企业出现了严重亏损。不过从图中可以看出，公司很快就从2009年的低谷中走了出来。

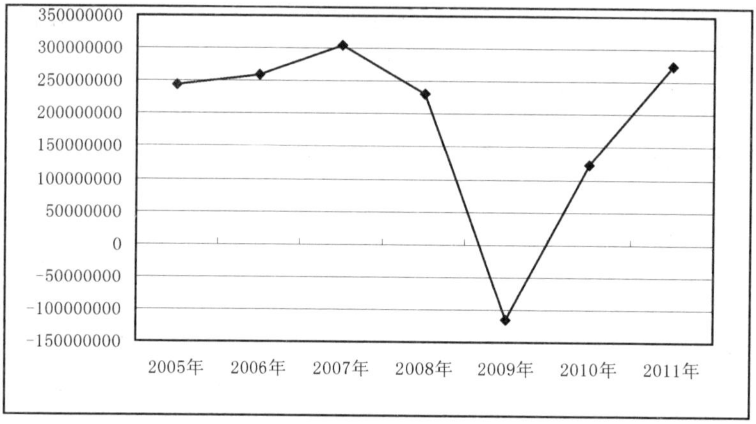

图2-12　大商股份净利润变化图

大商股份是怎样扭转这种局面的呢？首先要找到引起经营效率和盈利能力下降的原因。影响公司收益下降的主要原因是销售增幅下降，这从图2-11中可以看出，公司的销售增幅从原来25%以上下跌到10%左右；公司的销售毛利率也出现了问题，当年该指标下降了4.83%，而销售费用却大增62.43%。这主要是由于公司在前期购置和建设新店过多，扩张较快，导致管理没跟上，装修、推广和人工费用等都相应增加。企业的存量老店经营增长速度也出现放缓，大量店铺持平甚至下降，这也与公司过快的扩张政策有关系。

找到原因后，公司首先要扩大销售，恢复老店的增速，加快已建新店的投入运营。其次要放缓扩张速度，巩固现有店面经营管理。图2-11也反映出2010年和2011年企业的营业收入增长速度在恢复。同时可以显示大商股份加强了信用政策，提高销售收现率，增加现金流量，以降低企业流动风险。

图2-13是销售收现比率的变化情况。图中显示自2010年以后，销售收现比率上升。关于销售收现比率，可以参考后文中对该项指标的讲解。

企业实行了更加严厉的信用政策，可能与其较积极的财务政策相关。企业为了尽快从2009年的阴影中走出来，采取更加积极的经营策略，增加负债率，加大财务杠杆作用。2008年度，大商股份的资产负债率和流动比率分别是66.14%和0.687，2010年这两项指标为73.17%和0.794。从这两组数据的变化，可以认为公司增加了资产负债率，加大了流动性，这也说明了企业加大销售收现力度的原因。增加负债率，防范流动性风险，提高销售收现比率也是必然的措施。

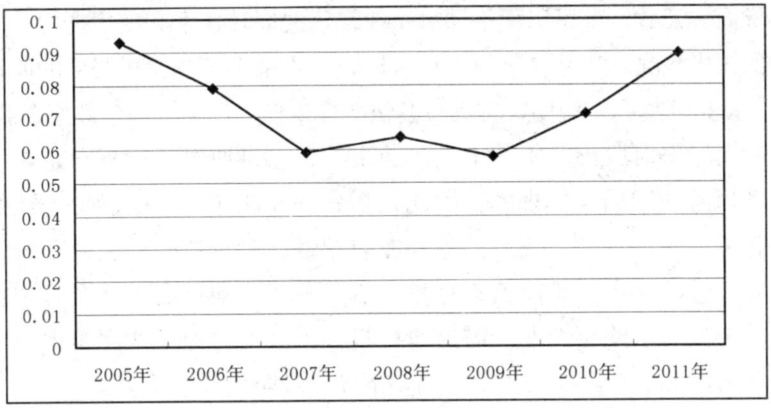

图2-13　大商股份经营现金净流量对销售收入比率（%）

公司实行一系措施后，其效果还是很明显的，各项指标都出现了好转，营业收入、净利润恢复增长。更可贵的是经营活动产生的现金流量净额也出现了快速增长。2010年企业的该项指标增长幅度为41%，2011年达到57.3%，这说明企业在加大销售力度的同时，也注意提高收入的质量。

通过以上分析，对大商股份有了一个更加深刻的了解。公司经历了2009年的阵痛后在快速恢复，从价值投资角度看，该股具备恢复性成长投资机会。

关键指标8　存货周转率

一、概念

存货周转率是企业一定时期主营业务成本与平均存货余额的比率。用于反映存货的周转速度，即存货的流动性及存货资金占用量是否合理，促使企业在保证生产经营连续性的同时，提高资金的使用效率，增强企业的短期偿债能力。

存货周转天数是用期间天数除以存货周转率所得到的数据（天数），是描述存货所需的周转时间。

存货周转率和存货周转天数是企业营运能力分析的重要指标之一，是对总资产周转率与流动资产周转率的进一步和更细致的分析，在企业管理决策中被广泛地使用。存货周转率不仅可以用来衡量企业生产经营各环节中存货运营效率，而且还被用来评价企业的经营业绩，反映企业的绩效。无论是存货周转率还是存货周转天数，都可以用来评价企业存货的周转速度和变现能力，同时反映企业的销售状况、产品竞争力。在保证企业未来生产和销售必要的库存量的情况下，该指标越高，说明存货周转越快，变现能力越强，运营效率越高。

存货周转率对股价并不产生直接的影响，它是通过该指标对企业业绩和短期财务风险的影响来体现的，因此该指标并不能作为判断股价涨跌的直接指标。存货周转率越高，企业的盈利能力越强，股价就得到企业基本面的支撑。存货周转率如果严重降低，存货积压，占用流动资源，就会影响企业现金流量，导致无法购买企业所需的原材料，无法支付劳务费用等现象，严重影响企业的正常生产，导致股价中短期下跌，甚至中长期下降。

二、计算

存货周转率＝（主营）营业成本/平均存货余额

存货周转天数=期间天数/存货周转率

营业成本：是指公司生产和销售与主营业务有关的产品或服务所必须投入的直接成本，主要包括原材料、人工成本（工资）和固定资产折旧等。该项目是用于核算企业因销售商品、提供劳务或让渡资产使用权等日常活动而发生的实际成本。该项数据可以在利润表中找到。

平均存货余额：是期初存货与期末存货的平均值。该项数据在资产负债表中可以找到。

期间天数：是指在计算应收账款周转率时采用的会计期间的时间天数，一般以1年360天计算。如果计算半年期间的应收账款周转天数，则用180天，季度指标采用90天。

计算演示：

三一重工（600031）2011年度资产负债表中可以找到“存货（净额）”项，该项在“流动资产”栏目下，其数据为8134408923元。同样也可以找到2010年资产负债表中的“存货（净额）”为5687266405元。营业成本是在利润表中“营业收入”栏目下的“减：营业成本”数据，三一重工2011年为32252231387元。这样就可以计算出三一重工2011年度的存货周转率和周转天数，计算过程为：

存货周转率

＝（主营）营业成本/平均存货净额

=（主营）营业成本/[（年初存货净额+年末存货净额）/2]

=32252231387/[（5687266405+8134408923）/2]

=4.6679（次）

存货周转天数

=期间天数/存货周转率

=360/4.667

=77.14（天）

利用以上方法，可以计算出三一重工2004年以来的存货周转率数据，如表2-10所示。

表2-10　三一重工2004年以来存货周转率

年度	三一重工(600031)
2011年	4.6669
2010年	4.430
2009年	3.7503
2008年	3.5954
2007年	3.0419
2006年	2.1709
2005年	1.4039
2004年	2.0285

根据以上数据，可以对该公司的存货周转率进行纵向分析，后面案例分析中会用到这些数据。

三、意义与作用

1. 存货周转率反映了企业销售能力和存货使用效率。正常情况下，如果企业经营顺利，存货周转率越高，说明企业存货周转得越快，存货占用资源比率越低，流动性越高，企业的销售能力越强。

2. 存货周转率与存货周转天数的趋势变化，可以反映企业管理存货的能力和效率。一般企业的该项指标稳定在某一区间内运行，如果存货周转率出现异常下滑，则说明企业的销售环节或生产等环节出现了问题，就会引起管理者的注意，并寻找存货周转率下降的原因，作出有针对性的调整改进。同样，如果存货周转率过高，管理者也会对存货的存量进行核实，评估存货是否能够满足企业的生产和销售。

3. 存货周转率还可以反映企业的经营思路。有时候，当某些原材料或者其他大宗商品价格上涨时，企业会提前购入大量该项商品库存，这样既可以降低未来的产品成本，也可以作为投资储存。比如在房地产景气时期，房地产上市公司会尽量购买土地储存；当国际石油、铁矿石等大宗商品价格回落到相对低位时，公司也可能购买这些原材料储备。另外，有的企业采用以产定销的经营思路，就会按照生产计划储备相应的原材料和中间产品或中成品。企业在采用以销定产的经营思路时，存货量一般较以产定销要少。至于哪一种经营思路更正确，这并没有定论，要看宏观经济、行业和公司的具体情况具体分析。企业往往在销售旺季时会偏重于以产定销，而在淡季时偏向以销定产，不过这也不是定论。

4. 存货周转率可以反映企业应对短期财务风险的能力。存货周转率高，一是可以减少存货占用现金资源，二是可以让存货迅速地转化为现金。这两种作用都可以增强企业的短期偿债能力，也有利于企业提高信誉。

5. 存货周转率是对流动资产周转率的重要补充说明，有利于进一步了解企业总资产周转率和流动资产周转率的更详细、更具体情况，发现企业的管理漏洞，并加以改善提高。

6. 在同行业间比较存货周转率的高低，可以初步鉴别公司的管理水平以及盈利能力的优劣。优异的公司往往在同行中有较高的存货周转率。

四、注意事项

1. 存货周转率对股价并不产生直接的影响，它是通过该指标对企业业绩和短期财务风险的影响来体现的，因此该指标并不能作为判断股价涨跌的直接指标。在评估企业的成长性或预估股价的未来走向时，该指标可以作为辅助性指标来判断企业盈利的真实情况和持续能力。因此，在对企业的基本面分析中，该指标应该结合企业的盈利能力、成长性等指标使用。不过有时存货周转率出现异常时，也会影响上市公司的股价表现。比如，企业的存货周转率急剧下降，投资者会认为企业产品出现严重滞销，经营状况处于恶化状态，这样就会打击投资者信心，股价在持股者的抛压下下跌。

2. 要结合其他流动性指标分析。要将存货周转率（或存货周转天数）放到总资产流动性、流动资产流动性里对比分析，注意应付款项、存货和应收账款之间的关系。一般说来，销售增加会拉动应收账款、存货、应付账款增加，不会引起周转率的明显变化。但是，当企业接受一个大的订单时，先要增加采购，然后依次推动存货和应收账款增加，最后才引起收入上升。因此，在该订单实现销售以前，先表现为存货等周转天数增加。这种周转天数增加，没有什么不好。与此相反，预见到销售会萎缩时，先行减少采购，依次引起存货周转天数等下降。这种周转天数下降就不是什么好事，并非资产管理得到改善。因此，任何财务分析都以认识经营活动的本来面目为目的，不可根据数据的高低作简单结论。

3. 应关注构成存货的产成品、自制半成品、原材料等在产品和低值易耗品之间的比例关系。各类存货的明细资料以及存货重大变动的解释，在报表附注中应有披露。正常情况下，它们之间存在某种比例关系。如果产成品大量增加，其他项目减少，很可能是销售不畅，放慢了生产节奏。此时，总的存货金额可能并没有显著变动，甚至尚未引起存货周转率的显著变化。因此，在分析时既要重点关注变化大的项目，也不能完全忽视变化不大的项目，其内部可能隐藏着重要问题。

4. 并不是存货周转率越高就一定越好。一是企业的存货量必须保证企业的正常生产与销售的基本库存。如果企业片面地追求高周转率，过度减少库存，那么一旦市场发生变化，比如原材料涨价、市场供应短缺，或者产品出现供不应求等，都可能影响企业未来的正常经营，因此一家成熟的公司会保持一种相对稳定的存货周转率。二是要看存货周转率的分子（主营收入）和分母（平均存货余额）的相对变化情况。比如，如果分子和分母都出现同时下降的情况，虽然存货周转率并没有变化，或者有所上升，但并不说明这家企业的运营效率提高。

5. 在分析存货周转率时，要了解影响该项指标变化的主要因素。一般而言，影响资产周转率的因素包括：企业所处行业及其经营背景、经营周期的长短，企业的资产构成及其质量，资产的管理力度，以及企业采用的财务政策等。

6. 重趋势分析和异常变化，不要被表面绝对数据蒙蔽。每一次或每一期间的存货周转率数据中的存货数据，只是对当期期末时间点的存货周转情况的反映，容易受偶然因素的干扰甚至是人为的修饰。因此，要弄清企业资产周转率的真实状况，首先应对其进行趋势分析，即对同一企业的各个时期的资产周转率的变化加以对比分析，以掌握其变化规律和发展趋势。一般企业的存货周转率会保持在某种合理的范围内波动，如果出现异常变化或者某种趋势变化，说明该指标发出了提醒信号，可能是企业经营过程中出现了问题，也可能是企业的经营策略发生了转变。比如，如果该项指标的趋势开始向上，可能显示企业采取了较积极的财务政策，正在进行某种扩张行动，也可能是产品出现畅销；如果存货周转率趋势开始下降，可能是企业经营策略开始趋于保守，也可能是市场销售等环境发生问题。

存货周转率反映的是企业的原材料、半成品、成品商品以及其他用于生产流通过程中的库存资源。正常情况下，企业按照原有计划生产和销售，如果该比率大幅度上升，说明企业的存货有可能出现大批量销售或折价处理，这就要查看具体的原因。如果是正常的存货销售或积压处理，则可以继续持股；如果是出现亏损变卖，那就要关注企业的下一步经营思路。另一种情况是该项指标异常下降，这里也有两种情况，一是负面的情况，即商品滞销积压，企业按原计划生产的商品突然没有销路，从而造成存货周转率大幅下降；正面的情况则是战略性购入某项材料或其他紧缺物资。总之，在存货周转率出现异常时，需要根据具体情况，采取抛售股票或继续持有的投资决策。

7. 要注重与竞争对手的横向对比分析。由于各产业的性质不同，跨行业比较存货周转率，很难对企业的存货管理水平及综合管理能力作出评价。只有与性质相同或非常接近的同行进行比较才有效。

表2-11是2008年到2010年的3年时间里各行业的存货周转率（次）情况，其中最低的是房地产，只有0.34；最高的是交通运输，为22.58。如果将这两个板块中某家公司的存货周转率与另一家公司比较，就无法得出有参考价值的信息。

表2-11　2008年、2009年和2010年各行业存货周转率（次）对比表

板块名称	排名	3年平均值	2010年	2009年	2008年
交通运输	1	22.58	21.94	19.69	26.11
公用事业	2	11.72	12.82	10.65	11.70
信息服务	3	10.62	10.51	10.43	10.93
化工	4	8.91	8.81	7.52	10.39
采掘	5	7.91	8.52	7.07	8.15
交运设备	6	6.00	6.59	5.57	5.84
家用电器	7	5.96	6.44	5.88	5.57

(续表)

板块名称	排名	3年平均值	2010年	2009年	2008年
商业贸易	8	6.82	6.29	6.49	7.69
黑色金属	9	5.74	5.76	5.18	6.29
信息设备	10	4.55	5.34	4.24	4.08
电子元器件	11	4.66	4.73	4.34	4.92
医药生物	12	4.59	4.66	4.62	4.49
有色金属	13	4.47	4.48	4.06	4.88
建筑建材	14	4.54	4.38	4.69	4.56
餐饮旅游	15	4.20	4.04	3.92	4.63
金融服务	16	3.06	3.83	2.75	2.61
轻工制造	17	3.42	3.50	3.17	3.60
农林牧渔	18	3.52	3.44	3.45	3.68
食品饮料	19	3.23	3.33	3.09	3.26
机械设备	20	2.78	2.86	2.52	2.96
综合	21	2.76	2.57	2.73	2.98
纺织服装	22	2.35	2.25	2.16	2.64
房地产	23	0.34	0.32	0.34	0.35
总平均值		5.86	5.97	5.42	6.19

五、股市应用

1. 存货周转率在选股中的应用。选股一般有两大思维方式，一是从技术分析出发，二是从基本面分析出发。无论哪种出发点，都有其理论和实用价值。有的投资者只注重技术分析，并不关心基本面，也有的人只关心基本面并不关心技术走势。投资者可以有所偏重，但最好将两方面结合起来使用。

①以技术面出发的选股方式，可以根据技术分析手段筛选出备选股，然后将这些个股在同行业内进行基本面比较。在基本面的比较中，最直接的方式是进行财务关键指标的比较分析，比如存货周转率的对比分析。如果备选股在行业里有着相对较高且走势稳定的存货周转率，说明该上市公司在这一项目里获得加分。在分析其他关键指标时也采取同样的方法，评估该股票获得加分或扣分，从而评估该股是否得到基本面的支持，为最终的投资决策提供依据。

②以基本面为出发点的选股方法，首先要评估整个宏观经济的变化，以

确定投资方式；其次是选择具有投资价值的行业，要么选择被市场低估的行业，要么选择处于景气度上升的行业；再次就是从行业中筛选出更有投资价值的个股。比如存货周转率，在宏观经济繁荣时总比经济萧条时高，该项指标会随着宏观经济的循环周期进行波动。长期价值投资者往往会选择在经济萧条后期和复苏初期进行战略性投资；中长线的投资者则会根据行业的变化和个股的成长性选择投资目标。投资者在全面分析行业、企业的盈利和发展前景时，利用以上讲解的存货周转率的意义和应用方法，对该项指标进行分析，从中选择优秀者，并结合其他指标进行综合评估。最后就是从技术角度分析，寻找最佳的买入点。

2. 可以根据存货周转率的变化趋势来决定投资交易的时机。这里指的交易时机是从基本面出发的，并非是技术分析。前面提到，企业在扩张时会采取较积极的财务政策，存货周转率往往是上升趋势，此时市场会给予公司股价更高的预期，因此在投资时可以买入或持有；当存货周转率从较高的位置开始回落时，表示企业已经完成了积极的扩张时期，喜好成长型股票的投资者，就需要抛售这类股票；当存货周转率稳定在合理的范围内波动时，表明企业生产运行正常；如果存货周转率跌破正常的范围并向下运行，这就是不好的信息，说明企业可能出现了某种问题。

3. 存货周转率对分析生产制造类股票很有价值，因为这类上市公司的流动资产中，存货所占比重较大，存货的流动性将直接影响企业的流动比率，这也决定了企业是否能够采取较积极的发展和扩张策略。比如大型机械制造行业、汽车行业等，在产品制造和销售的整个过程中，从钢铁、电子元器件到汽车整车成品，存货占用了公司大部分流动资产，存货周转率的高低对公司业绩起到关键性的作用，同时存货周转率的高低也可以直接反映企业的盈利能力。

六、案例：三一重工与中联重科存货周转率分析

前面计算演示时，已经对三一重工2005年至2011年的存货周转率进行了计算。现在将三一重工与竞争手中联重科（000157）进行比较分析。这两家公司属建筑工程机械细分行业的龙头公司，下面从存货周转率入手，分析一下这两家公司的共同特点和差异。

根据存货周转率的计算方法计算出三一重工和中联重科的该项指标，并将计算结果绘制成柱形图进行比对，如图2–14所示。

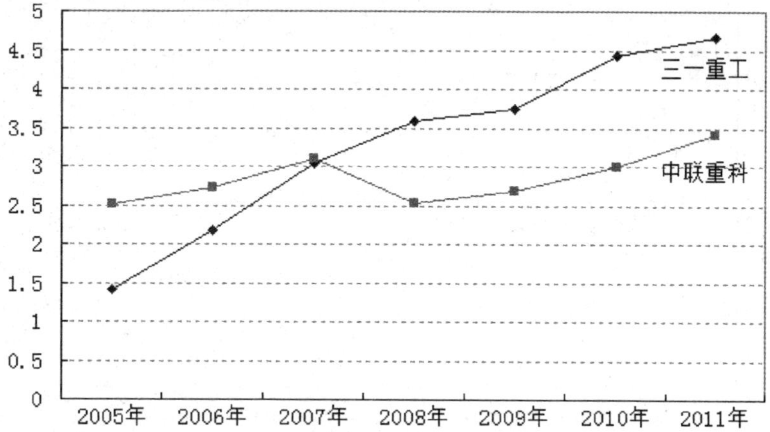

图2-14　三一重工与中联重科存货周转率对比图

从图中可以观察出：

①在2005至2007年，中联重科的存货周转率高于三一重工。2008年以后，三一重工开始超过中联重科。

②三一重工的存货周转率增长趋势明显大于中联重科，中联重科基本在2.5至3.5之间震荡。

根据以上存货周转率的变化，可以确定三一重工在利用存货资源上要优于中联重科。其实这一点也可以通过另外一个指标反映出来，该指标是存货营收比，就是存货净额与主营收入的比率。正常情况下，企业的销售情况越好，存货就会越少，存货营收比就会越低。

如图2-15所示，从图中可以发现三一重工的存货营收比下降速度明显快于中联重科，从该项指标看，三一重工的销售情况要好于中联重科，这与存货周转率得出的结论是一致的。

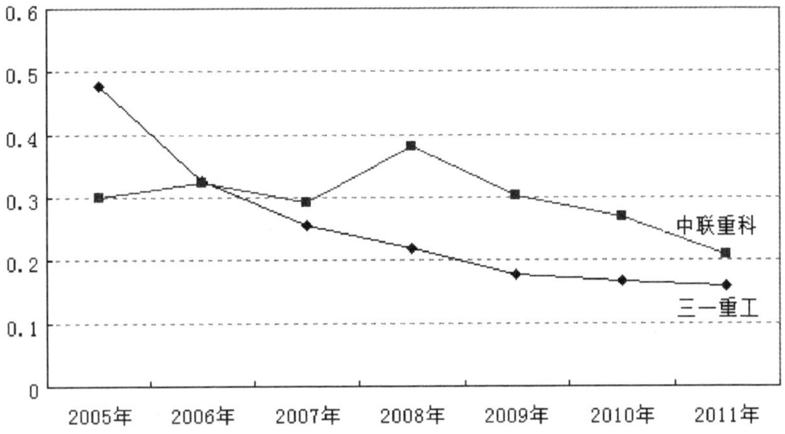

图2-15　三一重工与中联重科的存货营收比走势图

那么三一重工是否将这种优势转化为经营成果呢？首先要比较它们的净利润增长率的情况。前面已经介绍过，存货周转率不是评估企业盈利能力和成长性的直接关键指标，但它是验证企业盈利能力和成长性的真实性和持续性的重要指标。也就是说，三一重工的存货周转率优于中联重科，并不代表前者的盈利能力和成长性就一定好于后者。如果其他指标显示三一重工的盈利能力和成长性优于中联重科，那么存货周转率可以作为佐证来支持这个结论。

至于三一重工的盈利能力是否优于中联重科，可以依次分析企业的营业收入、销售毛利率、净利润，以及它们的成长指标营业收入增长率、净利润增长率等。这些内容在后面的关键指标中会一一介绍。

第三篇 盈利能力

关键指标9 市销率（股价营收比）

在学习市销率（股价营收比）之前，先简单地了解一下利润表的内容。在股市中，企业利润是对股价影响最直接的财务指标，因此备受投资者关注。许多以股票市场为基础的财务指标被大家所熟知，如市盈率、每股收益、净利润、市销率等，这些指标都与利润表中的数据有密切的联系。

利润表也称损益表，是全面反映收入、成本和利润的会计报表。在一个会计期间内，企业利用企业的全部资产进行经营活动，在活动中消耗了经济资源，并创造出收入。消耗的资源就是企业为创造收入付出的成本，收入和成本之间的差额就是利润。这个逻辑关系也就是利润表编制的核心，用算式表示就是：

收入－费用=利润

利润表是通过收入与费用的匹配关系，以重要性的先后顺序进行分类排序，计算出相应的各类利润指标，以表格的形式反映出公司在特定会计期间的经营成果，以满足报表使用者需要。

利润表有单步式和多步式两种，我国使用的是多步式利润表。这种方式可以简单地描述为：

销售收入－销售成本=销售毛利

销售毛利－费用=税前净利润

税前净利润－所得税费用=净利润

从这种分步式表达，报表使用者可以对企业生产经营的各种情况进行分析，了解其中环节的具体情况，也有利于投资者评估企业盈利能力，预测未来发展变化。表3-1是江钻股份（000852）2011年的年度利润表。

表3-1　江钻股份2011年度利润表　（单位：元）

项目	附注	2011/12/31	2010/12/31
一、营业总收入		1,584,600,000.00	1,364,340,000.00
营业收入		1,584,600,000.00	1,364,340,000.00
利息收入		--	--
已赚保费		--	--
手续费及佣金收入		--	--
房地产销售收入		--	--
其他业务收入		--	--
二、营业总成本		1,457,700,000.00	1,224,870,000.00
营业成本		1,150,590,000.00	921,037,000.00
利息支出		--	--
手续费及佣金支出		--	--
房地产销售成本		--	--
研发费用		--	--
退保金		--	--
赔付支出净额		--	--
提取保险合同准备金净额		--	--
保单红利支出		--	--
分保费用		--	--
其他业务成本		--	--
营业税金及附加		13,723,200.00	11,654,800.00
销售费用		80,679,800.00	68,521,200.00
管理费用		206,551,000.00	214,332,000.00
财务费用		16,978,600.00	16,567,200.00
资产减值损失		-10,829,000.00	-7,240,720.00
公允价值变动收益		--	--
投资收益		--	-19,442.50
其中:对联营企业和合营企业的投资收益		--	-19,442.50
汇兑收益		--	--
期货损益		--	--
托管收益		--	--
补贴收入		--	--
其他业务利润		--	--
三、营业利润		126,906,000.00	139,447,000.00

（续表）

项目	附注	2011/12/31	2010/12/31
营业外收入		11,634,100.00	3,670,090.00
营业外支出		894,868.00	6,263,210.00
非流动资产处置损失		344,306.00	2,517,420.00
利润总额		137,645,000.00	136,854,000.00
所得税费用		26,315,700.00	27,231,400.00
未确认投资损失		--	--
四、净利润		111,329,000.00	109,623,000.00
归属于母公司所有者的净利润		104,425,000.00	108,373,000.00
少数股东损益		6,904,080.00	1,249,810.00
五、每股收益			
基本每股收益		0.26	0.27
稀释每股收益		0.26	0.27
六、其他综合收益		--	--
七、综合收益总额		111,329,000.00	109,623,000.00
归属于母公司所有者的综合收益总额		104,425,000.00	108,373,000.00
归属于少数股东的综合收益总额		6,904,080.00	1,249,810.00

可以将以上的利润表分成4个部分。

1. 计算营业利润：以营业收入为基础，加上表中营业总收入下的细分项，如利息收入等，这样就构成营业总收入；以营业成本为基础，加上利息支出等，构成了营业总成本；再加上公允价值变动收益和投资收益等，就计算出营业利润。

这部分项目中，最值得投资者注意的就是营业收入（主营业收入）和营业成本，它们的数量大小和变化是财务分析的重点内容，比如前面介绍的总资产周转率、流动资产周转率等，都用到了营业收入，在存货周转率中用到了营业成本。在后面介绍的指标中，营业收入和营业成本会多处用到，比如营业收入和营业成本之间构成了销售毛利率的关系。

当然，作为这部分内容结算结果的营业利润也是重要的数据。

2. 计算利润总额：这是以第一部分的计算结果，即营业利润为基础，加上营业外收入，扣除营业外支出所得到的数值。利润总额就是人们通常所说的盈利，它是衡量企业经营业绩的十分重要的经济指标，该值为负数，表示企业亏损，为正值时表示盈利。

3. 计算净利润：是利润总额扣除所得税费用的利润留成，一般也称为税后利润或净收入。净利润是一个企业经营的最终成果，净利润多，企业的经营效益就好；净利润少，企业的经营效益就差。它是衡量一个企业经营效益的重要指标，也是构成多项财务比率的核心内容之一。

4. 计算每股收益：是用企业的净利润除以当期发行在外普通股的加权平均数所得到的数字。每股收益是衡量股票投资价值的常用和重要指标。

这样对利润表就有了基本的认识。下面开始继续探讨市销率等关键财务指标。

一、概念

市销率（股价营收比）是股票的总市值与营业收入的比值，也可以用每股股价除以每股营业收入求得。其中的营业收入也称销售额，因此股价营收比被称为市销率。该项比率说明每1元的营业收入对股价的贡献程度，或者说投资者投资多少钱可以创造1元钱的营业收入。

这项比率的核心是企业的营业收入，是指企业的主营业收入，即公司的收入中通过主营业务销售所得到的收入，并不包括与主业无关的其他营业外收入。市销率往往用于判断股价上涨是否有企业经营业绩的支撑，衡量维持股价稳定或上涨的持续动力的大小。股价与企业的增长方向和速动是正相关的，企业的稳定和真实增长来源于营业收入，而不是其他暂时性或一次性投资的收入，因此，市销率在评价股票的真实价值或长远增长性方面比市盈率更加可靠。

市销率越低，说明股票越具备投资价值。市销率的合理大小不能一概而论，不过对于成熟的市场来说，一般认为该项比率小于0.75 时，表示标的股具有投资价值，而高于1.5时，股价则有风险。这一标准并不是绝对的，要结合行业特性、公司成长周期具体分析。

二、计算

市销率=总市值/营业收入（主营业务收入）

市销率=每股价格/每股营收

总市值：是指在某特定时间（如分析的时间点）内总股本数乘以当时股价得出的股票总价值。

营业收入：是指企业在从事销售商品、提供劳务和让渡资产使用权等日常经营业务过程中所形成的经济利益的总流入。营业收入分为主营业务收入和其他业务收入。新的会计记账方法，在利润表里已将主营收入的解释放入到会计附注内。

每股价格：是指在某特定时间（如分析的时间点）的当时股价。

每股营收：用营业收入除以普通股总数，是将营业收入折算成每股的营业收入量。

计算演示：

按2012年4月13日的收盘价14.11元/股计算，三一重工（600031）的总股本为759370.63万股，则其总市值为107147195893.00 元。公司2011年的营业收入为50776301487.57元，则三一重工的市销率计算为：

市销率

=总市值/营业收入（主营业收入）

=107147195893/50776301487.57

=2.11

用同样的计算方式，可以计算出中联重科（000157）的市销率为1.64。通过计算可以知道，中联重科的市销率低于三一重工，也就是说在2012年4月13日，以市销率来衡量，中联重科的投资价值大于三一重工。

三、意义与作用

1. 市销率是评估上市公司股票投资价值的重要指标之一。

企业的长期稳定增长基于盈利能力，而盈利来源于营业收入，较高的销量和毛利才是获得较多收益的前提。市销率越低，说明市价里含有的营业收入越多。比如市销率为1，意味着公司一年的每股营业收入与股价相等；如果市销率为2，则公司两年的营业收入才可以达到股价。如果股价在营业收入增加的情况下却没有相应上涨，那么市销率就会变小，说明当前股价较原来的股价低估了，股票的投资价值随之增加；如果股价上涨幅度等于或大于企业营业收入的上涨幅度，即市销率不变或变大，则说明股票的内在价值虽然增值，但已经体现于股票价格的上涨中，当前股票的投资价值并没有提高。同样，如果企业的营业收入下降，股价却没有相应下跌，市销率变大，说明该股票的投资价值降低。

2. 市销率可以评估企业的收入质量。以每股市价与每股主营业务收入之比的市销率，排除了与主营业务无关的主营业务外收入，因此它既有助于考察公司收益基础的稳定性和可靠性，又能有效评估企业收益的质量。比如某次某企业的市盈率下降，但市销率并没有下降，这可能说明企业的盈利并非来自企业的主要业务，而是某种非经常性的收入，此时带动股价的上涨应该是暂时的消息效应，并无持续动力。

3. 通过追踪分析市销率的历史变化，可以判断企业的成长性。这一点分两种情况。

①没有被市场挖掘出来的潜在成长型公司。这类公司表现为，销售收入逐步增加，股价却没有大的变化，市销率逐步变小。

②已经被市场发现的公司。这类公司的成长性一旦被市场发现，投资者便给予公司更高的预期，因此市销率高于行业的平均水平。这也是大部分成长型公司的市销率较高的原因。

4. 市销率弥补了市盈率的缺陷。市销率的特性较稳定，不容易被操纵。营业收入来源于销售，与企业产品销售无关的收入都被排除在外，市盈率总的利润则不一样，更容易通过人为调账或虚假做账制造假象。真正决定一家公司长期发展的应该是销售额，而非利润，因此市销率比市盈率更具业绩的评价能力。市盈率还有一个缺点是，当企业的盈利为负值时，市盈率就失去了意义。而市销率因采用销售收入代替了税后利润，仍可以发挥评估作用。

四、注意事项

1. 注意查看市销率分子（股价）和分母（营业收入）的分别表现。市销率的核心是企业的销售状况与股价之间的比例关系，两者的变化比例不一致，可以导致市销率的变化。不要只看市销率的绝对数字，要结合股价和销售情况进行比较。比如，导致市销率降低的原因：一是股价下降比例高于销售下降比例引起的市销率下降，二是销售增长率大于股价上涨率导致的市销率降低。在同样的结果下，前者说明企业的盈利能力在下降，不被投资者看好，后者则是显示企业更具备投资价值。

2. 市销率在评估企业的投资价值时，对不同的产业有着不同的效果。市销率在评价商誉、人力资源和高科技含量较重的公司时效果更加明显。这类公司的主要利润来源是实物产品销售和劳务输出，这部分收入都表现在企业的营业收入中。而像竞争激烈的家电行业，虽然公司销售额很高，但毛利率却很难提高，也无法给公司带来像样的利润。因此，市销率在评估这类公司时效率会降低。

3. 在企业的利润来源只有主营业务收入的情况下，市销率起到描述投资机会的杠杆作用，比如市销率的变化会导致市盈率更大幅度的变化。市盈率中的分母是净利润，而净利润是营业收入通过一系列的缩小运算后得出的结果。也就是说在分子（股价）不变的情况下，分母缩小，整体比值放大。当市销率小于1，说明主营业务收入大于总市值，主营业务利润率的变动对市盈率越发敏感，这个公司是值得密切留意的标的。但是对于企业收入或其他营业外收入占较大比率时，市销率的这种杠杆作用就变得小很多。

4. 在同一产业间进行比较，市销率的评估作用才会更具意义。有的行业销售额不大，但利润丰厚，而有的则是销售量大，但利润很低。比如垄断的行业的利润率要高于竞争激烈的行业；科技含量高的行业，其利润率要高于科技含量低的行业。如果用市销率跨行业对比利润率差别很大的公司，市销率的分析就没有什么实际意义。表3-2是对A股53个板块市销率、市盈率和市净率的不完全统计，因截至统计当日A股上市公司2011年度财报还没有完全披露结束，并且笔者剔除了其中部分导致统计失真的异常数据，最后共计1336家上市公司参与统计，基本上可以代表A股板块之间的平均水平。流通市值以2012年4月13日收盘价为准，主营业收入等财务数据以2011年年报为准。

表3-2 2012年4月13日A股板块市销率、市盈率和市净率的统计表

所属行业	市销率	市销率排名	市盈率	市盈率排名	市净率	市净率排名
商业百货	1.164	1	29.988	15	3.200	29
钢铁行业	1.338	2	36.688	25	2.052	5
摩托车	1.370	3	22.060	4	2.315	8
纺织行业	1.543	4	39.468	32	2.678	16
水泥行业	1.734	5	14.311	3	2.360	9
化纤行业	1.754	6	46.816	43	2.915	24
农药化肥	1.770	7	35.904	24	2.402	10
建筑建材	1.954	8	34.077	22	2.819	23
造纸行业	2.051	9	32.649	18	1.765	3
汽车类	2.097	10	28.510	11	2.554	14

（续表）

所属行业	市销率	市销率排名	市盈率	市盈率排名	市净率	市净率排名
物资外贸	2.184	11	41.820	38	2.517	13
家电行业	2.244	12	29.526	14	3.067	26
纺织机械	2.317	13	29.497	13	4.320	46
电力行业	2.501	14	36.959	26	2.433	11
交通运输	2.954	15	25.941	8	2.165	6
塑料制品	3.051	16	39.514	33	3.547	37
玻璃行业	3.064	17	37.768	29	3.234	32
船舶制造	3.135	18	24.603	7	2.438	12
家具行业	3.164	19	28.562	12	2.218	7
印刷包装	3.211	20	33.629	21	3.222	31
发电设备	3.317	21	42.060	39	2.682	17
服装鞋类	3.449	22	31.181	16	3.337	33
化工行业	3.459	23	43.076	41	3.186	28
有色金属	3.815	24	56.274	49	4.366	47
机械行业	3.835	25	37.751	28	2.747	21
电器行业	3.840	26	33.062	20	3.105	27
其他制造	4.028	27	37.500	27	3.756	40
食品行业	4.103	28	39.747	34	3.647	38
开发区	4.130	29	24.550	5	1.898	4
煤炭行业	4.144	30	27.901	10	2.986	25
公路桥梁	4.438	31	13.703	2	1.311	2
农林牧渔	4.791	32	48.723	45	4.459	48
飞机制造	4.820	33	63.545	51	3.916	43
电子器件	5.265	34	38.856	31	3.200	30
综合行业	5.318	35	47.461	44	4.594	49
陶瓷行业	5.360	36	32.140	17	2.705	19
石油行业	5.413	37	55.248	47	2.697	18
传媒娱乐	5.509	38	32.733	19	3.713	39
生物制药	5.721	39	40.588	37	3.953	44
供水供气	5.858	40	37.831	30	2.728	20
电子信息	6.149	41	44.502	42	3.504	35
酿酒行业	6.179	42	61.241	50	6.235	51
酒店旅游	6.291	43	51.910	46	3.507	36

（续表）

所属行业	市销率	市销率排名	市盈率	市盈率排名	市净率	市净率排名
仪器仪表	6.903	44	40.502	36	3.809	42
非金属品	7.678	45	42.110	40	4.910	50
环保行业	7.690	46	35.232	23	3.394	34
医疗器械	8.515	47	40.154	35	4.225	45
房地产	9.160	48	27.209	9	2.815	22
券商	166.370	49	56.070	48	3.800	41
银行			6.658	1	1.286	1
保险			24.580	6	2.588	15
创业板	7.108		35.983		3.044	
中小板	4.194		42		3.197	

从表中可以很明显地发现，行业与行业之间的市销率差别很大，市销率较小的行业集中在制造业和竞争激烈的行业，比如排名第一、第二的商业百货和钢铁板块。而市销率较高的则多是科技含量较高的产业和垄断性较高的行业，如医疗器械、房地产和券商等。从概念上看，创业板的市销率也处于较高的水平。像银行券商这类高垄断性行业，由于握有定价权，因此其市销率也相对较高。

表中还将市盈率和市净率一起列出，读者可以仔细观察这三种关键指标，看看能否发现它们之间的规律，能力总是在仔细思考研究中提高的。

5. 使用时注意市销率的缺陷。与任何关键指标一样，市销率也有许多不足。

①对于销售与季节联系密切的公司，不能用某一次的季节指标来衡量企业的投资价值。有些行业受季节的影响非常大，在销售低迷时，公司的季度报表可能出现销售收入下滑，市销率上涨，这并不代表企业的投资价值下降。要分析公司的实际情况，可以通过行业之间的对比，看看该公司的该项指标是否相对于竞争对手下降得更明显，或者与历史同期进行对比，看该指标相对于前一年同期是否下降。

②市销率无法反映成本的变化。从市销率的计算公式中可以看到，该项指标只关注了营业收入，忽略了营业成本，营业成本也是影响企业盈利能力的重要因素。在这一点上，市盈率就弥补了市销率这一巨大的缺陷。

③市销率只能在同行业和同性质的公司之间比较。

④对于一些关联产品较多的企业，区分企业的营收收入是否是主营业务收入存在一定困难。

五、股市应用

1. 利用市销率衡量企业的成长性和股价的上涨动力。市销率与市盈率在判断市场整体投资机会的功能上相类似，只是两者的出发点有所不同。市销率是从企业的主营产品销售角度出发进行分析，市盈率则是从企业的最终获利与股价的关系出发来评估股价的估值水平。在评估股票的成长潜力方面，市销率要优于市盈率。有些公司虽然暂时并没有盈利，或者账面表现为亏损，无法用净利润或市盈率等指标来评价，但可以通过市销率分析企业的销售状况。如果企业的销售能力仍然很强，并不断地增长，说明企业具有非常强的潜力，最终达到盈利是早晚的事情。此时投资者要多关注这类公司，因为一旦其销售能力转化为或者即将转化最终盈利时，股价会出现意想不到的上涨。

2. 习惯于使用市盈率评估股价高低的投资者，可以结合市销率分析，鉴别企业的利润是否来源于企业的正常营业。如果市销率高而市盈率低，这有可能是企业的利润来源并非企业的主业，而是其他渠道，那么投资者就需要了解其中的原因，不要被表面的低市盈率迷惑。同样，如果市盈率偏高，也不要认为这样的股票失去了投资价值，而是要看市销率是否与市盈率一样出现高估。如果企业的营业收入同比增长更快，那么这样的股票即使市盈率上涨，也值得关注。

3. 通过市销率挑选成长股和潜在的黑马股。

根据市销率的计算方法，可以知道有两种原因会促使市销率降低：一是销售额提升，分母加大了；二是股票价格下降，分子减小。从这个思路出发，依据低市销率进行选股，就可以从两个方面进行跟踪：一是寻找那些销售额快速增长的企业，也就是成长型企业。二是寻找那些股票价格非常便宜的企业，也就是受到市场冷落的股票。

使用市销率寻找未来强势股：销售额正在大幅提升，股票价格很低，它们虽然暂时受到冷落，但在良好的销售带动下，业绩会在不久的未来显现，导致股价出现飙升。

有经验的股市投资者知道，最能带来丰厚利润的股票并不是那些大盘蓝筹股，或者说不是那些已相当成熟的上市公司，而是年轻的快速成长的公司。这些有着巨大成长潜力的公司，由于企业管理经验不足，营业成本（包括推广、财务费用、研发费用等）占比较重，波动较大等原因，致使公司的利润出现大起大落，股价也会大幅震荡。投资者可以撇开利润，直接利用市销率来判断企业的销售状况。如果市销率指标没有恶化，而市盈率恶化，说明企业的最终利润并非是企业的主营业务带来的，市盈率指标恶化并没有显示企业的经营能力下降。如果市销率下降是股价下跌导致的，那么这类公司具备中长期的投资价值。结合技术分析，如果股价跌回到相应的低价区，那么这些股票往往具有短期或中期上涨的爆发力。

4. 在熊市中，低市销率可以带来更高的安全边际，这也是熊市中选股的基本思路。比如后面的案例分析中，电力板块的平均市销率在整个股市中处于较低水平，说明该板块相对其他高市销率的板块安全边际较大。在电力板块中再选择低于同行业市销率的个股，这样可以在2011年至2012年年初的熊市中避开大盘连续下跌造成的巨大损失，并且有可能获得一定的盈利。

5. 通过市销率选股有以下几个步骤。

①评估行业和板块的市销率及投资价值。

对于不同行业市销率的合理范围，在美国一些非常成熟的股市里，一般认为传统制造型行业的市销率应该小于1；竞争激烈的商业零售行业应该低于0.5；软件行业可以考虑5以下的个股，等等。以上数据只是相对的参考数字，并不是所有的市场环境下都适用，不能犯教条主义错误。我国属于新兴经济体，A股也处于发展时期，故对市销率等指标可以适当放宽。

在分析各产业市销率时，要结合产业的自身特性进行分析。如机场、港口、高速公路、水电等行业，它们的资本支出相对较小，且大多带有国有垄断性质，这些公司的资产庞大，销售收入很难超过市值，因此市销率自然低。相反，网络软件等性质的公司，它们的固定资产非常有限，企业的资产集中在科技和人才方面，只有维持较高的销售和毛利率，才可以保证公司的发展，这样的公司其市销率自然就高。

确定板块是否有投资价值时，要从板块自身特性出发，了解行业板块整体市销率的历史最低水平和历史平均水平，以及目前市销率的变化趋势。如果行业板块的市销率接近或低于历史水准，可以认为该板块出现投资价值，当然，前提是该行业不是要被历史淘汰的夕阳产业。

②选择个股。

在对行业板块进行分析后，可以在有投资价值的行业内寻找更具投资价值的个股。这里有两种思路：一是对行业内的所有个股市销率进行排序，寻找低市销率的公司。然后再对企业的其他指标进行综合评估对比，最后进行技术分析，看看该股股价的市场表现。二是先从技术面分析入手，选择那些已经具备底部反转或正处于良好上升趋势的个股，然后再对这些个股的市销率等财务关键指标进行分析，选择那些更具基本面支撑的个股。

按以上两种思路运用市销率选择个股时，最关键的是要将个股与同行业的竞争对手对比，市销率低于行业平均值会更有说服力。

③基本面的进一步确认。

利用市销率选中备选股票后，要确认市销率低的原因，以及企业的其他盈利和成长指标。比如，是股价超跌还是销售额增加引起市销率下降，企业是否有了新的经营转折点，企业的毛利和净利润增加了还是减少了，现金流如何，财务风险怎样，这些问题逐一了解清楚，就可以综合评价企业的现状和未来成长性，从而决定投资的方法和周期。

六、案例：电力行业市销率分析

下面以电力板块为例来探讨利用市销率进行股票投资的方法和步骤。

1. 投资环境介绍

自2007年10月16日上证指数创出历史新高6124.04点以来，股市步入熊市，2008年10月28日大盘指数在1664.93点见底，随后展开反弹。2009年8月4日在3478.01点反弹见顶后，再次步入下跌通道。图3-1是2010年5月14日到2011年9月30日的上证指数走势图。

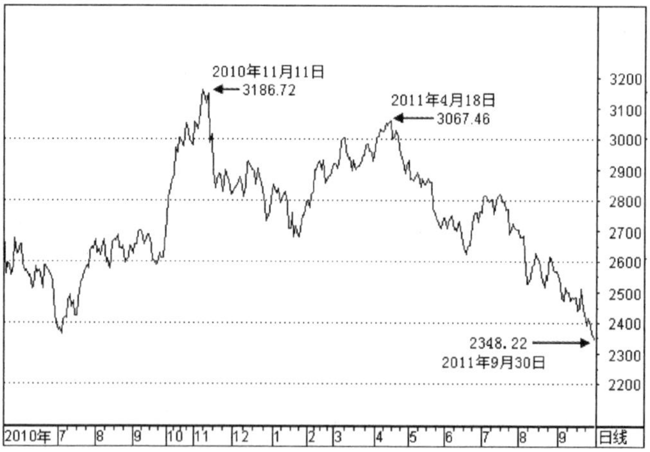

图3-1　上证指数走势图（2010年5月14日至2011年9月30日）

造成股市进入熊市的原因很多，主要因素是国际外围经济环境不稳定，欧债危机蔓延，利比亚、伊朗、叙利亚等北非和中东产油国家政局不稳。我国国内房地产处于调控之中，外贸承受较大压力，经济结构面临或正在转型，财政紧缩没有放松，这些都对股市产生负面影响。因此，投资必须谨慎，仍以防守为主。

电力板块虽受整个经济环境影响较大，但我国整体电力供应仍然紧张。在当前国际局势下，全球石油面临涨价风险，我国能源策略需要提前做好准备。电力行业是能源的生产和流通主体，该板块不会是夕阳产业，但它是个强周期行业。在股市表现上，电力行业在熊市中具有抗风险能力。股市的投资操作原则上是不赞成在熊市里进行投资操作的，特别是要回避风险较大、高市销率行业（高垄断行业除外，这是一个特别的板块）。如果对未来形势判断不明朗，可以适当配置传统能源电力股。

2. 数据来源和说明

根据公认的股票分类，当前A股中电力板块有51只股票，其中的通宝能源（600780）停牌，故只对该板块中的50只个股的市销售进行排名，如表3–3所示。为了跟踪该板块个股市场表现与市销率的关系，表中的市销率是采用2011年9月30日的数据。该板块的市销率平均值为2.42，最低的是0.29，最高的达到了9.32。

表3–3　2011年9月30日电力板块市销率统计

代码	名称	市销率	市销率排名	代码	名称	市销率	市销率排名
000966	长源电力	0.29	1	600644	乐山电力	1.68	26
600744	华银电力	0.35	2	000767	漳泽电力	1.69	27
600027	华电国际	0.35	3	000958	ST东热	1.79	28
600011	华能国际	0.44	4	600452	涪陵电力	1.8	29
600021	上海电力	0.5	5	600969	郴电国际	1.94	30
000600	建投能源	0.62	6	600310	桂东电力	1.98	31
600726	华电能源	0.63	7	000690	宝新能源	1.99	32
600886	国投电力	0.67	8	600769	ST祥龙	2.08	33
600795	国电电力	0.72	9	600863	内蒙华电	2.14	34
000531	穗恒运A	0.82	10	600236	桂冠电力	2.33	35
市销率前10名平均值		0.539		002039	黔源电力	2.47	36
				600995	文山电力	2.75	37

（续表）

代码	名称	市销率	市销率排名	代码	名称	市销率	市销率排名
601991	大唐发电	0.85	11	600509	天富热电	2.85	38
600396	金山股份	0.87	12	600116	三峡水利	4.01	39
600642	申能股份	0.88	13	000939	凯迪电力	4.27	40
000543	皖能电力	0.9	14	市销率中间30平均值		1.769	
000539	粤电力A	0.92	15	600979	广安爱众	4.73	41
000875	吉电股份	0.92	16	600864	哈投股份	4.85	42
001896	豫能控股	0.93	17	600900	长江电力	4.89	43
000720	ST能山	1.08	18	600101	明星电力	5.22	44
000027	深圳能源	1.14	19	600131	岷江水电	5.59	45
600098	广州控股	1.16	20	002479	富春环保	5.80	46
000037	深南电A	1.25	21	600505	西昌电力	6.62	47
000899	赣能股份	1.44	22	000993	闽东电力	7.06	48
000601	韶能股份	1.63	23	600868	ST梅雁	8.30	49
600578	京能热电	1.66	24	600674	川投能源	9.32	50
600292	九龙电力	1.66	25	市销率后10名平均值		6.24	

这里关注的是市销售排名在前10名的个股，但并不是市销率低的个股就有好的市场表现，只是说它们相对于其他市销率高的个股有着更多的机会。表3–4是这前10名个股的一些关键指标。

表3–4　2011年9月30日电力板块10只个股市盈率和市净率统计

公司名称	市盈率	市净率	每股收益	净资产收益率	销售毛利率	资产负债率	现金比率
长源电力	亏损	3	–0.804	–45.87%	1.1	91.53%	–0.15%
华银电力	亏损	3.18	–0.83	–48.00%	0.3	91.69%	–11.71%
华电国际	592.8	1.16	0.004	0.18%	8.37	84.36%	28.16%
华能国际	31.57	1.18	0.1	2.74%	9.13	76.98%	39.34%
上海电力	34.36	1.56	0.091	3.42%	8.53	84.20%	47.47%
建投能源	亏损	1.3	–0.0906	–3.39%	8.39	72.32%	–37.35%
华电能源	亏损	1.92	–0.0848	–3.03%	8.83	82.54%	–16.48%
国投电力	31.72	1.22	0.142	3.61%	18.73	82.52%	41.84%
国电电力	12.61	1.34	0.135	7.89%	10.61	72.48%	6.79%
穗恒运A	30.29	1.37	0.218	7.77%	21.71	87.21%	30.00%

从表3-4中可以发现，长源电力、华银电力、建投能源、华电能源等因企业盈利出现负增长，因此这4只股票可以排除。华电国际市盈率高达592.8，也可以排除。为了进一步证实和筛选，对这10家公司近5年来的关键指标进行纵向对比和横向对比。表3-5是这10只股票2007年到2011年来的5项指标的平均值。从这5年的平均表现看，同样也可以将长源电力、华银电力等4只个股排除，另外华电国际和上海电力这5年平均值中摊薄每股收益为负值，因此也可以初步考虑排除。

表3-5　2011年9月30日前5年电力板块10只个股部分财务指标平均值

公司名称	销售毛利率	主营收入同比增长率	摊薄每股收益	每股净资产	每股现金流
长源电力	4.13	19.11	–0.37	2.56	0.32
华银电力	0.83	36.99	–0.45	2.70	0.72
华电国际	10.22	33.60	–0.01	2.28	0.54
华能国际	10.53	28.05	0.12	3.45	0.70
上海电力	6.62	25.19	–0.04	2.94	0.43
建投能源	15.40	8.18	0.07	3.24	0.50
华电能源	8.10	27.35	–0.10	2.08	0.14
国投电力	19.06	37.13	0.14	4.20	1.40
国电电力	16.36	37.46	0.13	2.42	0.45
穗恒运 A	20.33	15.59	0.24	3.65	0.28
总计平均值	11.158	26.865	–0.027	2.952	0.548

下面再对上海电力、华能国际、国投电力、国电电力和穗恒运A等个股做一次历史对比分析。

图3-2是这5只股票自2007年到2011年的主营收入变化图。从图中可以很明显地发现电力行业的周期性变化。5年里整个主营收入趋势呈下降状态，这也反映出自2007年底美国次贷危机引发金融风暴之后，世界经济和我国经济发展放缓的现象。

从图中可以知道，这5家公司的主营收入从大到小依次为华能国际、国电电力、上海电力、国投电力和穗恒运 A 。

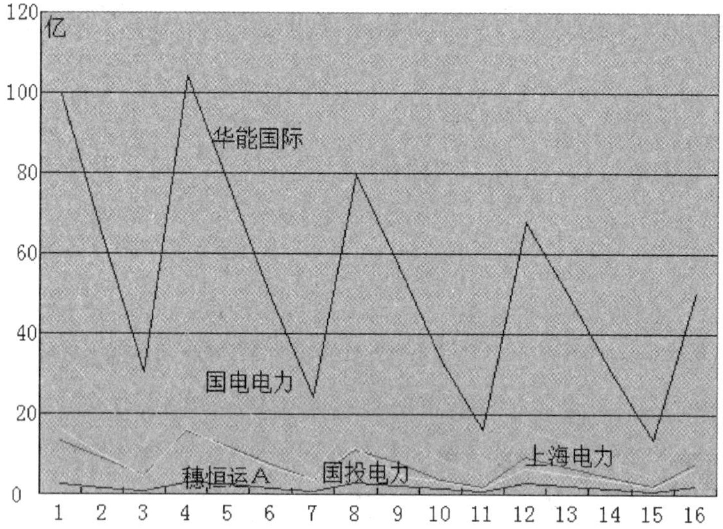

图3-2　华能国际等5家公司2007年至2011年主营收入变化图

图3-3是这5家公司2007年至2011年间的销售毛利率变化图。5家上市公司的销售毛利率从高到低依次为：穗恒运A、国投电力、国电电力、华能国际和上海电力。

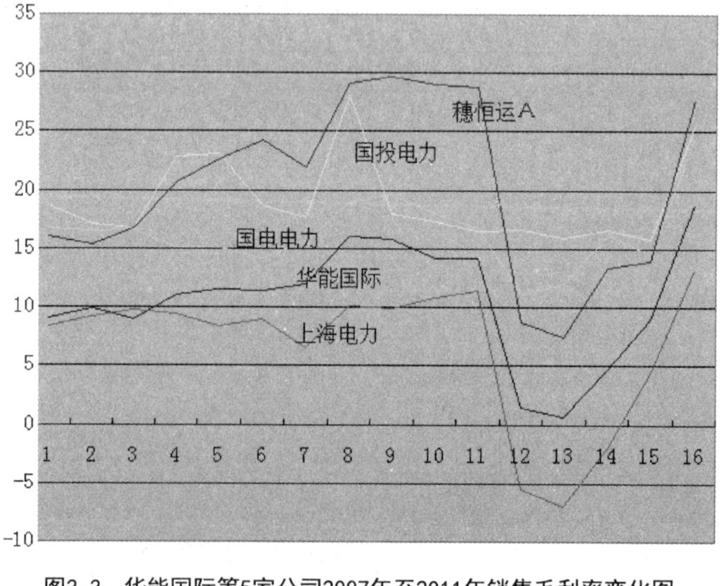

图3-3　华能国际等5家公司2007年至2011年销售毛利率变化图

对以上10只市销率最低的电力行业个股进行其他关键指标的综合分析后认为，华能国际、国电电力、国投电力、穗恒运A这4只股票具有防守型投资价值，其中华能国际和国电电力为首选。

以上从基本面分析确定了这4只备选股后，并不是说要马上买入，实战中还要寻找买入的时机，需要具体结合这4只股票的技术走势，从技术分析上对它们作进一步比较。下面以国电电力为例，简单说明一下技术分析的方法。

图3-4是国电电力（600795）2011年6月20日至10月27日的日K线走势图。9月30日以前，该股一直处于空头之中，但在后面的走势里，股价出现止跌，并形成了双底技术形态。在双底的右底出现了连续3根逐渐增大的阳线，即看涨红三兵K线形态，同时短期均线也向上转向，并穿过30日中期均线。成交量方面，在出现双底形态之前，出现明显的地量，说明市场进入极度观望状态，做空动力已不足。随着双底形态的形成，成交量也逐渐放大，显示市场趋于活跃，有资金在此处进场。从技术形态分析，支持投资者买入股票。

也可以对其他几只备选股票进行分析，结果确定了国电电力作为投资对象。因为整个大市不好，控制仓位很重要，同时要设置好止损位置。比如可以用30%的仓位在2.40元附近买入该股，并设置双底底部的最低位置2.24元为止损点。

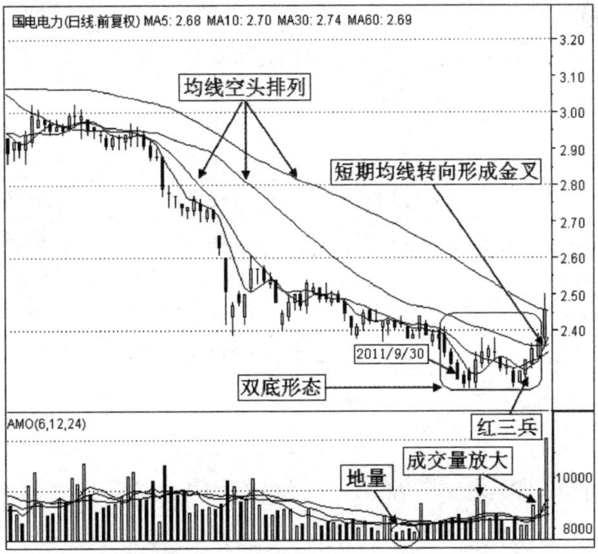

图3-4 国电电力日K线走势图（2011年6月20日至10月27日）

现在我们来验证一下这10只股票以及其他电力股票后来股价的变化结果。表3-6是2012年2月10日和2011年9月30日的股价对比和涨幅汇总情况。表中市销率排名前10的个股，平均涨幅为6.59%，市销率排名后10的个股涨幅为-10.14%，中间的30只股票平均涨幅为-9.05%。市销率排名前10的个股，股价表现非常突出，但中间和排名较后的个股平均涨幅区别不是很明显。

表3-6 电力板块部分个股2011年9月30日至2012年2月10日涨幅情况

代码	名称	2011/9/30价	2012/2/10日价	涨幅	涨幅排名
000966	长源电力	4.05	3.65	-9.88%	27
600744	华银电力	4.17	3.7	-11.27%	33
600027	华电国际	2.74	3.29	20.07%	3
600011	华能国际	4.21	5.43	28.98%	1
600021	上海电力	4.15	4.99	20.24%	2
000600	建投能源	4.04	4.44	9.90%	8
600726	华电能源	2.91	2.65	-8.93%	25
600886	国投电力	6.02	6.04	0.33%	18
600795	国电电力	2.27	2.7	18.94%	4
000531	穗恒运A	7.91	7.71	-2.53%	20
市销率前10名平均涨幅				6.59%	
600979	广安爱众	7.26	4.64	-36.09%	50
600864	哈投股份	7.16	6.41	-10.47%	31
600900	长江电力	6.26	6.4	2.24%	14
600101	明星电力	12.78	10.53	-17.61%	38
600131	岷江水电	7.19	6.12	-14.88%	36
002479	富春环保	15.78	16.28	3.17%	13
600505	西昌电力	10.01	10.09	0.80%	16
000993	闽东电力	7.13	6.39	-10.38%	30
600868	ST梅雁	2.79	2.27	-18.64%	40
600674	川投能源	11.78	11.83	0.42%	17
市销率后10名平均涨幅				-10.14%	
市销率中间排名30只个股平均涨幅				-9.05%	

选出的标的股国电电力（600795）涨幅为18.94%，排名第4，涨幅已非常可观，因为上证指数在这期间是负增长。另外挑选的备选股：华能国际涨幅达28.98%，排名第1。其他3只股票中上海电力也表现非常出色，涨幅排名第

2，国投电力和穗恒运A基本持平。

通过这个案例可以知道以下几点。

①市销率是一个初步筛选个股的好工具。

②利用市销率这个关键指标时，一定要在同行业中与同特性的公司进行比较。

③在分析时，既要与行业其他公司进行横向比较，也要进行历史的纵向比较，纵向比较各公司同一时期的表现和整个历史过程中的变化趋势。

④尽量采用不同类型、反映不同内容的关键指标综合比对。

⑤从基本面选择好了标的股后，再通过技术面分析股价的市场表现，选择恰当的时机买入，这一点对于中短线投资者非常重要。

⑥不得不提的是，进行股票投资一定要把握宏观经济形势，把握大的股市发展趋势，根据不同的股市环境采取适当的投资策略。该保守时不能激进，该积极时就不要保守，股市投资最重要的就是节奏。比如，如果宏观经济在未来出现向好的拐点，进入经济繁荣期，大盘出现牛市，就需要采取较为积极的操作策略，选取进攻性较强的品种，这样才能有更好的收益。

关键指标10　市盈率（股价盈利比率）

一、概念

市盈率是上市公司总市值与总盈利的比值，是市值盈利率的简称，也是股票的每股股价与每股收益的比率。市盈率是表征公司投资价值的重要和常用关键指标之一，它说明在目前的盈利水平下，投资者用多少年可以将投资成本收回。市盈率越小说明股票的投资价值越高，越大则投资价值越低。

市盈率有静态市盈率和动态市盈率两种。一般财务分析中所指的市盈率是静态市盈率，即以目前市场价格除以已知的最近公开的每股收益后的比值。一些股票交易软件中也采用动态市盈率，以“市盈（动）”来表示。动态市盈率计算公式是以静态市盈率为基数，乘以动态系数，该系数为$1/(1+i)^n$，i为企业每股收益的增长性比率，n为企业可持续发展的存续期。

市盈率的大小取决于企业的盈利能力和股价的高低。企业的盈利能力不变，股价上涨，市盈率就增加，说明风险在增加，相反则风险减小。同样，如果股价不变，而企业的盈利能力上升，那么市盈率就下降，该股的投资价值就慢慢显现；反之，该股的价值就被高估。通常情况下，成熟上市公司的市盈率保持在15~20倍是被较多投资者接受的，但这并不是定论。该指标与宏观经济周期、行业特性、企业的成长时期都有较大的关系，实际投资时需考虑其他影响股价和盈余的客观因素。

二、计算

市盈率=总市值/净利润

市盈率=每股股价/每股收益

总市值：是指在某特定时间（如分析的时间点）内总股本数乘以当时股价后得出的股票总价值。

净利润：也叫净收益，是指在利润总额中按规定交纳了所得税以后公司的利润留存，一般也称为税后利润或净收入。净利润的计算公式为：

净利润=利润总额×（1−所得税率）

从净利润的计算方法中可以知道，净利润的多少取决于两个因素，一是利润总额，二是所得税率。利润总额的最大影响来自于营业收入，企业创造出更多的收入，控制好营业成本，就会促进利润总额的增加，也就推动净利润上升。前面介绍的市销率，就是反应股价与营业收入的关系。对于某些政策支持的行业，降低企业税收也会对企业的盈利产生较大的影响。

每股收益：即每股盈利，又称每股税后利润、每股盈余，指税后利润（有优先股的还需扣除优先股东的股东权益）与普通股总数的比率。每股收益是说明普通股股东每持有1股所能享有的企业净利润（或净亏损）。目前每股收益是采用基本每股收益的计算方法，相对于全面摊薄每股收益，基本每股收益进一步考虑了股份变动的时间因素及其对全年净利润的贡献程度。每股收益的计算公式为：

每股收益=（当期归属于普通股股东）净利润/当期发行在外普通股的加权平均数

其中：

当期发行在外普通股的加权平均数= 期初发行在外普通股股数 + 当期新发行普通股股数×已发行时间/报告期时间−当期回购普通股股数×已回购时间/报告期时间。

动态市盈率的计算公式为：

$$动态市盈率=静态市盈率\times[1/(1+i)^n]，i为年复合增长率$$

比如，某公司当前股价为50元，当期每股收益为1元，当期静态市盈率就为50倍。如果前期每股收益为0.8元，则成长性为25%，即i = 25%。预计该企业在未来可以保持该增长速度的时间是5年，即n = 5，按照公式$1/(1+i)^n$计算得出动态系数为3.05。这样动态市盈率就是静态市盈率50除以动态系数3.05，即为16.39。更多的动态市盈率知识，读者可以参考其他资料，这里不再详细讲解。

计算演示：

根据三一重工2011年度利润表，可以获得该公司2011年度的净利润为8648898948元，2012年4月13日的收盘价为14.11元/股，总股本为7593706300股。这样就可以计算2012年4月13日收盘时三一重工的市盈率，计算步骤如下：

市盈率

=总市值/净利润

=（总股本×股价）/净利润

=（7593706300×14.11）/8648898948

=12.39（倍）

也可以用股价除以每股收益计算：

市盈率=股价/每股收益=14.11/1.139=12.39（倍）

也可以求出中联重科的市盈率为9.41倍，低于三一重工的市盈率。从市盈率给出的信息看，中联重科的投资价值要高于三一重工。

三、意义与作用

1. 市盈率反映上市公司投资价值的大小和风险程度。市盈率越高，公司投资价值越低，股价风险越大。盈利是企业的核心，企业盈利能力越强，公司就会为股东创造更多的收益，在股价不变的情况下，市盈率就会降低，公司的投资价值增加；如果盈利能力下降，则市盈率上升，公司的投资价值降低。如果盈利能力没有变化，股价出现了上涨，说明投资者要花更多的钱购买同等价值的资产（股票），说明公司的投资价值降低，此时市盈率在上升；相反，如果股价下跌，公司的盈利能力并没有变化，则标的股票的投资价值增加。

市盈率与市销率对股票的估值评价有不同的侧重点，市盈率是从市场的角度与公司的最终盈利水平进行对比，反映出价格与价值的最终关系。排除其他因素对公司利润的干扰，市盈率比市销率更贴近企业经营最终结果，更能反映企业的当期真实成绩。市盈率在评价股价估值时只注重结果，不关心过程。“不管白猫黑猫，逮着耗子就是好猫！”这就是市盈率对股票估值的判断。市销率则是从企业创收的动力和源头来判断企业创造收入的能力，没有考虑企业的营业成本费用以及营业外收入带来的利润。

2. 市盈率代表收回投资成本的时间周期。通过市盈率的定义可知市盈率表示当前的股价是企业净利润的多少倍，如果公司在未来的若干年里仍保持当前获利水平，那么在与市盈率相同的若干年里，投资者就可收回购买当时购买股票的成本。

假设某公司的市盈率为10倍，说明投资者能够在10年的时间里收回投资成本。如果市盈率为20倍，则需要20年收回成本。收回成本的时间越短，投资者收益越大，标的股就越有投资价值。

3. 市盈率可以反映投资的回报率。市盈率的倒数就是投资回报率，即每1元的投资可以获得多少回报。比如，市盈率为10倍，那么一年的回报率就是10%，如果公司将这些净利润全部作为股息发放给股东，那么股东的收益就相当于拿到10%的利息。如果市盈率为20倍，相当于投资者1年的利息是5%。

4. 市盈率可以用来与不同规模、每股股价不同的公司对比。一些关键财务指标受企业的规模影响较大，比如营业收入、净利润等。规模大的公司基数大，营业收入和净利润的绝对数字自然就大，但并不能说明规模大的公司盈利能力就强。再如每股收益，有的公司发行的股数较少，每股价格较高，在同样的收益情况下，自然每股收益就多，每股收益数字本身也不能反映企业的盈利能力。但市盈率不一样，它是公司的总市值与所获得的净收益之间的比例，它撇开了公司的规模大小、股价高低、股本多少对公司盈利能力的误导，成为比较所有公司的标准指标。特别是对同行业个股的对比分析，市盈率的作用更加突出。

5. 整体市盈率的高度可以反映整个经济形势和股市大势情况，从而确定股市中系统性风险的大小。虽然对于A股整体市盈率的合理位置有不同的说法，但一般认为，A股的市盈率在15~20之间为合理区间。如果A股整个市场的平均市盈率偏低，则说明市场进入投资区域。相反，如果偏高，则市场的风险加大，说明不适合投资。

6. 市盈率可以衡量公司股票价格的风险程度。当市盈率大大超出同行或者整体市场的平均市盈率时，如果上市公司没有充足的未来增长理由来支撑，那么股价就存在极大的风险。一旦市场的某种预期落空，股价就会出现大幅下跌，市盈率将会向合理水平靠拢。

四、注意事项

1. 市盈率并没有绝对的合理范围。不同特性的行业，不同发展时期的公司，以及不同的经济环境，都会对市盈率所谓的“合理范围”产生影响。市盈率的大小是否合理，要结合以下几个方面考虑。

①不同的经济环境下，市场的整体市盈率也会不同。宏观经济欣欣向荣时，市盈率会整体偏高，宏观经济低迷时则偏低。

②不同行业的平均市盈率会有差别。由于市场对新兴产业有较大的预期，因此这些行业往往会享有较高的市盈率，这也就是为什么创业板和中小板的市盈率普遍高于传统行业的原因。

③企业不同发展阶段也会有不同的市盈率合理范围。企业处于高成长期时，可以有较高的市盈率。当企业步入成熟期时，市盈率会逐步下降到通常认为的合理水平，与行业的平均值看齐。到企业迈入衰退期时，由于投资者对公司的未来没有信心，市盈率也会随股价下跌而降低，故市盈率低并不见得是一件好事。

2. 要正确看待市盈率的高低，分析造成市盈率偏高或偏低的原因。

造成高市盈率（如高于30倍）的原因一般有以下几种。

①市场预测公司未来的盈利增长速度较快，愿意给予企业更高的市盈率。这是一种积极的表现，表明市场人气较足，股价成长性较好，但风险也大。如果未来企业的成绩并没有达到市场预期，那么股价就会应声而跌。

②可能公司出现了某项特殊支出，降低了盈利。这种特殊的支出可以是多种原因造成的，它影响了当期企业的净利润数值，造成市盈率下降。在分析时，如果该项支出是一次性的，并没有对企业的盈利能力构成影响，那么当股价下跌，市盈率重新回到合理水平时，反而是买入的好机会。因为随着下一次财报出笼，企业的净利润重新回到正常的数值，由于前期股价下跌，市盈率就会大幅下降，低于原来的正常值，从而引发股价的大幅反弹。

③公司有特殊的优势，能保持较平稳和较长时间的盈利，投资者对公司的未来并不担心。最常见的就是市场垄断性较高的行业，比如白酒酿酒板块，该板块不同于企业竞争激烈的食品行业，行业整合好，毛利率高，投资者并不担心它们的利润空间会出现大的下跌。

④被市场炒作，出现泡沫。这种情况多出现在题材炒作。很多人说A股是个政策市，政策引发题材，题材打动市场，这有一定的道理。但随着A股市场不断成熟，股民素质不断提高，价值投资的理念会越来越受到投资者的重视，股市泡沫也会相对变少。

引起低市盈率（如低于10倍）的原因有如下几种。

①市场预测公司未来的盈利增长速度放缓。此种情况是市场对公司的增长失去信心，不愿意将资金浪费在没有成长性的公司里。

②可能公司出现了某项特殊收入。这种收益有的是属于非经常性收益，与企业的主营收入无关，此时市盈率的大幅下降时暂时的，下一财报（如3个月后的季报）就会显露出原来的面目，投资者要避免追高。另一种可能是与主营业务有关的，比如大量收回账款、处理存货等，这种情况对股价有一定的推动力，但如果企业的实际经营能力没有提高，也难以维持企业的未来成长。

③公司日落黄昏，每况愈下，投资者已经对公司的未来失去信心。这种公司的市盈率往往长时间处于较低的水平，这并不代表公司有投资价值，而是市场不认同这类公司的成长性，无法为投资者带来好的收益。

④受经济环境的影响，股市人气低迷，股价被迫下跌，投资价值显现。股市是宏观经济的晴雨表，也是市场心理情绪的体温计。投资者的交易情绪总是受到经济和股票市场的双重预期影响，当宏观经济繁荣时，市场总是对未来预期过于乐观，引发股市超出经济成长的速度上升。当宏观经济萧条时，市场又会有更大的悲观情绪，致使股价跌破合理的价值区间。前者表现为市盈率大幅超过合理的范围，后者则是向下跌破合理区间。价格总是围绕价值波动的，当市盈率低于合理区间时，其实也就意味着投资机会。理性的投资者应该掌握这种价值规律，不要被市场情绪左右。

⑤市场中的主力资金为了收集廉价筹码，人为打压股价，从而导致市盈率出现较大幅度下移。在股市中，主力资金之间的博弈，以及主力资金与散户的博弈随处可见。主力资金介入某只个股前，会对个股进行基本面分析，

然后再采取多种手法获取廉价的筹码，实现对该股票的控制权。阅读过笔者撰写的《K线综合实战分析》或《波段操作实战精解》的朋友，应该对这一点有较多的了解，这里就不再多讲了。除了从技术分析上判断是否有主力资金打压股价外，还有一点是在技术分析中较少提到的，就是分析企业的基本面，找到市盈率下降的原因，查看公司的实际经营状况是否出现恶化。如果企业的营业收入、净利润、现金流量，以及成长性都没有出现变坏的情况，即使公司发布类似业绩下滑等乌龙新闻，投资者也要明辨其中的缘由，因为此时有与主力资金抢筹的机会。

3. 一定要了解和注意市盈率存在的缺陷。主要有以下几个方面。

①来自市盈率计算数据的缺陷。作为市盈率分母的净利润或每股收益，企业在会计报表中能够进行调整，这样就会造成市盈率数据的误差，并可能导致不同公司之间的比较失真。因此在分析市盈率的时候，可以用EBITDA（税前纯利+利息费用+折旧费用+摊销费用）代替净利润，并计算出会计调整前的“市盈率”。

②市盈率无法反映公司的盈利成长能力。市盈率是基于过去的盈利数字计算出来的比值，即使采用动态市盈率，也是反映未来某一时间的盈利预期目标，仍无法精确衡量企业的盈利成长能力。投资者可结合市销率和市盈率成长比率等指标来弥补该项不足。

③市盈率容易被人为因素干扰。正因为市盈率被广大投资者所熟悉，因此才会被人为操控。前面讲过，市盈率只注重结果，不关心过程和成长，这就为人为操控市盈率留下了空间。即使在合法的范围内，会计处理中也有多种方法让净利润出现变动，既可以将利润提前超支，也可以让利润推迟发布。识破市盈率的真实性，需要结合企业的主营业务收入、毛利率以及现金流量等指标来分析。

五、股市应用

1. 投资者可以利用市盈率的整体表现控制投资节奏。股市不可能永远处于牛市中，也不可能一直是熊市，股指或股价会随着宏观经济周期的变化而变化。市盈率的整体走向也反映出这种周期性的变化。根据统计和分析，A股整体的合理市盈率应该在15~25之间，如果低于15，则显示市场具有投资价值。如果高于25，则存在一定的风险。投资者可以利用整体市盈率的变化规律把握投资节奏。

2. 利用市盈率选择个股。市盈率高的股票好还是低的股票好，对于不同的投资方式和策略有着不同的判断。投资者可以结合以下因素考虑。

①喜好风险的投资者，可以选择市盈率偏高的成长型个股。这类个股的市盈率往往都高于同类个股的平均市盈率水平。注意，并不是市盈率偏高的个股就有成长性，投资者要结合企业性质、产品特性以及销售状况等多方面进行分析，从中筛选出真正的成长个股。首先，企业产品要么有竞争优势，要么有明显的特殊性。其次，企业的销售收入和利润处于成长之中，最好是连续3年以上增长。再次，市盈率不能过度偏高，比如是同行业平均水平的两倍，或达到50~100（不同行业有不同的要求），这类个股存在被过度炒作的嫌疑。

②厌恶风险、喜爱稳定收益的投资者，可以选择市盈率基本处于行业平均水平或稍偏高的绩优股。这类股票主要是行业的龙头公司，规模相对较大，利润率较稳定，市场占有率较高，它们的市盈率一般略高于行业平均水准。这些公司因业绩稳定，股价不会大起大落，并且有较稳定的股利发放政策。

③寻找因经济环境和市场交易给投资者带来的“黑马”、“白马”股。有些成长型个股或绩优股因经济环境、市场情绪或某些主力资金的运作，致使股价下跌，但公司的业绩并没有下滑，这样造成市盈率大幅下降。一旦经济环境转暖，市场情绪稳定，或主力资金达到吸筹目的后，就会成为股市中的“黑马”或“白马”，值得投资者关注。

3. 利用市盈率把握卖出的时机。股票卖出的时机有两大类。

①基本面出现恶化，包括宏观经济、公司盈利能力恶化等。企业业绩并没有增长或出现恶化时，市盈率却过快增长，表明市场的风险正在累积，股价随时可能下跌，投资者要结合技术面掌握卖出时机。

②技术面出现超买，股票被过度炒作，包括短期急速上涨，成交量在股价高位巨幅放大，技术形态呈现顶部特征等。此时公司的市盈率会在短期内激增，投资者需要规避市场带来的风险。

4. 实战中，投资者要结合技术分析。有人戏称股票的基本面是舞台，市场表现是表演，这种说法有一定的道理。“炒股”既要有坚固的舞台，以让演员和观众放心观看，也要有好的节目，节目好才会吸引人气。对财务关键指标的评估就是分析舞台是否牢靠，会不会发生“踩踏事件”；股票的技术分析就是看节目好不好，人气旺不旺，什么时候参与其中最合适。A股市场是一个新兴市场，股价受投资者情绪影响相对较大，故技术分析尤为重要，投资者可以结合自身的特点和偏好，将两种分析方法融合起来。

六、案例：A股整体市盈率分析

下面对2001年到2011年A股大盘的市盈率进行分析。表3-7是这10年来A股每月的平均市盈率数据。

表3-7 2001年至2011年A股每月市盈率统计数据

月	2001	2002	2003	2004	2005	2006	2007	2008	2009	2010	2011
1	58.46	34.35	37.85	38.81	22.83	17.61	38.29	49.4	16.25	26.21	21.64
2	56.01	35.13	38.11	40.78	24.95	17.99	39.56	49.22	17	26.88	22.57
3	60.48	37.18	38.1	42.35	22.61	17.72	44.26	39.46	19.36	27.51	22.78
4	60.76	39.04	38.42	38.82	22.26	19.4	53.24	42.06	20.2	25.37	22.75
5	55.98	38.71	38.2	28.71	15.64	19.67	43.44	25.86	22.42	19.9	16.33
6	56.45	44.38	36.04	26.6	15.94	19.87	42.72	20.63	25.3	18.46	16.48
7	49.03	42.35	35.72	26.46	15.99	19.99	50.59	20.91	29.41	19.85	16.14
8	42.07	42.97	34.27	25.65	16.86	20.34	59.17	18.11	23	19.85	15.41
9	40.56	40.36	32.9	26.72	16.74	21.39	63.7	18.66	24.07	20.01	14.19
10	38.85	38.16	32.48	25.31	15.67	22.84	69.59	14.07	25.98	22.61	14.96
11	40.11	36.38	33.96	25.64	15.58	26.09	53.8	15.22	27.89	21.51	14.17
12	37.71	34.43	36.54	24.23	16.33	33.3	59.24	14.85	28.73	21.61	13.52

图3-5中的两条线分别显示了A股2001年1月至2011年12月的市盈率变化和上证综合指数的走势。从图中可以看出，市盈率的变化与大盘指数的变化趋势基本吻合。当市盈率虚高的时候，也是大盘指数处于高位风险的时期。

从图中还可以发现，并不是指数越高，投资风险就越大。比如，2007年8月，上证指数处于5218.83点高位时，市盈率为59.17，2001年1月上证指数为2065.60，市盈率为58.46。从指数看，虽然上证指数上涨了1.5倍，但市盈率几乎相同。也就是说，这两个时期的风险几乎相当。

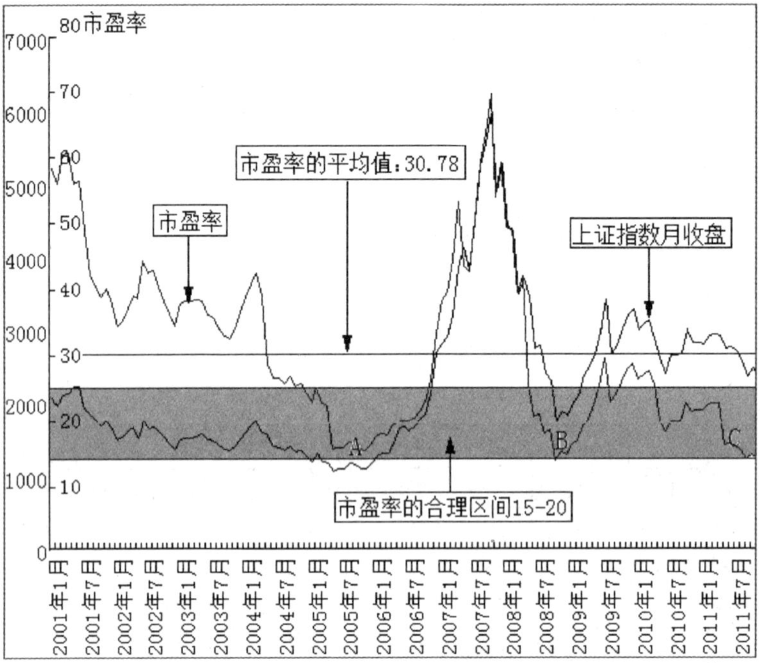

图3-5　A股市盈率变化和上证指数的走势对比图

对于个股来说也一样。投资时不能只看股价的高低，股价高不能说明风

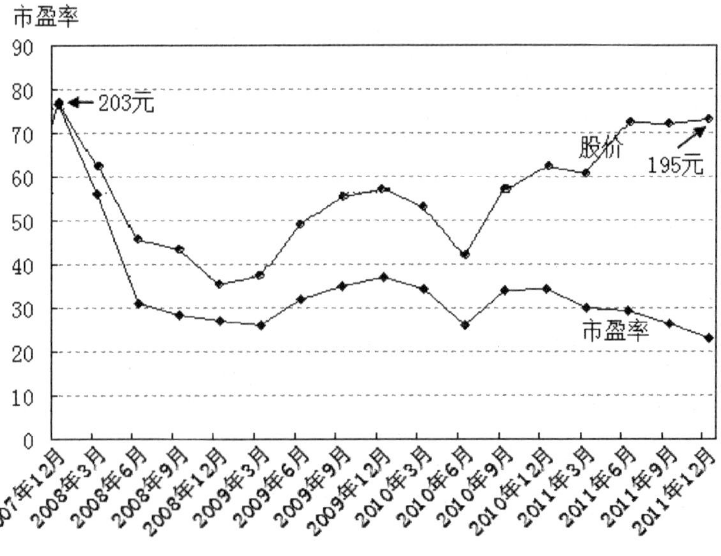

图3-6　贵州茅台市盈率与股价变化对比图

险大或者投资价值低，还要看市盈率的大小和其他指标的表现。众所周知，贵州茅台（600519）是A股第一高价股，难度它的投资风险最大吗？答案当然是否定的。下面来看看贵州茅台股价走势与市盈率的变化情况对比，如图3–6所示。

从图中看出，在2011年3月以前，贵州茅台的市盈率与股价变化的方向基本一致，但2011年3月以后，股价出现上涨，市盈率却向下。这说明了什么问题呢？从市盈率的定义可以找到答案。市盈率=股价/每股收益，市盈率下降，股价上涨，这说明贵州茅台的每股收益（净利润）增长速度更快。是否如此呢？下面对贵州茅台2011年3月31日到2011年12月31日的净利润增长率和股价涨幅进行统计对比，如表3–8所示。

表3–8　贵州茅台净利润增长率与股价涨幅对比

时间	净利润增长率	股价涨幅
2011/12/31	73.49%	1.42%
2011/9/30	57.37%	–0.32%
2011/6/30	58.31%	18.46%
2011/3/31	48.85%	–2.24%

显然，贵州茅台的净利润增长率远远大于股价的涨幅，这就是为什么股价上涨而市盈率却下降的原因。贵州茅台的走势说明，股价高不高，风险大不大，与股价本身是没有关系的，关键是看企业的业绩能否支撑股价保持在高位或者继续上涨。按照贵州茅台市盈率的变化情况，有理由相信该股仍然可以连续不断地创出新高。

回到A股总体市盈率的分析。一般认为，在经济处于稳定时期，A股综合市盈率的合理范围是15~25。2001年到2011年期间，市盈率有三个时期处于该区域里，如图3–7中的A、B、C所示。前两个时期已经凸显出该股的投资价值，后一个时期（即C区域）从市盈率分析角度和中外股市的历史经验，应该也是价值投资和长线投资的难得时机。

以上是通过A股的整体市盈率对当前A股的投资价值作出判断，下面再用技术分析手段看看这10年上证指数的走势。

图3–7是上证指数从2001年1月至2011年11月的月K线走势图。图中1至2、3、4和5以后，市盈率处于25倍以下区间。从市盈率角度来说，这些区域是A股整体市盈率的合理区间。

在位置1以后，市盈率低于25倍，指数逐步下行，在A点位置市盈率达到最低值15.64倍。此后市场见底，并开始了一轮空前的大行情。市盈率显示市场已具备投资价值，但并不是说市场马上就会见底上涨。股市何时能走好，还要取决于投资者的信心。只有信心恢复了，资金才会进入股市，才会将股价或指数推高。对投资者的信心分析，是技术分析的核心内容。

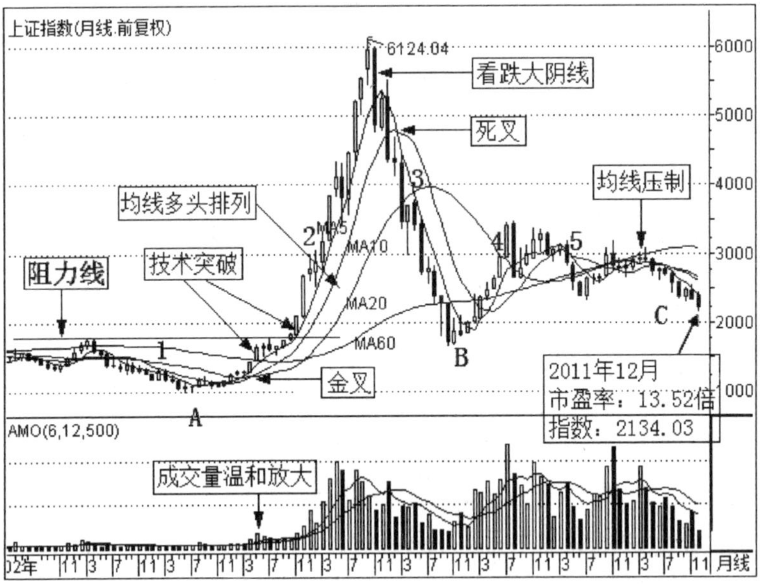

图3-7　上证指数的月K线走势图（2011年1月至2011年11月）

在A点之后，指数开始逐渐见底并恢复上涨。当均线出现金叉后，就可以判断市场的投资信心基本上得到恢复，从成交量温和放大可以知道资金开始入场。当市场放量向上突破60周均线，并在后几个月突破前期阻力线时，可以肯定市场人气已经被充分激发出来。此后大盘一发不可收拾，连续突破2000点和3000点大关。其实从市盈率角度讲，市场的风险已经开始慢慢积累，3000点上方的市盈率已经超过25，市场的投机气氛越来越浓。随着指数的攀升，系统性风险也逐渐加大。当市盈率超过40倍后，投资者需要警惕，因为基本面已经不支持市场的疯狂上涨，市场已经透支了中国经济的快速增长。但市场总是会在经济繁荣时给予股市更多的想像空间，指数仍是一路向上过关斩将，市盈率突破50倍、60倍。以价值为基础的稳健投资者，可在4000点至5000点时早已离场。看到如此壮观的场面，也只能发出感慨，等待着泡沫的破灭。兼备基本面和技术分析的投资者可能要激进些，在提高警惕的同时，随时观察技术层面的头部风险。

指数见顶6124.04后出现的一根大阴线，就是技术分析发出的风险信号，此时市盈率已经近70倍，股市的价值透支得实在太厉害，指数和股价相对于市盈率的安全边际已经是高高飘扬的彩色肥皂泡，随时会破灭，那根长长的大阴线就是一根刺破肥皂泡的针。明智的投资者自然知道该怎么办。

市场总是从一个极端走到另一个极端。当上证指数一路狂跌到B点的1664.93点时，市盈率从69.59倍下跌到14.07倍，跌破了合理区间，市盈率再现投资价值，股市开始反弹。

反弹到3000点上方，市盈率又打到30倍，指数再次下跌。跌破点5后，A股的市盈率又回到25倍以下，并且逐渐下移到15倍下方。此时市盈率告诉投资者，15倍以下完全可以考虑买入股票了，但为什么市场仍然无法上涨呢？前面说过一点，就是市场信心，目前缺乏市场信心。投资者没有信心的理由就是对未来经济的发展担忧，对宏观经济增长乏力的担忧。从市盈率的计算公式中可以知道，即使指数或股价下降，如果企业的盈利能力下降得更快，市盈率照样会上升。当前的市盈率是对过去的反映。

不过，从市盈率的分析和历史统计数据看，长期价值投资者确实可以选好股，进行长期布局。虽然最佳的买入时机还是要等技术面走好，发出做多的信号，但市盈率已经告诉投资者市场处于安全范围内。

关键指标11 营业利润率与毛利率

一、概念

营业利润率是公司的营业利润与营业收入的比率。它是衡量企业经营效率的指标，反映了在不考虑非营业成本的情况下，企业管理者通过经营获取利润的能力。该项比率越高，说明企业将营业收入转化为营业利润的比率越高，也就是企业的经营获利能力越强。

销售利润率也称毛利率，是公司的销售毛利占销售净值的百分比。其中销售毛利也叫营业毛利，是营业净收入减去销售成本的数字。毛利率表示每1元销售收入扣除销售成本后，有多少钱可以用于各项期间费用的开支，剩多少钱可以形成盈利。销售毛利率是企业销售净利率的基础，是企业将商品转换为盈利的第一步。

营业利润率是评估企业主营业务的综合经营能力，评价企业主要业务的生产、销售和管理水准的指标；销售毛利率主要用来评估企业产品本身的竞争力和企业最初的创收能力。两项指标越高，说明企业的业务盈利能力越强，企业的竞争力和未来发展动力也就越大。也就是说，销售毛利率和营业利润率越高，为净利润留下的空间越多，也说明企业的产品越具竞争力，未来发展动力越强，股价上涨空间也就越大，持续性越好。

二、计算

营业利润率

=营业利润/营业总收入×100%

=（营业总收入−营业总成本）/营业总收入×100%

销售毛利率

=销售毛利/销售收入×100%

=（营业收入−营业成本）/营业收入×100%

营业利润：是营业总收入减去营业总成本得到的差值。表3–9中的第三大项“三、营业利润”栏目就是该项数据，表中数据1041846247元为本期营业利润，即2011年度营业利润。

营业总收入：是指企业经营活动产生的收入总额。该项数据是利润表中的第一大项“营业总收入”。

销售毛利：是营业收入减去营业成本，也可以说是销售收入减去销售成本。销售毛利并没有减去销售环节的费用，这是与销售利润之间的区别。

销售收入（营业收入）：一般情况下，销售收入其实也就是营业收入。在进一步分析营业收入时，可以深入分析主营业务收入在营业总收入中的比重，比重越大说明企业越健康。该项数据往往出现在利润表中营业总收入的第一行 “营业收入”。

销售成本（营业成本）：是公司买进所有原物料或零组件的成本，有时候也包括直接的人工费用和制造成本。该项数字往往出现在利润表的第二部分“营业总成本”的第一项，如表3–9中“其中：营业成本”项。

表3-9 郑州煤矿机械集团股份有限公司 2011年度合并利润表（单位：元）

项 目	附注五	本期金额	上期金额
一、营业总收入		8060082433	6752100519
其中：营业收入	（三十四）	8060082433	6752100519
利息收入			
已赚保费			
续费及佣金收入			
二、营业总成本		6685295660	5719299859
其中：营业成本	（三十四）	6069407760	5084869085
利息支出			
手续费及佣金支出			
退保金			
赔付支出净额			
提取保险合同准备金净额			
保单红利支出			
分保费用			
营业税金及附加	（三十五）	38624032	32684056
销售费用	（三十六）	223725412	131594489
管理费用	（三十七）	360442637	405811599
财务费用	（三十八）	–62841492	5116815
资产减值损失	（三十九）	55937312	59223816
加：公允价值变动收益			
投资收益	（四十）	12340974	9045588
其中：对联营企业和合营企业的投资收益		12340974	9045588
汇兑收益			
三、营业利润		1387127747	1041846247
加：营业外收入	（四十一）	42086970	29557072
减：营业外支出	（四十二）	8187383	7044491
其中：非流动资产处置损失		3714	55199
四、利润总额		1421027333	1064358828
减：所得税费用	（四十三）	207776653	171568151
五、净利润		1213250680	892790676
其中：被合并方在合并前实现的净利润			
归属于母公司所有者的净利润		1194058819	882570030

（续表）

项　目	附注五	本期金额	上期金额
少数股东损益		19191861	10220646
六、每股收益：			
（一）基本每股收益		1.71	1.43
（二）稀释每股收益		1.71	1.43
七、其他综合收益			
八、综合收益总额		1213250680	892790676
归属于母公司所有者的综合收益总额		1194058819	882570030
归属于少数股东的综合收益		19191861	10220646
责任人：向家雨			

表3-10　附注：（三十四）营业收入及营业成本明细

明细	本期发生额	上期发生额
主营业务收入	7,348,091,061.60	6,072,203,518.26
其他业务收入	711,991,371.31	679,897,000.64
营业成本	6,069,407,759.84	5,084,869,084.65

计算演示：

下面根据郑州煤矿机械集团股份有限公司2011年度的利润表数据，来计算该公司的营业利润率和毛利率。根据郑煤机（601717）利润表数据，可以获取营业利润为1387127747元，营业总收入为8060082433元，营业成本为6069407760元，这样可以计算郑煤机2011年度的营业利润率和毛利率，计算过程如下：

营业利润率

=营业利润/营业总收入

1387127747/8060082433

=17.21%

毛利率

=[营业收入–营业成本] /营业收入

=（8060082433–6069407760）/8060082433

=24.70%

同样，也可以计算出郑煤机2010年度的营业利润率和毛利率，它们分别为15.43%和4.69%。读者可以对比一下这两年的两项数据，看看公司的盈利有什么变化。

三、市场意义

1. 营业利润率和毛利率是衡量企业获利能力的重要指标，该项比率越高，说明企业的盈利能力越强；反之，该比率越低，则企业的盈利能力越弱。

2. 在衡量企业的盈利能力时，营业利润率和毛利率的性质类似，但也有差别。营业利润率相对毛利率稍笼统，它是评估与主要业务有关的整体盈利能力，包括产品竞争力、销售管理控制能力等的指标。而毛利率更关注企业产品带来的差价收益，该项指标直接反映了产品销售价格与买进的成本价格之间的差别幅度，更能反映企业产品的竞争力。毛利率越大，就为后续的营业利润和最终的净利润留下更大的控制空间。

3. 为了弥补营业利润率对企业主业的评估缺陷，有时候可以采用主营利润与主营收入的比值来评估企业主营业务的盈利能力及核心竞争力。采用这项比率的好处是，可以撇开与公司核心业务无关的其他非持续稳定的收入与开支，能够更客观地了解上市公司核心竞争力的大小，从而评估公司股价的未来趋势。

4. 对比营业利润率和毛利率的历史变化情况，投资者可以评估该公司盈利能力的发展趋势。与竞争对手对比这两项指标，如果公司营业利润率和毛利率相对竞争对手高，且保持稳定，说明公司的盈利能力和未来发展前景好于对手，反之则差。

四、注意事项

1. 营业利润率与销售毛利率及销售利润率的区别。营业利润率是反映企业主要业务的盈利水准，毛利率是反映企业产品的成本与销售价格之间的关系，而销售利润是在毛利的基础上包括了销售环节的费用支出。比较一下它们的计算公式就知道：

营业利润率=营业利润/营业总收入=（营业总收入–营业总成本）/营业总收入

其中：营业总收入=主营业务收入+其他营业收入+利息收入+已赚保费+续费及佣金收入

营业总成本=主营业务成本+其他营业成本+利息支出+手续费及佣金支出+期间费用+其他各种费用

销售利润率=（营业收入－营业成本－费用）/ 营业收入×100%

销售毛利率=（营业收入－营业成本）/营业收入×100%

可以看出，销售毛利率一般大于销售利润率。投资者习惯将销售利润率作为毛利率，或者是口头上的一种表述，但在深入分析企业的盈利状况时，还是需要区分它们的性质和作用。

2. 影响毛利率大小的因素通常是产品的销售数量、销售价格和单位制造成本。影响营业利润率大小的，除以上因素外，还有管理和控制费用的能力。

3. 在计算和采集数据时，要注意时间的同比性。在与其他公司进行比较时，要用同时间段和同周期的数据；在计算财务指标时，各组成成分的数据的期间必须相同。

4. 不同产业间的营业利润率和毛利率各不相同，有高有低。一般竞争激烈、科技含量较低的产业，营业利润率和毛利率较低，垄断行业和科技含量较高的产业，营业利润率和毛利率较高。表3-11是A股10个行业板块的营业利润率和毛利率对比。该表数据为2011年第三季度数据。

表3-11　2011年第3季度A股10大行业营业利润率和毛利率对比

行业	营业利润率	营业利润率排名	销售毛利率	毛利率排名
银行	55.13%	1	37.76%	5
酿酒行业	49.98%	2	52.71%	1
医疗器械	38.54%	3	44.84%	2
生物制药	29.70%	4	43.67%	3
电子信息	22.43%	5	39.29%	4
食品行业	20.79%	6	24.72%	6
家电行业	18.41%	7	21.22%	7
商业百货	16.05%	8	20.62%	8
纺织行业	14.61%	9	16.37%	9
物资外贸	4.21%	10	7.46%	10

从表中可以看出，金融行业是高垄断行业，因此营业利润率排名第一，而受经济环境影响较大的物流外贸行业排名最后。整体看，垄断和科技含量

较高的几个板块，营业利润率和毛利率都高于竞争激烈的行业。

5. 在分析营业利润率和毛利率时，要注重变化趋势和稳定性。上市公司业绩出现大起大落很常见，这里面有各种原因，这种业绩的变化也导致股价剧烈波动，给投资者带来较大的投资风险。一家优秀的上市公司，其获利能力应该是稳定而且连续的，营业利润率和毛利率稳定在一个合理的区间里，而不是大起大落。

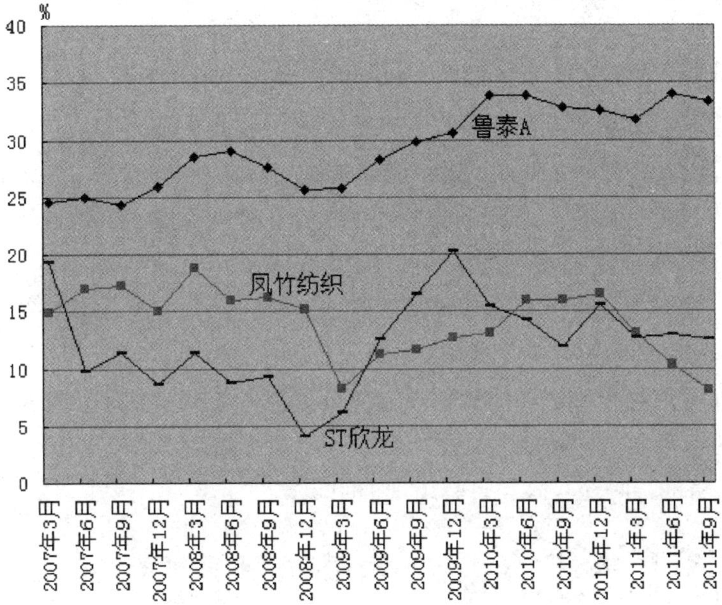

图3-8　鲁泰A、凤竹纺织、ST欣龙毛利率走势图

图3-8反映了纺织行业鲁泰A（000726）、凤竹纺织（600493）和ST欣龙（000955）3家上市公司，自2007年3月1日至2011年9月30日的季度销售毛利率变化情况。很明显，鲁泰A（000726）的毛利率保持着较好的稳定向上趋势，说明该公司的产品销售情况良好，而另外两家上市公司的毛利率变化趋势不乐观。如果从价值投资和销售情况看，3只个股中选择鲁泰A是理所当然的。当然，毛利率只是分析股票投资价值的关键指标之一，不能只因该项指标就作出最终的决定。

6. 营业利润率或毛利率的高低是相对的，许多有经验的投资者认为营业利润率低于20%或毛利率低于30%时，公司的盈利能力不足；营业利润率高于50%或毛利率高于70%，则属高盈利水准了。

五、股市应用

1. 营业利润率和毛利率可以帮助投资者寻找更有投资价值的股票。利用该项指标选股时，需要从两个方面比较。

①行业间的横向比较。对某一板块的个股进行营业利润率和毛利率比较筛选，可以选择那些保持较高水准且持续稳定的个股，一般可以采集3~5年的数据。

②公司自身的比较。除对营业利润率和毛利率进行历史趋势分析之外，还要关注公司的主营业务盈利状况、资产结构、现金流量等其他关键指标，评估企业的财务风险状况和未来发展趋势。

2. 营业利润率和毛利率可以帮助投资者寻找龙头股。在股市中，龙头股总是被投资者所青睐，市值或资产最多的股票并不见得就是龙头股。股市里真正意义上的龙头股，是能够带来板块或行业其他个股上涨的股票。龙头股首先自身要具备支撑股价持续上涨的动力，该上市公司的营业利润率和毛利率等反映盈利能力的指标一定要强于其他股票，因此，龙头股往往出现在营业利润率和毛利率较高的个股中。

3. 利用营业利润率和毛利率可以防范风险。投资者如果已经持有某只股票，公司的营业利润率或毛利率出现下滑，就要留意其中的原因，分析是整个宏观经济的影响还是公司自身出现了问题，并作出谨慎抉择。

六、案例：郑煤机（601717）营业利润率和毛利率分析

2012年2月8日，郑煤机（601717）发布了2011年的年度财报，因为数字是最新的，因此以该股为例来讲解利用营业利润率和毛利率选股的方法和步骤。

通过郑煤机的利润率表，可以计算出该公司的营业利润率和毛利率，如前文“计算公式”所示。同样也可以将该公司2007年以来的这两项指标计算出来。（某些网站也提供这些数据，为慎重起见，投资者最好使用官方公布的财报数据）

另外，同时列出郑煤机的竞争对手公司在这个期间的营业利润率和毛利率，如表3-12所示。编写本书时，后两家公司2011年年报还没有发布，故没有填写该项数据。

表3-12　郑煤机等3家公司的营业利润率和毛利率

报告日期	郑煤机（%）	山推股份（%）	山东矿机（%）
2011/12/31	17.21		
2011/9/30	18.49	5.93	9.22
2010/12/31	15.43	8.54	11.47
2009/12/31	14.73	7.47	8.98
2008/12/31	11.58	9.44	8.15
2007/12/31	14.76	11.79	10.75
平均值	15.00	8.63	9.71

在这5年的时间里，郑煤机的平均营业利润率远远高于山推股份和山东矿机。为了更清晰地观察营业利润率的变化情况，以表3-12的数据为基础制作了反映营业利润率的走势图，如图3-9所示。

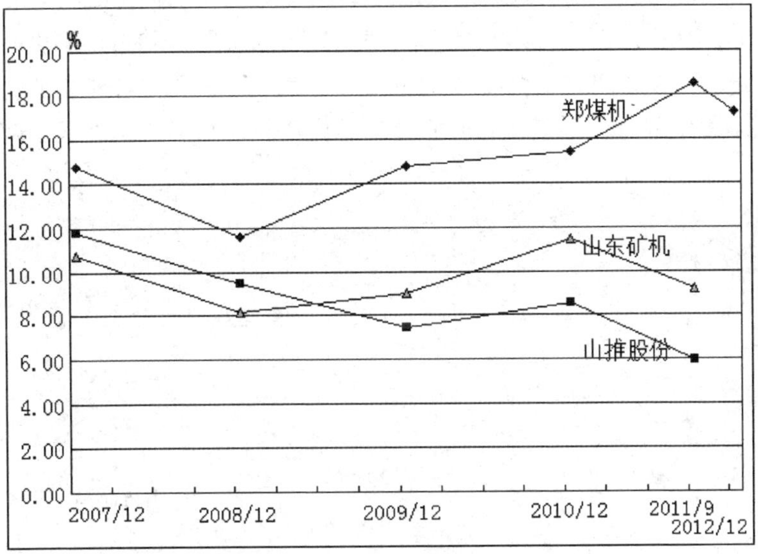

图3-9　郑煤机等3家公司的营业利润率变化趋势图

从图中可以很直观地得知，郑煤机的营业利润率较另外两家公司高，而且处于上升趋势中。山推股份表现最差，处于下降趋势，山东矿机基本处于横向波动。因此，从营业利润率的比较来看，可以认为郑煤机的盈利能力在这段时间里比其他两家公司要强，并且处于上升趋势中。这样我们就可以得出结论，郑煤机的投资价值相对较高。

表3-13是这3家公司的销售毛利率在这段时间里的统计数据。

表3-13 郑煤机等3家公司的销售毛利率

报告日期	郑煤机（%）	山推股份（%）	山东矿机（%）
2011/12/31	24.6979		
2011/9/30	24.79	15.06	20.50
2010/12/31	24.69	13.69	22.79
2009/12/31	24.70	14.68	21.31
2008/12/31	20.15	17.95	22.32
2007/12/31	24.77	18.33	21.00
平均值	23.82	15.94	21.58

通过表3-13可以发现，郑煤机的销售毛利率也高于其他两个公司，说明郑煤机的产品附加值更高，更具竞争力。

图3-10是以表3-13的数据为依据制作的这3家公司的销售毛利率走势图。

从图3-10中发现，郑煤机的毛利率仍然较山推股份和山东矿机高，并且表现稳定。山东矿机在20%~23%之间波动，表现也较稳定。山推股份的毛利率近几年逐年下滑，但近期有所回升。总体比较，郑煤机仍然强于两个竞争对手。

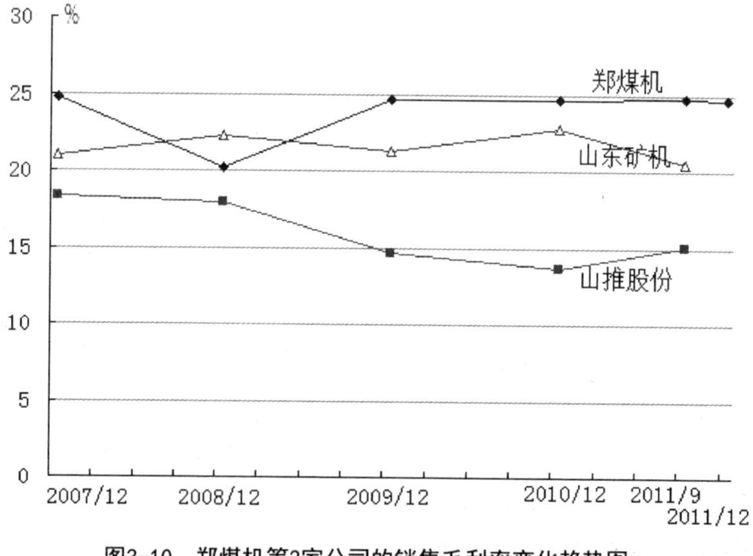

图3-10 郑煤机等3家公司的销售毛利率变化趋势图

通过对营业利润率和毛利率的分析，可以得出结论，在这3家公司中，郑煤机较有投资价值。

下面看看郑煤机的财务风险情况。该公司资产负债率为40.42%，流动比率为2.07，速动比率为1.74，它们都处于安全范围，表明该公司的财务风险较小。

下面再来看看这3只股票的市场表现。图3-11是郑煤机、山东矿机和山推股份3只股票2010年8月13日至2012年2月24日的周K线图。均线分别为月线、半年线和年线。成交量以AMO表示，即成交金额而非股数。

首先通过均线来看看3只股票的变化趋势。郑煤机股价已站上月线和半年线，并且月线正上穿半年线，说明该股已经构筑完成中短线底部。而其他两只个股股价仍在半年线下方，说明这两只股票的中长期趋势仍然处于下降趋势或底部构筑中。

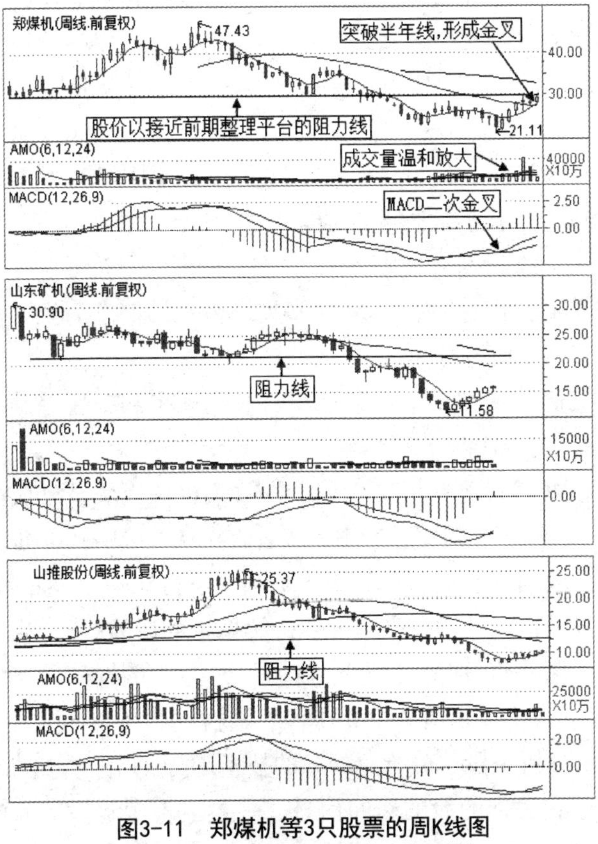

图3-11　郑煤机等3只股票的周K线图
（2010年8月13日至2012年2月24日）

成交量方面，郑煤机近期成交量出现温和放大，股价突破半年线时成交量放大明显。反观山东矿机和山推股份的成交量，并没有明显放大。

在MACD指标中，郑煤机底部构筑完成，并出现二次金叉，同时MACD出现底背离现象，这也显示该股底部构筑完成。另外两只个股的MACD指标DIF也开始上穿DEA，说明该股短期出现反弹，但不能肯定底部已经完成。

另外再看看前期出现的股价“平台”区形成的阻力线。郑煤机目前股价正处于阻力线的下方，并蓄势3周时间，是否能一举突破，后市仍需检验。山东矿机和山推股份目前股价距离阻力线位置还有一定距离。

综上所述，从技术分析角度看，郑煤机走势要强于山东矿机和山推股份，说明郑煤机相对后两者更受投资者青睐。那么在选择投资标的股时，这3只股票中郑煤机应该是首选。

最后也可以查询一下郑煤机的财务外和市场外信息，看是否有重要的负面或正面的新闻消息。比如查阅到：

①公司在国内液压支架行业占有率第一，其高端液压支架占有率达到65%。

②公司2011年获得的海外订单为1.13亿美元，同比大幅增加690%。

③公司2011年经营活动现金净流入有所下降，主要是应收票据、存货增加较多所致。

在查询企业资料信息时，尽量以那些较客观的信息为主，对一些模棱两可或猜测的信息，不要过分关注。

通过这个案例，现在总结一下运用营业利润率和销售毛利率以及技术分析选择投资标的股的步骤。

①投资者根据感兴趣的板块或个股，收集相关板块及个股的财务报告数据，并计算营业利润率和销售毛利率，或者直接从权威网站查询该指标数据。

②对这些个股的营业利润率和销售毛利率进行比较，最好是近3~5年的数据。从中选取两项指标处于较高水准并持续稳定的标的股。

③对一只或数只标的股进一步分析比较，如资产负债率、流动比率、速动比率、现金流量、市净率、市销率、市盈率等关键指标，从不同角度对比分析。

④利用技术分析手段，分析标的股的技术走势。

⑤查阅其他有关标的股的新闻信息，尽量多地了解标的股的信息，为最终决策提供依据。

关键指标12　净资产收益率

一、概念

净资产收益率是指净利润与平均股东权益的比值。净资产收益率越高，说明投资带来的收益越高；净资产收益率越低，说明企业所有者权益的获利能力越弱，对企业投资人、债权人的保障程度越低。它是反映企业利用自有资本（股东权益、非债务）获取利润的能力，即反映投资者的投资与投资者获取报酬的关系。净资产收益率是一项评价企业盈利能力和业绩的综合性指标和核心指标之一。净资产收益率也称为股东权益收益率、净值收益率。

净资产收益率有两种计算方式，一种是全面摊薄净资产收益率，即用当期净利润除以当期净资产，这种计算方式也称为净资产收益率；另外一种计算方式是以当期净利润除以加权平均净资产得到的比率，称为加权平均净收益率。两种计算结果和包含的内容虽有差异，但具有基本相同的意义。

净资产收益率是决定股价表现的核心财务指标之一，该指标可以直接对上市公司的短期、中期以及长期股价产生直接性的影响。每当进入公司财报时间点，该指标是投资者不得不看的指标之一。如果市场预期该项指标有较大的提高，股价就会有较好的短期或中期表现；相反，如果该项指标不如市场预期，公司股价则可能出现短期或中期下跌。如果该项指标能够保持较稳定地增长，那么股价会维持原有的强势；该项指标没有改变原有欠佳表现，股价也可能继续处于弱势。

二、计算

净资产收益率=净利润/净资产

加权净资产收益率=净利润/平均净资产

净利润：也称净收益，是指企业利润总额交纳所得税后的利润留成，因此也称为税后利润或净收入。净利润是一个企业经营的最终成果，净利润多，企业的经营效益就越好；企业的净利润减少，说明企业盈利能力下降。它是衡量一个企业经营效益的主要指标之一。净利润的计算方式是利润总额减去所得税率。净利润数字一般出现在公司财报利润表中利润总额的后面。

净资产：是指企业的资产总额减去负债以及以后的净额，属于所有者权益，是企业可以自由支配的资产。它由两大部分组成，一部分是企业开办当初投入的资本，包括溢价部分，另一部分是企业在经营之中创造的，也包括接受捐赠的资产。净资产数据在资产负债表中的“归属于母公司所有者权益合计”栏目可以得到。在“归属于母公司所有者权益合计”后的“所有者权益合计”，是所有的股东包括母公司加上少数股东的总体所有者权益合计数。对于普通投资者来说，净资产需要从 “所有者权益合计”中扣除少数股东权益。

平均净资产：一般情况下采用的是企业期初的净资产（股东权益）与期末净资产的平均值。严格地讲，则需要考虑上市公司在报告期间内的期初净资产和发行新股或转债股等新增的净资产。

前面两个计算公式中，第一个是当期净利润与净资产的比值，是全面摊薄净资产收益率，用来反映现象的强度，说明期末单位净资产对经营净利润的分享结果，这种计算方法一般适合企业内部经营者。第二个计算式是计算公司的加权净资产收益率。加权平均净资产收益率计算公式计算出的结果是个平均指标，说明单位净资产创造净利润的一般水平，一般企业外的投资者或分析者多采用这种方式。

计算演示：

根据南山铝业（600219）2012年2月22日发布的2011年度财务报告和2010年财报情况，摘录以下数据并计算出净资产收益率和加权净资产收益率。

表3-14　南山铝业的净资产收益率、加权净资产收益率等

时间	2011/12/31	2010/12/31
净利润（万元）	102177.57	78117.12
净资产（万元）	1548593.29	1468863.4
净资产收益率（%）	6.6	5.32
加权净资产收益率（%）	6.77	5.67

净资产收益率（%）=（102177.57/1548593.29）×100%=6.6%

加权净资产收益率（%）=102177.57/[（1548593.29+1468863.4）/2]×100%=6.77%

三、意义与作用

1. 净资产收益率是评价企业自有资本及其积累获取报酬水平的综合性指标，反映企业资本营运的综合效益。该比率的含义是每1元股东的资产中企业所创造的收益，该项指标越高，说明企业为股东创造的最终收益越多，投资者投资的单位收益也越大。

2. 净资产收益率可以反映公司管理层的资产管理及财务控制能力，以及企业的盈利能力。一般认为，企业净资产收益率越高，运营效益越好，管理者为股东创造的收益越大，对企业投资人、债权人的保证程度就越高。

3. 净资产收益率的通用性强，适用范围广，不受行业局限。投资者通过对该指标的综合对比分析，可以看出企业的盈利能力和成长性，在同行业中所处的地位，与同类企业的差异水平。该项指标越高越稳定，说明企业有着较强的稳定性和成长性，在行业中也会获得较好的地位。

4. 通常认为净资产收益率高于15%，说明企业的盈利能力较好，高于20%则是优异；如果低于10%，说明企业的盈利能力不尽人意。

5. 净资产收益率是杜邦分析法的核心内容。杜邦分析法是一种用来评价公司盈利能力和股东权益回报水平的方法，它是从财务角度评价企业绩效的经典方法，被专业人士和投资者广泛使用。其基本思想是将企业净资产收益率逐级分解为多项财务比率乘积，这样有助于深入分析比较企业的经营业绩。如净资产收益率的分解式为：

净资产收益率（杜邦公式）=净利润/净资产

=销售利润率×资产周转率×总资产/净资产

=（利润总额/销售收入）×（销售收入/总资产）×（总资产/净资产）

这样就将净资产收益率分解为反映盈利能力的销售利润率（营业利润率），反映企业资源运用效率的资产周转率，以及反映企业财务风险和财务杠杆的股东权益率。投资者可以根据净资产收益率逐步深入分析，从企业的三个角度评估企业的综合能力。

同时可以很清楚地知道，要提高净资产收益率，需要从三个方面入手，即：

①提高营业利润率。

②加快资产周转次数。

③提高资产负债率。

6. 净资产收益率可以直接对股价产生影响。股价的涨跌是基于上市公司给投资者的回报程度，就像人们存款一样，总是选择利息较高的银行。股市也一样，投资者总会对回报率高的公司感兴趣，净资产收益率就是衡量投资者回报程度的指标，因此也称为股东回报率。

四、注意事项

1. 注意净资产收益率两种计算方法的不同侧重点。加权平均净资产收益率适合企业内部经营者进行业绩评价时使用，也适合外部人员（如投资者）对经营者业绩进行评价。全面摊薄净资产收益率计算公式适合企业外部的相关利益人（所有者和债权人等）查看，它是基于股份制企业的特殊性，即在增加股份时，新股东要超面值缴入资本，才可获得与老股东同等的地位。全面摊薄法计算出的净资产收益率更适用于股东对于公司股票交易价格的判断。

2. 注意负债量和负债利息对净资产收益率的影响。企业资产包括两部分，一是股东的投资，即所有者权益或是净资产，二是企业的负债，即借贷的资金。企业的经营收益首先需要支付债权人利息等，但该项支出是固定的，比如银行贷款，年利率为7%，企业只需支付7%的利息成本。如果借贷资金产生的利润大于成本，那么剩余的收益则归股东所有。因此，适当地运用财务杠杆可以提高资金的使用效率，提高净资产收益率。但要注意的是，过分利用财务杠杆就会增加企业的财务风险，同时在经营不利的情况下，负债成本大于收益时，股东会蒙受额外的损失。

3. 留意企业所得税对净资产收益率的影响。因为净资产收益率的分子是净利润，即税后利润，因此所得税率的变动必然引起净资产收益率的变动。所得税率提高，净资产收益率下降；反之，则净资产收益率上升。

4. 注意净资产与税后利润及每股收益的关系。净资产收益率比每股收益更能反映投资价值。对于股东来说，股东权益代表股东过去累计投入到公司的资本，属于投入；税后净利润和每股收益代表公司给股东创造的回报，属于产出。每股收益等于税后利润除以公司股份总额，衡量的是每一股份享有的税后利润。但是每股收益并不能衡量投入产出效率，因为不同的公司，每一股份代表股东投入的权益即每股净资产各不相同。净资产收益率等于税后利润除以股东权益，衡量的是投资产出效率，因此在股票投资中更应该关注该项指标。

五、股市应用

净资产收益率是股市投资中非常重要的指标，无论在选股还是持股及卖出时，都值得投资者关注。

1. 要在行业内进行比较，尽量挑选净资产收益率较高的上市公司的股票。

2. 要对比公司自身历史，尽量挑选净资产收益率较稳定的股票。

3. 中短线可以关注净资产收益率处于底部拐点的个股。

4. 结合反映股价与收益类指标（比如市盈率、市净率、市销率等关键指标）分析。如果股价涨幅过大，即使该项指标仍然不错，但企业增长的业绩可能已经在中短期内透支，因此投资者也无需追涨。

5. 净资产收益率以及其他关键性指标如果仍然保持稳定时，投资者以持股为主；如果这些指标开始走弱或上升趋势改变，就需留意公司的不利因素，注意股价下跌的风险。

6. 结合技术分析，不要在股价处于中长期下降通道的时候买入。如果股价走势出现中长期顶部形态时，就需要考虑卖出。

六、案例：贵州茅台（600519）净资产收益率分析

贵州茅台是是世界三大蒸馏名酒之一，是中国白酒行业领先企业和酱香型白酒行业垄断者，其销售收入占细分酱香型白酒市场总收入的80%，属典型的产品垄断。2012年4月12日，贵州茅台发布2011年年报，以每10股派现39.97元，再创A股分红纪录，成为A股历史上的“分红王”。

图3-12显示了贵州茅台2002年至2011年来的净利润变化情况。从净利润的走势看，公司的净利润2011年创出新高，并且2011年大幅增长，其成长性既稳又快。10年里净利润增加23.26倍，为股东创造的利润可想而知。可惜的是，该公司虽然2012年被称为“分红王”，但从其投资分红比例看，还没有达到银行的1年期定期存款利息。A股的分红派息问题并非是贵州茅台一家，而是普遍问题，这也是我国投资者对公司的股利政策不是很关心的原因。希望随着我国股市的不断成熟，公司能够给股东支付与业绩相匹配的现金回报。贵州茅台在A股中已经算是对广大股民负责的公司了。该公司上市以来，股本规模扩大了4倍多，虽经历多次送股除权，但股价仍从上市首日30多元的

价格，大幅上涨至2012年初的200元以上。可贵的是公司上市之后，从来没有向市场要过一分钱，没有增发、配股等再融资行为。如果以上市首日开盘价34.51元对应的86.275亿元市值测算，10年来的红利回报累积为81.37%。算术平均后的年收益率超过8%。对股改前的流通股股东而言，由于还享受到了现金加送股的股改对价，实际收益显然更高。

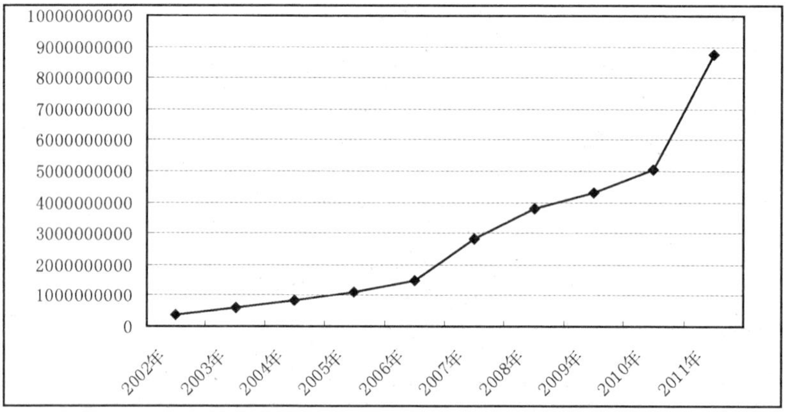

图3-12　贵州茅台2002年至2011年净利润变化图

贵州茅台在2001年8月27日上市首日的收盘价为35.55元，到2012年4月13日的收盘价为213.03元，股价上涨600%。正是因为该公司的业绩稳定增长，才有该股在二级市场上的出色表现。

贵州茅台为什么能够维持净利润稳定快速增长呢？下面对公司的销售毛利率、营业利润率和净值产收益率进行对比，如图3-13所示。

贵州茅台的毛利率一直保持在80%以上，2008年以后连续4年超过90%，按照巴菲特的价值投资观点，毛利率超过70%的公司绝对是好公司。贵州茅台的毛利率超过90%，为公司的各种费用开支、净利润存余留下了巨大的空间。值得注意的是，该公司营业利润率和净利润率的增长幅度远大于毛利率的增幅，这说明企业毛利率的增幅空间已经有限，需要依靠提高管理、控制成本等方面来维持净利润的增长速度。从2003年到2011年，销售毛利率、营业利润率和净资产收益率年平均增长速度为1.32%、7.75%和12.59%。

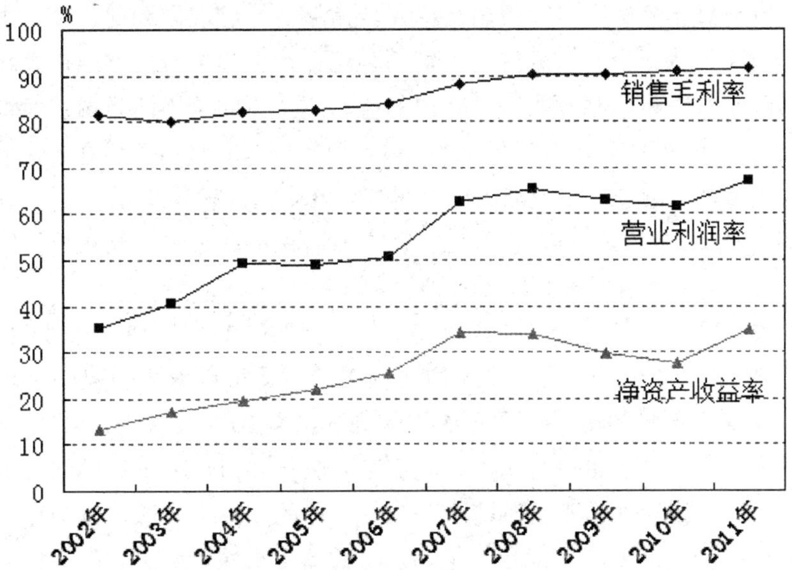

图3-13 贵州茅台销售毛利率、营业利润和净资产收益率对比图

下面对白酒行业8大上市公司的销售毛利、净资产收益率，以及存货周转率和应收账款周转率进行统计，该数据来自各公司2011年度数据计算的结果，如表3-15所示。

表3-15 2011年度8大酿酒公司销售毛利率等指标对比

名称	销售毛利率	净资产收益率	存货周转率	应收账款周转率
贵州茅台	91.57%	35.06%	0.24	10576.08
山西汾酒	76.00%	34.50%	0.95	183.62
五 粮 液	66.12%	30.01%	1.37	246.78
古井贡酒	73.97%	31.65%	1.67	131
酒 鬼 酒	74.53%	20.90%	0.51	236.94
沱牌舍得	53.61%	10.05%	0.42	46.12
金枫酒业	54.74%	12.14%	0.9	14.37
古越龙山	38.22%	7.86%	0.62	12.3
平均值	66.09%	22.77%	0.84	1430.90

从表3-15的对比来看，贵州茅台在两个指标上有明显优势：销售毛利率和应收账款周转率。这两项指标都是企业产品竞争力的表现，产品供不应求，客户愿意提前交纳预订费，也愿意承担高出成本数倍的价格来购买。

从以上对比分析中可以得出结论，贵州茅台能够取得如此成绩，主要是来源于企业的竞争力和垄断能力，这两种能力让贵州茅台能够维持高水准的毛利率和享有大量包括预收账款在内的流动资金。像这样的公司，股价虽然达到200元，但实际上并不存在什么大的风险，因为其现有价值和公司的未来成长都支持其股价进一步上涨。记得2007年该股股价突破100元大关时，引起了市场的骚动，当时市场众说纷纭。回头看看该股的走势，当年持怀疑态度的人该如何对待该股股价突破200元呢？

再来看看贵州茅台和上证指数2006年2月到2012年4月13日的月K线走势图，如图3-14和图3-15所示。从这两幅图的对比可以看出，贵州茅台的走势已经脱离了大盘的影响。在众所周知的2007年10月大盘见顶6124.04点后的大跌中，贵州茅台也进行了“挤泡沫”，股价和市盈率等指标回归到合理水平。随后，该股在自身盈利能力和成长能力的支撑下，股价按照自己的步调向上逐步抬高，重新回到2007年10月时的高点，并作好突破的准备。反观上证指数，此时仍在低位挣扎。这就是优质股的力量。

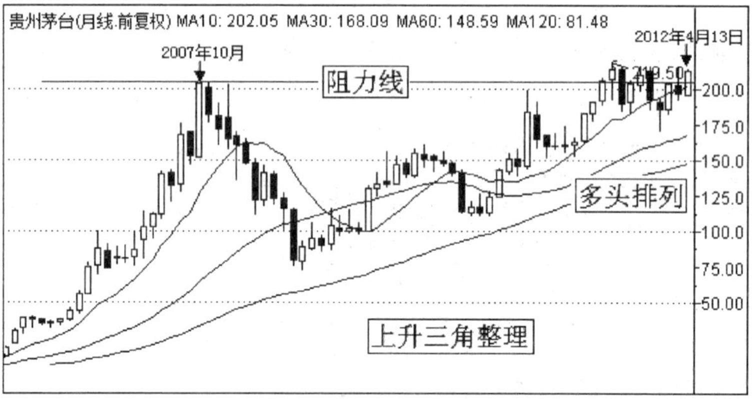

图3-14　贵州茅台的月K线走势图

（2006年2月至2012年4月13日）

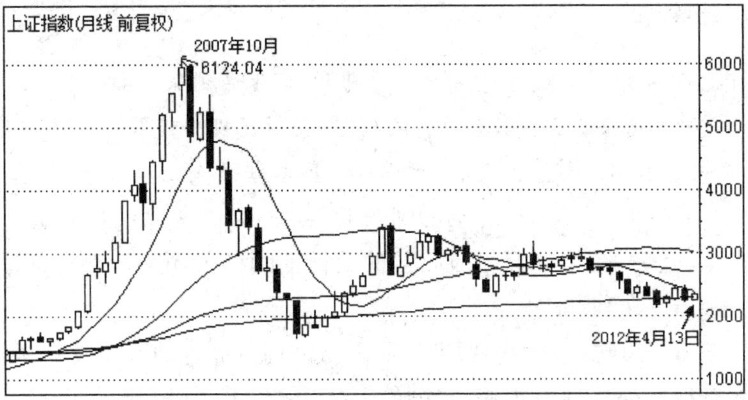

图3-15　上证指数的月K线走势图

（2006年2月至2012年4月13日）

关键指标13　每股收益

一、概念

每股收益（EPS）是上市公司的税后总利润与普通股股本总数的比率。每股收益又称每股盈利、每股税后利润、每股盈余。该项指标反映上市公司每股的收益大小，是投资者评价企业盈利能力，衡量股票投资价值的重要财务指标之一，该指标数字越大越好。

每股收益有三种表达方式。

1. 摊薄每股收益：是指净利润扣除非经常损益后得到的每股收益。所谓非经常损益，是指那些一次性的资产转让或者股权转让带来的非经营性利润。

2. 基本每股收益：是指归属于普通股股东的当前净利润与当期发行在外的普通股加权平均数的比值。

3. 稀释每股收益：是在基本每股收益的基础上考虑到企业所有发行在外的稀释性潜在普通股因素，将这些潜在的在未来可转换为普通股对公司有益即每股收益的影响计算在内，从而得出更加可信的每股收益信息。

本文主要探讨大家熟知的和通常使用的摊薄每股收益。一般认为，以上三种方式的每股收益，无论哪一种计算方式，其数值越高说明企业的盈利能力越强，越具有投资价值。不过在分析对比中，需要注意每股股价的高低。

二、计算

摊薄每股收益＝期末净利润/期末普通股总数

基本每股收益=期末净利润/当期发行在外普通股加权平均数

稀释每股收益=调整后期末净利润/（基本每股收益为基础+潜在可转换为普通股股数）

期末净利润：是指计算每股收益的会计期间，公司期末获得的净利润数字。该数字出现在利润表内。

期末普通股总数：是指财报期末时上市公司所拥有的普通股股本总数。

当期发行在外普通股加权平均数：是考虑了上市公司在会计期间内的股本总数发生改变，期末和期初的股本数不一致的情况。计算方式为：

当期发行在外普通股的加权平均数=期初发行在外普通股股数+当期新发行普通股股数×已发行时间/报告期时间–当期回购普通股股数×已回购时间/报告期时间。

调整后期末净利润：是指考虑到潜在普通股对企业期末净利润的影响后调整的数字，一般情况下仍按期末净利润计算。

潜在可转换为普通股股数：是指公司中存在的潜在可转换为普通股股数。计算稀释性潜在普通股转换为已发行普通股而增加的普通股股数的加权平均数时，以前期发行的稀释性潜在普通股，应当假设在当期期初转换；当前发行的稀释性潜在普通股，应当假设在发行日转换。

对于那些在会计期间内增发新股等出现股本变化的上市公司，从计算方式中可以知道，全面摊薄每股收益与基本每股收益以及稀释每股收益会得出不同的结果。

计算演示：

2012年3月9日佛塑科技（000973）公布2011年年度报表，该财报的利润表简表如表3–16所示。

表3–16　佛塑科技（000973）2011年度利润表　　（单位：元）

行	报表日期	2011/12/31	2010/12/31
1	一、营业总收入	3,869,160,000.00	3,751,860,000.00
2	营业收入	3,869,160,000.00	3,751,860,000.00
3	二、营业总成本	3,883,900,000.00	3,609,540,000.00
4	营业成本	3,388,190,000.00	3,170,770,000.00

（续表）

行	报表日期	2011/12/31	2010/12/31
5	三、营业利润	574,808,000.00	283,986,000.00
6	营业外收入	28,397,100.00	5,163,370.00
7	营业外支出	12,671,600.00	3,721,150.00
8	非流动资产处置损失	2,400,490.00	691,088.00
9	利润总额	590,533,000.00	285,428,000.00
10	所得税费用	26,065,700.00	34,708,400.00
11	四、净利润	564,467,000.00	250,720,000.00
12	归属于母公司所有者的净利润	503,104,000.00	173,104,000.00
13	少数股东损益	61,363,500.00	77,615,800.00
14	五、每股收益		
15	基本每股收益	0.82	0.28
16	稀释每股收益	0.82	0.28
17	六、其他综合收益	–125,335.00	–42,150.00
18	七、综合收益总额	564,342,000.00	250,678,000.00
19	归属于母公司所有者的综合收益总额	502,979,000.00	173,062,000.00
20	归属于少数股东的综合收益总额	61,363,500.00	77,615,800.00

在表3–16中，第14行至16行就是每股收益项，每股收益给出两种方式：基本每股收益和稀释每股收益。因为在2011年度会计期间内公司的总股本为612554800股，没有变化，因此基本每股收益与稀释每股收益相等，没有变化。

根据基本每股收益和摊薄每股收益的计算方法：

摊薄每股收益

＝归属于普通股股东的当期净利润/当期发行在外普通股总数

＝503,104,000元/612554800股

=0.8213元/股

基本每股收益

=归属于普通股股东的当期净利润/当期发行在外普通股加权平均数

＝503,104,000元/612554800股

=0.8213元/股

这样就得到佛塑科技2011年度的每股收益指标数字。

三、意义与作用

1. 每股收益反映上市公司每股创造的税后利润的大小。该指标越高，表明创造的利润越多，获利能力越强。摊薄每股收益是反映企业在财报期末每1股所产生的税后收益，也就是股东每1股所获得的利益；在财报期间里，如果股本和资产发生了变化，基本每股收益反映了变化前和变化后的每股平均收益情况。稀释每股收益用更加保守的计算方法，将潜在的利益分配考虑在内，尽量排除“水分”，谨慎地反映企业的每股收益情况。

2. 通过对每股收益的历史走势分析，可以衡量企业的盈利能力及成长性。该指标如果大起大落，说明企业的盈利能力波动性较大，未来存在的不确定性因素较多。这种情况下，对于新兴产业，如果每股盈利总体趋势向上，可以说是前进中的曲折，该公司可以认为有较好的发展；如果总体趋势是向下，那么即使是新兴产业，该公司的未来也值得怀疑。有较好的盈利能力和成长性的公司，其每股收益的表现应该相对平稳且趋势向上。

3. 每股收益可以反映企业在行业中的地位。虽然单次每股收益无法判断企业的真实情况，如果在行业里进行纵向的历史比较，投资者就可以从中发现那些有较高每股收益和收益较稳定的公司，这类公司往往就是该行业里的龙头公司。

4. 每股收益是跨行业分析的通用指标，不同行业之间也可以对比公司的盈利能力。每股收益考虑的是企业的最终净利润和股本数之间的关系，至于企业是哪行哪业并不重要，该指标只关注最终结果，就是企业为股东每1股投资创造了多少收益。

5. 由于投资者较容易注意到每股收益这个数据，各种媒体也容易拿每股收益说事，因此该项指标对股价的影响较大。在公司财报发布前，对每股收益的预测影响着很多投资人的情绪，因此造成股价波动。投资人需要关注该项指标的变动情况，并结合净资产收益率及每股股利、营业利润率等指标，一起分析企业的真实盈利情况，这样就可以较正确地判断股票的投资价值。

6. 对每股收益三种不同方式的比较，可以评估企业管理层对股东和潜在投资者的责任心，也可以让投资者分辨出某些上市公司利用虚假的每股收益指标的欺骗行为。

对于这一点，投资者需要了解每股收益三种不同表达方式的意义，从而避免受到每股收益数字的欺骗，造成不必要的投资损失。

在A股市场，经常有公司进行增发和回购，这本是股市融资的正常情况，但是有的公司却利用增发与回购来牟取额外收益，这种行为是对投资者的欺骗。下面以一个发生在A股市场中的实际案例来说明。

某公司曾经以3.50元/股的价格回购2000万股普通股，其目的就是促使可转债尽快转股。该公司的可转债转股价为3.32元，只要连续5天股价低于转股价的95%，即可向下修正转股价，且修正次数不受限制，唯一的底线是转股价不低于净资产。几经修正下来转股价居然只有3.32元，可转股7143万股，足足多出了4170万股。另外，该公司之前还以4.29元/股的价格增发了9883万股，募集资金4亿元。该公司以4.29元/股增发，又以3.50元/股回购，其中每股获利22.5%。从该公司的增发和回购以及可转债的转股事件和时间上看，该公司计算得非常精确，布局也花了不少心思，其结果是给普通投资者造成非常大的损失。

投资者可以通过计算稀释每股收益与账面公布的市盈率对比。该公司回购减资2000万股后，可使每股收益从0.18元提高到0.20元，这样企业的表面业绩很轻松地提高了11%，制造出“盈利提升”的假象。一般投资者如果不注意这些过程，不明白所谓每股收益提高的原因，就会被误导，再加上媒体、股评炒作，很容易坠入陷阱。该公司如果转股成功，股本将增加6000多万股，每股收益减至0.14元，稀释了原来的每股收益，这样又会造成股价大幅下跌50%以上，投资者最后蒙受巨大损失。

上市公司管理层自己采取这种“高抛低吸”、“偷梁换柱”的手法圈钱的并不止一家，可以说屡见不鲜，也屡试不爽。当然，A股中也不乏通过股市融资拓宽业务，为未来打开发展空间的公司，这样的公司还是值得投资的。如何鉴别这些公司融资的目的，投资者可以通过每股收益三种表达形式的真实意义，在遇到这些复杂的资本运作情况时认真分析。投资者不要只看每股收益表面的数字，还要看这个数字是怎么计算出来的，公司有没有在期间增发新股，是否存在潜在的可转换普通股的可转换债券、股份期权、认股权证等潜在普通股。如果存在，要将这些因素考虑在内，利用以上三种计算方式计算出来，进行对比，尽量计算出较真实地反映公司盈利能力的每股收益指标。再结合公司的一系列行为、发展方向及项目情况进行分析研究，这样在投资时就会心里有底，不至于上当受骗。

四、注意事项

1. 对于不同的股票，每股收益不能直接对比绝对数字。不同公司的股票，其总股本和每股股价各不相同，投资者每股投入的资金也不同，因此每股收益无法直接对比出单位投入成本的产出。比如说地产板块里的中珠控股（600568）每股收益是1.14元，金融街（000402）的每股收益是0.60元，不能说中珠控股比金融街的盈利能力更强，因为中珠控股的股价是25.44元/股，而金融街的股价是6.87元/股。投资者每购买1股这两种股票，其投资成本相差很多，前者是后者的3.7倍。在相同的投资成本下，比如每1元投资成本，前者的收益是0.0448元，后者是0.0873元，显然后者更有投资价值。这一点也算是每股收益的缺陷吧，弥补该缺陷的财务指标是获利率或市盈率。

2. 要留意企业的股本变化和潜在的可转化为普通股的构成情况，在对比分析时一定要将这些因素考虑进去，不然每股收益就会失去真实性。对于股本结构简单的公司，或者在财报期间内股本没有任何变化的公司，可以直接用全面摊薄每股收益；对于期间内股本发生改变的公司，要采用加权平均每股收益计算方法；而对于那些有着多元化、复杂的资本结构的公司，比如公司发行的权证、可转债、即将执行的股权激励等，这些项目意味着公司股份有潜在的增加可能，为了准确评估每股收益，就应该采用稀释每股收益。

3. 每股收益多，不一定意味着分红多，还要看公司股利分配政策。每股收益多，只能说明企业可以用于分红派息的能力大，公司还有根据发展战略综合考虑是否分红派息，或者分红派息的比例。这些收益可能一部分作为公积金用于企业的经营和发展所需，一部分可能用于分红派息。我国上市公司的分红范围和比例相对于西方发达国家的上市公司要小得多，不过这种现象正在逐步改变。

4. 每股收益不是判断股票投资的灵丹妙药，也不是该指标越高一定越好。除了每股股价不同外，每股收益也并不能完全反映上市公司的财务状况、经营成果以及现金流量。仅仅依赖每股收益指标进行投资，可能会对公司的盈利能力及成长性的判断产生偏差，从而导致投资风险。因此，在具体进行投资决策时，不仅要对每股收益的来龙去脉进行分析，还有结合其他指标分析。

5. 注意每股收益的连续性和稳定性。每股收益与净利润有着直接的关系，这与市盈率有类似的作用，对该指标的分析可以参考市盈率的相关注意事项。

五、股市应用

在股市中具体应用时，是利用该指标的变化来判断股价的运行方向，主要体现在每股收益的趋势性变化和发生变化的时间点两个方面。

1. 中长线投资者可以关注每股收益走出低位，逐步向上转变的公司。每股收益出现向上的趋势变化，说明企业的盈利能力正在明显提高，这会推动股价稳定上涨。投资者可以留意那些历史盈利能力并不突出的公司，特别是通过几年时间的产业扩张努力，新产品或产能刚刚上马的公司。这些公司由于前段时间的投入还没有发挥作用，处于起步阶段，没有或者很少为企业贡献利润，随着新产能的上马投产，它们的盈利能力会慢慢显现出来，逐步推升每股收益。

2. 价值投资者可以留意那些一直在同行中保持较高和稳定的每股收益水准，并且坚持给股东分红的公司。这些公司往往是行业的龙头，收益稳定，并有固定的分红。虽然目前我国许多股民并没有以公司的分红派息为目的来投资股市，公司的分红派息力度也无法吸引人，但这些公司的市场表现往往强于同行的其他公司。比如前面案例中提到的贵州茅台、大商股份、三一重工、中联重科等股票，都属于该类。

3. 喜好风险的投资者也可以参考每股收益指标进行中短线操作。在每年或每季出财报期间，总会有一轮围绕企业业绩的炒作行情，投资者可以结合公司历史每股收益的变化规律和行业景气度情况，预测公司即将到来的每股收益情况，提前做好布局。也可以根据已公布的每股收益，分析该项指标的真实性和持续性，然后采取相应的投资方式。如果该项指标真实可靠，并且盈利主要来源于企业的主营收入，盈利较有持续性，股价也没有被大幅炒作，那么这种股票仍然有表现的机会，中短线可以跟进。

4. 投资者也可根据每股收益的趋势变化决定卖出股票的时机。当投资者持有某公司的股票时，如果公司的每股收益出现下滑，并且确认这种下滑是因企业的主要业务引起的，导致下滑的原因在短期内无法解决，那么投资者最好根据技术分析，选择合适的机会尽快卖出手中股票，不要等到企业的问题明朗，股价大幅下跌的时候再卖出。参与中短线投资或炒作时，如果某公司的每股收益大幅上涨，在分析其原因时，无法确认其上涨的真实性和持续性，那么就不要寄希望于股价持续大涨，一旦技术形态出现顶部反转就需要获利了结，见好就收。

六、案例：佛塑科技（000973）每股收益分析

下面以佛塑科技（000973）为例，以每股收益为核心进行分析，看看该股的投资价值与风险。

佛塑科技2011年度财报最让人注目的是每股收益，该指标比2010年的每股收益0.28元大涨192%。再来看看该公司2006年以来该指标的变化情况，如图3-16所示。从图中可以看出，自2008年开始，该公司的每股收益出现加速上涨。这说明企业似乎进入了一个加速发展期。

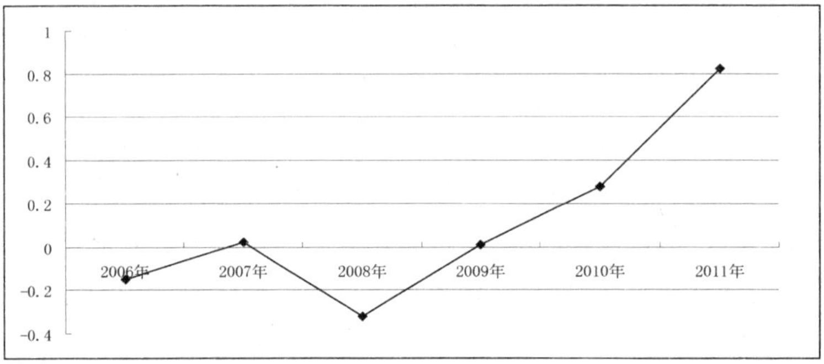

图3-16　佛塑科技2006年至2011年每股收益走势图

为了探明公司每股收益快速上涨的原因，必须要对佛塑科技的经营情况进行进一步的分析。

佛塑科技的主营业务是各类塑料制品、粘胶制品、各类包装及印刷复合制品和塑料加工设备、模具的制造、加工及工程设计安装。从其主营业务上看，公司属于较传统的塑料制作加工业。作为传统的加工企业，每股收益如此快速增长是非常少见的，其中应该有其他原因。下面通过其他重要财务指标来探讨其中的原因，并评估该公司是否值得中长期投资。

每股收益的变化直接反映的是公司净利润的变化，净利润又是来源于营业收入和营业外收入，其中营业收入是影响净利润持续变化的真正原因。

图3-17显示佛塑科技的营业收入虽然近两年有所增长，但并没有多大起色，不至于推动企业净利润快速增长。那么是否是销售毛利率提高了，从而导致净利润增长大幅快于营业收入增长呢？下面再来看看销售毛利率。

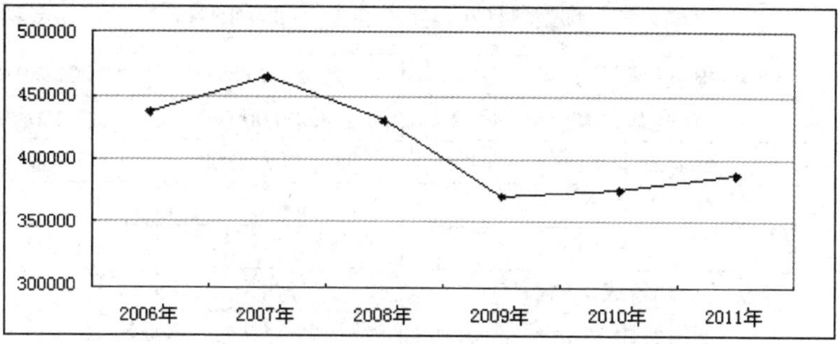

图3-17　佛塑科技2006年至2011年主营收入走势图

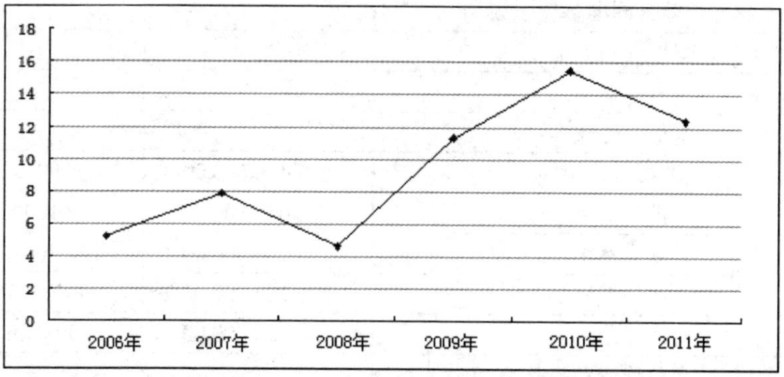

图3-18　佛塑科技2006年至2011年销售毛利率走势图

从销售毛利率看，2009年和2010年确实提高不少，可以成为这两年净利润提高的理由。但2011年的销售毛利率却出现了3个百分点的下滑，营业收入也并没有出现大的变化，而每股收益却大涨192%，这就让人疑惑。结合主营收入和销售毛利率分析，佛塑科技2011年出现的业绩大增并不是来源于企业正常的经营。那么又是什么原因使企业能够获得192%的业绩增长呢？下面继续探索。

对利润表进行分析时，可以发现有一项数据发生非常明显的变化，就是表3-17中的“投资收益”项，2011年的投资收益比2010年猛增5倍。这就是佛塑科技2011年业绩大增，每股收益上涨192%的真正原因。

表3-17　佛塑科技2011年利润表 （部分内容）　　　　（单位：元）

报表日期	2011/12/31	2011/9/30
二、营业总成本	3,883,900,000.00	2,777,460,000.00
营业成本	3,388,190,000.00	2,477,100,000.00
利息支出	--	--
手续费及佣金支出	--	--
房地产销售成本	--	--
研发费用	--	--
退保金	--	--
赔付支出净额	--	--
提取保险合同准备金净额	--	--
保单红利支出	--	--
分保费用	--	--
其他业务成本	--	--
营业税金及附加	9,446,600.00	5,995,410.00
销售费用	71,671,800.00	52,109,800.00
管理费用	245,960,000.00	146,700,000.00
财务费用	126,206,000.00	93,863,100.00
资产减值损失	42,420,800.00	1,691,620.00
公允价值变动收益	--	--
投资收益	589,545,000.00	101,352,000.00
其中:对联营企业和合营企业的投资收益	127,602,000.00	101,352,000.00

继续追踪企业的“投资收益”为什么大增，研究企业财务报告的整个内容，总算找到了最终来源：公司转让了佛山市金辉高科光电材料有限公司产生的投资收益。

公司转让金辉高科光电材料有限公司的收益高达4.58亿，如果从净利润中扣除该项数据，那么公司的净利润仅为3282万元，基本每股收益仅为0.054元，大跌8成。佛塑科技在2011年的营业收入为38.69亿元，比上年同期增长3.13%，然而营业成本和各项费用却大幅上升，营业成本上升6.9%，至33.88亿元，营业费用上升19.84%，至7167万元，管理费用上升4.59%，至2.46亿元，财务费用上升17.84%，至1.26亿元；经营活动产生的现金流量净额为-9728万元，同比下降145.62%。

分析到此，基本上可以得出结论：佛塑科技虽然2011年年报亮丽，每股收益大增192%，但该增长并非来源于企业的正常经营，而是依靠变卖资产实现的，因此企业的盈利并没有持续性。

公司说明变卖该项资产的原因是为了更好地推动金辉高科光电材料有限公司的上市工作，整合资源以更好地发展新能源、清洁能源，实现战略转移。这是该公司对自身的重新定位，也许未来能成为一只成长型股票，但此次每股收益192%增长幅度带动的股价上涨，其根基不牢，难以维持股价的持续上涨。不过对于喜好风险，以市场交易为导向的投资者来说，可以把握时间点和国家对清洁能源、电动汽车等行业的支持，实时地抓住概念的炒作，结合技术分析还是可以考虑投资的。除非企业能够通过其他产业转型发展，比如利用国家支持的锂电池项目等，重新表现出其成长性，投资者才可以考虑。

关键指标14　本利比与获利率

一、概念

本利比是每股股价与每股股息的比值，也就是上市公司的股价是股息的倍数关系。

获利率是本利比的倒数，是每股股息与每股股价的比值，它说明每1元的投资所获得的现金分红报酬，获利率也称为股利殖利率。

本利比和获利率都是衡量股票投资价值的重要指标，特别是对于以投资为目的，获取公司分红派息的价值投资者，该指标是必须知道的。通常情况下，本利比越低或获利率越高，说明公司的盈利能力越强，为股东创造的利润越多，越会受到投资者的青睐。

本利比和获利率还可以衡量股票是否被低估或高估。在成熟的股市中，宏观经济处于正常状态下，7~10倍的本利比，或者说获利率在10%至15%之间往往被认为比较合理。不过在目前的中国股市，投资者寄希望于上市公司的这两项比率能够达到这种合理水平是不现实的。在分析时，应该考虑到我国股市的现状，只能在A股市场中进行比较。

二、计算

本利比=每股股价/每股股息

获利率=每股股息/每股市价

每股股价：对于已经持有某公司股票的投资者，在计算投资成绩时，可采用当初买入该股的股价计算；对于评估股票的当前投资价值时，则采用实时的每股股价。

每股股利：指会计年度中公司公布的股息发放数量除以普通股总数。值得注意的是，公司发放股息在一年里有可能是一次，也有可能是两次，在计算时应该是会计年度里发放股息的总数。

计算演示：

根据民生银行（600016）公布的2011年度分红派息方案（如表3-18），可以计算出该公司的本利比和获利率。以2012年4月13日收盘价6.39元/股为例。

表3-18　民生银行2011年度分红派息方案

公告日期	12/3/23	分红截止日期	11/12/31
分红对象	全体股东	派息股本基数	26714732987股
每10股现金	3.0000元	每10股送红股	0.0000股
每10股转增股本	0.0000股		

（民生银行）本利比

=每股股价/每股股息

=6.39/（3.00/10）

=21.3

（民生银行）获利率

=每股股息/每股市价

=（3.00/10）/6.39

=0.0469（即4.69%）

这样就得到了民生银行2011年度的本利比为21.3倍，获利率为4.69%。这个数字与前面讲到的具有投资价值的范围有一定差距，但在目前的A股中，这样的数字已经算是高的，能够坚持分红，并可以给出这样的现金分红，还是应该加以肯定的。

三、意义与作用

1. 本利比和获利率代表投资者可以真正从某家公司收到的现金报酬，因此，该项指标是价值投资者衡量投资回报的重要指标。投资者可以对不同的投资进行比较，比如国债、期货或银行利息等，如果获利率大于其他投资品种的收益率，说明投资者的投资是划算的。不过需要注意的是，像国债、银行利息等往往在一定时间内是固定的，波动幅度有限，而股息的波动较大。另外，投资股市的收益中，股息只是其中的一种，投资者的收益还表现在企业净资产的增加或减少上。

2. 本利比和获利率可以评估行业或企业的成长性。公司分红派息一般都是在行业和企业经营已步入稳定期，盈利能力趋于稳定，一段时间里也不会进行大的产业转型或扩张，因此这些公司都会有较稳定的股利发放政策。而处于成长期或衰退期的行业或公司，它们的盈利能力无法稳定，成长性公司需要资金发展壮大，衰退的企业一方面盈利能力下降，另一方面需要资金转型，以维持后续发展，因此也无法保证较稳定和较高的股利发放政策。

3. 该项指标既可以与同行竞争对手进行比较，也可以在不同性质行业之间比较，用以判断公司的投资价值，无需考虑公司的规模大小和行业性质。这一点很好理解，投资者只关注结果，投入的本金能够获得多大实质性的现金收益，在投入同等数量成本和相同周期内，哪家公司给投资者的回报多，哪家公司就是好公司。在同行内比较本利比和获利率，可以评估企业的优劣；在行业间比较该项平均值，可以得知某一阶段行业的景气度。

4. 本利比和获利率比市盈率、每股收益等指标更加准确，可信度更高。获利率和本利比是投资者实实在在能拿到手的最终结果，市盈率和每股收益等以收益为基础的指标中，收益部分往往会受到中间计算过程和衡量标准的困扰，很难让投资者得到真实的数据。从价值投资角度讲，获利率和本利比更具说服力。

5. 上市公司坚持给投资者以回报，是我国股市改进和完善的必由之路。股市的形成和目的不外乎两个，一是为公司的经营发展融资，二是让投资者获得回报。理想的股市中，企业融资是为了企业的经营和发展，企业通过实体经济或其他主营业务为社会服务，并获得收益，而不是通过股市圈钱。投资者从股市里获得利润的途径，应该是从企业的经营发展中分得持久稳定的收益，不能将股市视为赌场。我国股市在逐步完善中，投资者要逐步培养价值投资理念，多关注获利率和本利比这些具有实质性价值的指标，用于判断股票的投资价值。

6. 本利比与市盈率在预测股价的涨跌上有着类似的功能。当本利比增长时，说明股价开始脱离原有的价值，股价风险开始加大；反之，本利比数字变小时，说明股价开始向价值回归。

四、注意事项

1. 本利比与市盈率的区别和联系。前面讲过，本利比和市盈率有类似的功能，计算方式的区别是分母不一样，本利比是采用每股股息，本益比（市盈率）是每股收益。股息和收益有着根本的区别，股息是投资者已经或确定要拿到手的现金收入，而收益是上市公司确认的收入，受益人不一样。本利比是基于每一个投资者所获得的真实收益，市盈率是基于公司或者说是全体股东的共同收益。简单地说，本利比的数字投资者自己知道，市盈率的真实情况投资者未必知道。在衡量股价的价值和风险时，同等风险程度下，本利比数字要比市盈率高，这是因为市盈率总的分母是每股收益，本利比的分母是每股股息，股息是收益中的一部分，也就是说企业的收益一般情况下是不会全部用作为股息发放的。特殊情况下，本利比也可以比本益比大，比如企业利用历史公积金给股东发放红利。

2. 分析本利比和获利率时，主要看该项指标的稳定性。本利比和获利率不像国债或银行利息那样固定，它们会随企业的盈利能力而变化，随企业股利发放政策的改变而变化。在对它们进行分析时，不要关注某一次数字的大小，而应该关注它们的稳定性。投资者不能仅凭某次本利比或获利率的高低来评价企业的股息发放水准和盈利能力。上市公司的股利发放水准和持续性会因公司的经营需求和目的而改变，一般有着稳定持续性股利发放政策的公司，其盈利能力既强也能够持续。

对于上市公司高派息的原因可以归纳为以下几点。

①回报股东，获取投资者的信任和关注。许多绩优公司对公司形象和股价表现比较关心，它们会采用较高水准的股利发放政策来赢得投资者的信任，以保持企业的良好形象。这些公司一般是绩优股或蓝筹股，多出现在行业或细分行业中的龙头股中。

②提高净资产收益率指标。随着公司的发展和净资产增长，企业如果没

有进一步扩大再生产的需要，那么净资产收益率会下降，对于股东来说是一种资源的浪费，也不利于企业形象，因此，公司会考虑将这部分多出来的资金分配给股东，这样净资产收益率会得到提高。这类公司多属于那些经营较为稳定、盈利能力较强、现金流充沛、每股净资产高的上市公司，采用高派息的分红政策，可以使上市公司和投资者双方得益。

③初始股东（大股东）套现。在A股市场里，公司刚上市时需要大资金的认购，这些大资金控制着公司的股利发放政策。由于某些原因，持有大量低价股票的大股东收回或降低投资成本时，会选择高比例派息。

④为再融资铺垫市场信心。有些公司为了能够顺利完成再融资，也会采取高派息政策，这样既可以加大通过审核的概率，也可以营造良好的市场气氛，便于新股发行顺利完成。这种现象多出现在成长型公司中。

3. 作为交易型投资者，不能仅凭本利比和获利率进行交易决策。前面讲过，以获取红利为主的投资者，可以将这两项指标作为最重要的参考投资指标，这是基于公司稳定的分红派息能力高于银行利息或其他某些投资产品，并不是因为本利比和获利率支持股价出现较快的上涨。从交易的角度来说，虽然本利比和获利率可以帮助投资者衡量上市公司的经营能力和成长性，但并不代表它们的股价会在某一段时间上涨幅度大于那些分红派息少或者没有分红派息的上市公司。

4. 识别企业分红派息的目的，比本利比或获利率数据本身更重要。在A股投资中，获取股价在未来上涨后形成的差价是主要目的（至少短期内较难改变），股价的变化幅度取决于企业的未来发展，企业的分红派息是对过去投资者的回报，或是暗示企业未来的某种经营思路，而这种思路会直接影响股价未来的表现。因此，识别本利比背后的原因就显得更加重要。最让市场担心的是，公司经营者分红派息的目的不纯，比如前面所说的“套现”和非良性的“再融资”。如果是这种目的，投资者就需要小心“利好”兑现后股价下跌的风险。为了避免“分红派息”陷阱，投资者应该尽量避免参与炒作股价处于高位、高市盈率、低净资产收益率等重要指标不佳的股票。

5. 本利比和收益率往往局限于评价已经有股息发放记录的公司，记录越多，联系性越强，该指标的评价作用越高。如果公司的分红派息记录很少或根本没有，这样就无法凭借本利比或收益率来分析。特别是在目前的A股市场中，由于企业分红派息并不是固定的，现金分红派息没有形成大的气候，因此，并不是所有股票都可以用本利比来评估企业的投资价值和股价的风险，只能借助市盈率、收益率等其他指标进行分析。

五、股市应用

1. 投资者可以利用本利比和收益率指标来寻找防御型股票。在整个股市不好的时候，那些能持续派息的上市公司是理想的防御型品种。投资者既可以在熊市里享受公司给投资者带来的高于银行利息的收益，也可以避免错过股市转强时的机会。比如贵州茅台，该股在2008年到2011年的股价走势与大盘完全不同，大盘跌跌不休，而贵州茅台则涨个不停。我们看看该公司的派息情况。

表3-19　贵州茅台派息统计

财报年度	派息（税前）（元）
2011年	39.97
2010年	23.00
2009年	11.85
2008年	11.56
2007年	8.36
2006年	7.00
2005年	5.91

2. 历史经验告诉我们，本利比较低的绩优股，总会在一轮牛市行情中率先启动，而那些绩差股或所谓的垃圾股，多在牛市尾声进入炒作高潮时才启动上涨。因此，可以利用本利比较低的绩优股来判断股市的启动时间点，也可以在大盘见底时配置此类绩优股，这样既可以防御股市可能出现的再次下探，也可以为反弹或反转行情作准备。当“垃圾股”疯狂炒作时，就要留意大盘见顶的风险。

3. 即使不考虑分红的因素，中长线的稳健投资者也应该将注意力多放在那些持续给股东较高分红的上市公司。某投资公司在对A股近10年的统计中发现，每一轮中级牛市行情里，坚持持续派息的价值型股票，总体上都能够跑赢大盘。这类股往往属于慢牛股，一轮上涨行情下来，其总体涨幅比那些所谓的“黑马”并不少。至少“黑马”在短期内的疯狂上涨吸引了市场的眼球，而这些慢牛股无论在涨幅榜前列还是后面，都找不到它们的踪影，是被市场忽略的实力派股票。

4. 股市处于牛市时，以交易为主的投资者，不必太在意公司派息本身的数量，但应该关心企业的派息原因和时间点。一般投资者应该关注的时间点有4个：宣布日、登记日、派息日（或称现金红利发放日）和除息日（除权日）。这4个时间点中最值得注意的是登记日和除息日。

所谓登记日是指确认参加本期股息分配的股份持有者名册和股份数量的时间点，即当日持有标的股的投资者，才可以按股份的多少获得公司发放的股息。注意，只有在股权登记日以前到登记公司办理了登记过户手续，才能获得正常的股息红利收入。

登记日后的第一天就是除息日或除权日，这一天或以后购入该公司股票的股东，不再享有该公司此次分红配股权。除权日是转增或者配送股以后，市场可流通总股数增加，原来的市场价格必须进行除权。由于投资者在除息（除权）日当天或以后购买的股票，已无权参加本期的股息分红配股，因此，除息（除权）日当天的价格相比除息（除权）日前的股价会有所变化，股价会出现一个向下的缺口，该缺口的差价是除息（除权）日前后的价差。除权（息）价的计算公式为：

除权（息）报价＝[（前收盘价—现金红利）+配（新）股价格×流通股份变动比例]÷（1+流通股份变动比例）。

六、案例：填权行情分析

填权添息在A股中十分常见，可以说成为了一种特殊的投资操作方法，有人专门寻找这类股票进行波段操作。下面重点介绍一下“填权行情”的操作方法。

首先在此介绍一下行权和填权，以及所谓的填权行情。上市公司用低于市价的价格向老股东按比例配售股票（配股），或者企业发行的权证按规定比例换取普通股股权，此行为为行权。行权后的股票在除权价上发生一波上涨，填补除权前后差价的过程为填权，此行情俗称为填权行情或除权行情。若在除权后股价出现下跌，称为贴权，该行情称为贴权行情。

在市场交易中，投资者可以把握含权股的行权日（派息日）、填权行情或贴权行情进行投资操作。含权股在除权后是否有填权行情，可以考虑以下几点。

①上市公司有良好的本利比指标记录。这表现在企业持续稳定地给股东分红派息。如果有这一点，说明参与填权行情的炒作风险较小。

②企业的业绩仍然保持较好较快的增长，这样股价填权的速度可能更快。

③派息配股没有不良企图。这一点可以通过公司是无偿配股还是要投资者出资购买来判断。有不良企图的公司，市场认同度较低，参与的资金认同度也较低，填补空间可能有限，或要花费更长的时间。

④技术面上主要注意三点，一是标的股在除权前没有被大幅炒作。如果前期经过市场炒作，除权后也不会有好的表现。二是除权前后的股价缺口大小。一般认为，缺口越大，填权空间越大（不见得一定要100%填补）。第三，寻找最佳交易点。许多填权行情，开始股价会有小幅度向下打压的过程，一旦股价企稳，形成底部反转形态，就可以买入。如果股价并没有形成底部反转，而是走弱，则可能预期中的“填权行情”并不存在。

⑤填权行情多发生在大盘处于牛市中，或者说是阶段性的良性的市场氛围里。

⑥填权行情并不是说股价一定会填补除权前后的缺口。有的配送股比率较高，如10配10，这样股价需要上涨100%才可以全部填上缺口。这是非常困难的事情，尤其在大盘不支持的情况下。

图3-17是远光软件（002063）2011年5月16日至2011年11月11日的日K线走势图。图中巨大的缺口就是该公司转送股和分红派息造成的。股价从2011年5月18日的23.95元一下子“跌”到18.42元，留下了一个巨大的跳空缺口。除权除息后（B点），股价继续被打压，形成底部逐步抬高的横盘走势，期间成交量出现低量。当股价在C点前面两个交易日再次突破跳空缺口的下轨时，成交量明显放大，接着在C点三条中短期均线形成金叉，从技术面上已经说明填权行情开始。随后股价向上拉升，但遇到除权除息前的低点A所形成的阻力线后受压，股价向下调整，再次回到缺口下轨，在E线受到下轨支撑后再次向上反弹，继续向上填补缺口。最终股价以涨停和第二天的跳空方式填补完此次因分红配股引起的缺口，完成了“填权补息”行情。

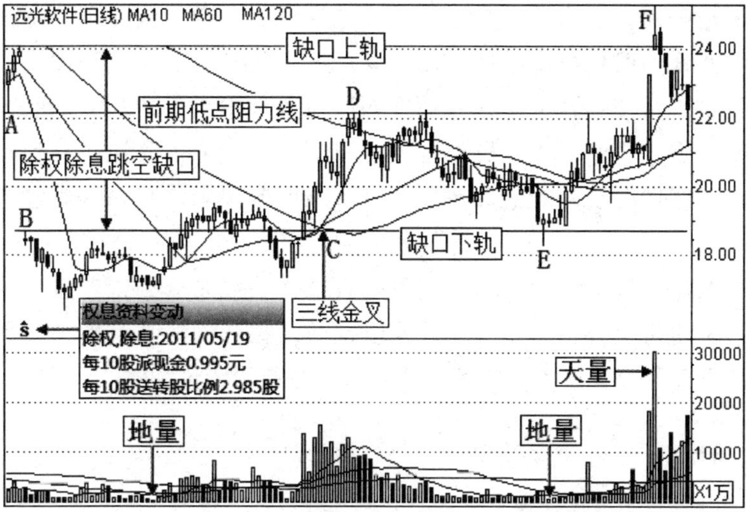

图3-17　远光软件日K线走势图（2011年5月6日至2011年11月11日）

F点是一个最佳的卖点，从填权行情来看，F点是为该行情画上了一个句号，宣布该行情到此结束。从K线技术分析角度来说，F点受到双重压力，一是缺口上轨线的压制，二是F点的K线是一个带有长长上影线的倒锤子线，是典型的看跌信号。

这是一个填权较成功的案例，还有许多填权不完全，或者并没有出现填权行情的个股，因为涉及的内容与技术分析关系较密切，这里就不一一列举，有兴趣的朋友可以参考笔者所著的《K线综合实战分析》和《波段操作实战精解》，里面专门有对这部分内容的详细介绍。

关键指标15　股利保障倍数

一、定义

股利保障倍数是指可分配给股东的利润相对于已经或已决定分配给股东股利的比率，也就是说企业可分配给股东的利润是股东所获得股利的倍数。一般情况下，该项指标越低越好，说明上市公司舍得给股东分红。股利保障倍数的高低也可以反映企业经营者的经营思路和公司的股利发放政策。

获取股息和红利，是股民投资于上市公司的基本目的，也是股民的基本权利。一般来讲，上市公司在财会年度结算以后，会根据股东的持股数，将一部分利润作为股息分配给股东。在分配股息红利时，首先是优先股股东按规定的股息率行使收益分配，然后普通股股东根据余下的利润分取股息，其股息率不一定是固定的。在分取了股息以后，如果上市公司还有利润可供分配，可以根据情况给普通股股东发放红利。股利保障倍数是针对普通股股东而言的。

股利保障倍数是评估上市公司是否有能力给股东分红或者能够有多少分红，该指标也可以评估上市公司发布的高收益率数据的真实性。投资者可以通过该项指标寻找有投资价值的标的股，以及衡量股价的安全程度。

二、计算

股利保障倍数=每股收益/每股股利

股利保障倍数=可分配给股东收益/普通股股东股利

每股收益：即每股盈利（EPS），又称每股税后利润、每股盈余，指税后利润与股本总数的比率。每股收益是普通股股东每持有1股所能享有的企业净利润或需承担的企业净亏损的数量。每股收益的数字可以在利润表中找到。详细内容可参考关键指标13。

每股股利：是指公司分配给普通股股东的股利总额（也称红利）与上市公司流通股总股本的比值，它是反映股份公司普通股每股获得多少股利的一个指标。股利总额是用于对优先股和普通股进行分配的现金股利的总额，普通股股利是股利总额扣除优先股股息后所得到的数字。在A股，公司分配方案公告中，每股股利通常表述为“每10股发放现金股利××元”，所以投资者需要将分配方案中的现金股利再除以10，才可以得到每股股利。有的公司一年中会有两次股利发放，计算每股股利时需要将两次股利相加后除以流通股股数得出年度每股股利。

可分配给股东收益：是指企业税后的净利润，这部分利润是企业经营一年后扣除了所有费用、税费以及优先股权益后所留存的收益。

普通股股利：是指已经或已决定分配给普通股股东的股息股利数量。根据上市公司的信息披露管理条例，我国的上市公司必须在财会年度结束的120天内公布年度财务报告，且在年度报告中要公布利润分配预案，所以上市公司的分红派息工作一般都集中在次年的二三季度进行。

计算演示：

这里还是采用贵州茅台的例子进行讲解。贵州茅台2011年度的每股收益为8.44元，每10股派现39.97元，即每股股利是3.997元，因此：

股利保障倍数

=每股收益/每股股利

=8.44/3.997

=2.11

三、意义与作用

1. 股利保障倍数可以反映上市公司的盈利能力和未来发展预期。如果该项比率能够维持在一个稳定的较低水准，说明公司有着较好和较稳定的盈利能力，敢于给股东分红，管理层对未来发展充满信心。如果公司能够坚持定期给股东分红派息，也说明企业经营者对股东负责，愿意回报股东。

2. 投资者通过股利保障倍数，可以了解一家上市公司的未来经营思路。影响股利保障倍数的因素，主要是公司的盈利情况和利润分配政策与股利发放政策。如果企业想扩大再生产和增强企业后劲，就会减少股利的发放，这样股利保障倍数就会升高。反之，如果公司暂时没有较好的投资项目或不需要更多的留存资金时，可能提高分红派息比例。

3. 当期的股利保障倍数可以反映公司经营团队对下一年度盈余成长的看法。一般来讲，公司能够大幅降低该项比率，说明经营者对下一年度看好，在没有其他特殊情况下，如果公司大幅提高该项比率，则有可能是经营者对未来的盈利结果感到忧虑。

4. 股利保障倍数可以反映企业的成长性。通常情况下，大家认为该项比率越低越有利于股东，但对于成长型公司，可以换一个角度思考，即可以通过该项比率的计算方法，推算出企业保留了多少利润，这部分资金用于或将用于什么地方。对于许多高成长性公司，这是一件好事，因为公司会给股东带来更多的回报。因此，对于高报酬、高成长的公司而言，保留盈余会比把盈余发放给股东更合理。

5. 股利保障倍数对于不同的投资者有着不同的意义。股利保障倍数是价值投资者关注的重要指标之一。股利保障倍数比率保持较低的稳定水平，获利率较高，这样的股票值得价值投资者关注。对于寄希望于享受公司成长带来的股价攀升，从而获取更多超额利润的投资者来说，股利保障倍数的高低并没有实质意义，他们更关心的是企业和股价的成长以及公司未来发展空间的大小。

四、注意事项

1. 股利保障倍数不是评价企业盈利能力的指标，其比率的高低也不能直接影响股价的变化。股利保障倍数主要是反映企业对最终利润的运用政策和对股东的责任心，因此，投资者不能凭借该项指标直接进行二级市场的交易性投资决策。

2. 股利保障倍数的决定因素是企业的最终净利润和发放的股利这两者之间的关系，但公司发放股利的数量并不只是从当年的净利润角度考虑，公司可能还有历史留存的盈利，因此，并不见得当期收益降低，分红派息就一定会低，有时候该项比率也会小于1，即每股股利大于每股收益。

3. 股利保障倍数更适合那些以获取股利作为主要收益的投资者使用。对于想从上市公司获取稳定分红的投资者，需要参考两个重要的指标，一是股利殖利率，该项指标越高越好；二是股利保障倍数，该项比率越低越好。同时，要对两者进行综合分析。比如，如果某只股票的股利殖利率是7%，股利保障倍数是1.5倍；另一只股票的股利殖利率是8%，股利保障倍数是1.1倍。从单次考虑，似乎后者给股东分红的比例是8%，大于前者的7%。但是，后者动用了企业最终纯收益的绝大部分，股利保障倍数接近1，而前者虽然股利殖利率比后者少1个百分点，但企业动用的纯利润相对较少，从安全角度看，股利殖利率是7%的股票安全度更高。

股利殖利率是每年分配给股东的股利占股价的比例，股利殖利率的基数都采用税前数字（即要加上所有待扣的所得税税款）。

4. 随着我国股市的逐步完善，上市公司将会越来越注重投资者的信心培养，注重树立良好的企业形象，因此，投资者也应该加大关注股利保障倍数等有关回报股东利益的相关指标。

五、股市应用

1. 对于那些投资股市以获取上市公司稳定分红的投资者来说，在使用股利保障倍数时，需要考虑以下因素。

①首先需要从A股上市公司中筛选出每年或经常性分红的公司。

②其次是选择那些股利殖利率较高的公司。

③第三步是计算这些公司的股利保障倍数。

④第四步是对股利保障倍数结合股利殖利率进行比较，选择那些有较高的股利殖利率指标和股利保障倍数的公司。

2. 对于交易型的投资者来说，主要以获取股价的差价来获得收益，虽然股利保障倍数并不是很重要，但也可以利用该项指标来判断企业的盈利预期、股价的安全程度和未来发展潜力。

①稳健的投资者可以根据前文所说的指标意义，选择那些经营者对未来有信心的标的股。

②关注企业成长性的投资者，可以选择那些资产收益率较高，股利保障倍数也较高的个股。这是因为企业有着较强盈利能力，但为了企业后期发展的需要积累资金，故控制股利发放比率。投资者可以进一步了解企业的经营思路和扩大再生产的动向，选择好的标的股。

六、案例：持续分红的银行股和佛山照明股利保障倍数分析

A股市场中能够保证整体稳定分红的板块莫过于银行板块，下面来对比8家上市银行的股利保障倍数，如表3-20所示。

表3-20 8家银行股利保障倍数对比表

年度	民生银行	招商银行	浦发银行	华夏银行	工商银行	建设银行	中国银行	交通银行
2011	3.55	3.99	4.89	5.39	2.94	2.87	3.01	8.21
2010	6.62	4.12	8.35	6.00	2.59	2.55	2.69	34.82
2009	10.88	4.54	9.98	5.80	2.28	2.26	2.40	6.17
2008	5.24	14.24	9.61	4.73	2.02	4.74	1.97	5.82
2007	8.75	3.70	7.89	4.55	1.85	2.68	2.44	4.21
2006	无	4.03	5.14	3.15	9.23	3.17	4.73	2.77
2005	7.45	2.03	5.03	2.79				
平均值	6.07	5.24	7.27	4.63	3.48	3.04	2.88	10.33

根据以上统计，可以总结如下。

①在2005年至2011年的7年时间里，中国银行的股利保障倍数最低，也就是说，相对其他银行，中国银行更能为股东考虑，愿意将所得的收益更多地分给股东。而交通银行相比较来说就是个“铁公鸡”了。

②2005年至2010年，这些银行的股利保障倍数呈上升趋势，说明它们越来越不愿意将获利与股东共享。但在2011年度，该项指标大幅回落，说明在2011年底证监会推出的“强制性”分红政策还是取得了一定的效果。见图3-18。

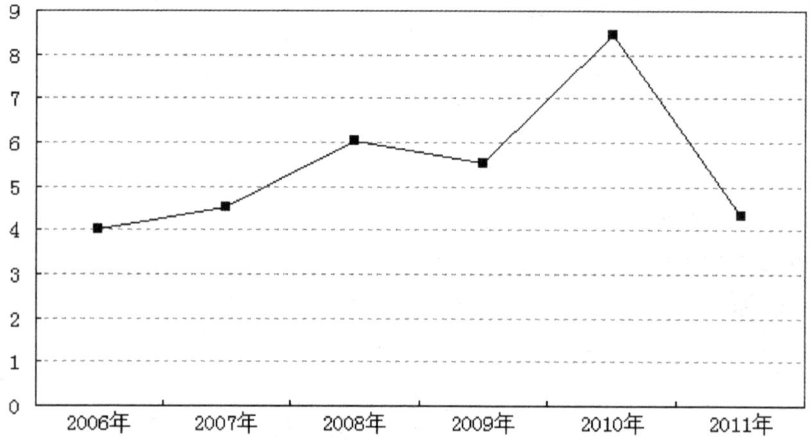

图3-18　工商银行等8家银行股利保障倍数平均值走势图

A股上市公司向来“铁公鸡”居多，不分红的做法广受诟病。由于投资者只能靠博取股票差价赚钱，因此加剧了股市波动。2010年底，证监会出台新政策，力推上市公司分红。2008年至今，上市公司的现金分红结构存在新“二八现象”，即占上市公司总数20%的公司，现金分红数量占到资本市场分红总数的80%。进行现金分红的行业，主要集中在金融业和采掘业，并且总体分红比率远远低于国外其他成熟市场，甚至一些发展中国家的股市。为了扭转这种怪相，证监会将上市公司分红作为制度改革的突破口之一，力图改变A股市场重融资、轻分红的怪现象，使普通投资者真正得益。但是这种准强制性的分红政策颇受争议。从股市的基本原理和作用看，上市公司情况千差万别，投资者的投资态度也各有不同，分红未必就是对股东最有利的选择。不过对于我国的股市来说，提高对股民的回报，扭转“炒股”现象，培养价值投资理念，建立一套完整的分红体系，培养上市公司的分红文化，还是很有必要的。

在A股市场中，还是能够找到不“同流合污”的公司，比如佛山照明（000541）。表3-21是对该公司多年来的分红统计。

表3-21　佛山照明（000541）分红情况统计

年度	派息（税前）（元）	每股股利	每股收益	股利保障倍数
2010	2.5	0.25	0.277	1.108
2009	2.2	0.22	0.2312	1.051
2008	2.2	0.22	0.3225	1.466
2007	5.85	0.585	0.9206	1.574
2006	5	0.5	0.7473	1.495
2005	4.9	0.49	0.616	1.257
2004	4.8	0.48	0.6483	1.351
2003	4.6	0.46	0.6315	1.373
2002	4.2	0.42	0.5692	1.355
2001	4	0.4	0.4809	1.202
2000	3.8	0.38	0.4472	1.177
1999	3.5	0.35	0.576	1.646
1998	4.02	0.402	0.5388	1.340
1997	4	0.4	0.4944	1.236
1996	4.77	0.477	0.6451	1.352
平均值	4.02	0.40	0.54	1.33

佛山照明能够坚持每年为股东分红，股利保障倍数一直稳定在1~1.5之间，该公司的股利发放政策稳定，给广大价值投资者带来收益和希望，在A股中树立了较好形象。

下面再来对比一下佛山照明与深证成指2007年4月16日至2012年4月16日的走势。在这5年的时间里，佛山照明在二级市场中的表现一直优于大盘。该股早在2010年4月就走出了2007年10月以来的大熊市，股价创出历史新高。截至2012年4月16日，上证指数如果想重新回到前期6124点的高度，仍需要上涨160%，佛山照明创出历史新高，相对于2007年10月的高点，涨幅达75%。2012年4月16日股价虽出现回调，但加上近4年的分红，股价仍然高于上证指数在6124点时期的高点。

通过对银行和佛山照明的股利保障倍数对比，以及佛山照明与大盘走势的对比，可以得出结论。

①股利保障倍数反映了企业经营者对投资者的态度。虽然银行股每年的收益远大于佛山照明，但银行股却没有像佛山照明那样回报股东。

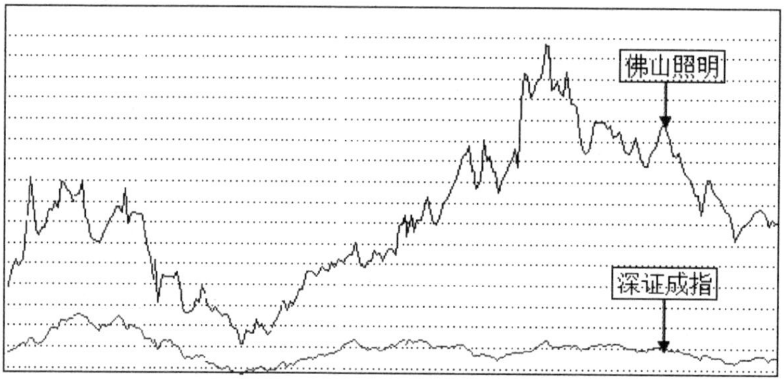

图3-19　佛山照明与深证成指走势对比图

（2007年4月16日至2012年4月16日）

②股利保障倍数反映了企业的盈利能力和稳定性。银行股和佛山照明这样的公司能够坚持为股东现金分红，也说明它们当前的收益稳定，对未来发展充满自信。

③回报股东并不影响上市公司在二级市场中的表现。佛山照明的走势不是特例，前面分析的贵州茅台等优质股，它们都能或多或少地给股东派现，并且其股价走势都强于大盘。

④利用股利保障倍数发现具有长期投资价值的个股是切实有效的方法。

⑤A股并没有拒绝价值投资理念，只是要灵活运用价值投资的方式。投资A股如果采用价值投资的方法来寻找好的标的股，即使获取不了这些公司的高额分红回报，但其股价的长期稳定上涨也会给投资者带来稳定的收益。

第四篇　盈利的质量

关键指标16　现金流量结构比率

一、概念

现金流量结构比率是指在同一期间内企业不同现金流量项目相对于企业总现金流量的比例关系。通过对现金流量结构比率的分析，可以了解企业现金流量的流入和流出结构及变化情况、企业主要的现金来源方向，判断（单位：元）盈利质量，并发现现金流量对企业各类现金流量在一定时期内的余额及形成过程，藉此发现企业现金流量是否存在异常现象，评估公司的盈利能力、财务风险，预测未来发展趋势。

分析现金流量结构比率有两种方式。一是企业的现金流入、流出和结余的结构分析。它包括现金收入结构比率，如经营活动的现金收入和支出、投资活动现金收入和支出、筹资活动现金收入和支出等在全部现金收入中的比率。二是企业现金流的来源和用途比率分析。它包括经营活动产生的现金流量、投资活动产生的现金流量、筹资活动产生的现金流量等占现金流总量的比率。对于经营稳定、发展正常的企业来说，结构分析主要是对现金流动的充足性进行分析。对于经营不太稳定、处于成长或转型时期的企业来说，结构分析主要是对现金在经营、投资、筹资三个环节的相互关系进行分析。

在股市投资中，投资者可以根据现金流量结构比率分析，判断企业盈利结果的可靠性、企业对未来的经营策略，并采取不同的投资思路。一般稳健的投资者会选择主营业务现金流入比率较大的标的公司进行投资，激进的投资者则可以选择那些投资较多或者是积累了大量现金流准备投资的公司作为参考对象。

二、计算

现金流量结构比率=单项现金流入(出)量/现金流入（出）总量

单项现金流入(出)量：是指现金流量表中的各个组成项目。在计算时需要结合分析目的和范围，对相同范围内的平行项目进行计算。

现金流入（出）总量：是指高于分析对象项目一结构层次的现金流入或流出量的合计。比如，在分析公司整个现金流量结构时，是采用公司的现金流量总额；如果是分析经营活动产生的现金流量结构，则采用经营活动产生的现金流量小计项目的数据。

计算演示：

表4-1是长城汽车（601633）2011年度现金流量表主体内容，公司的现金流量总额由经营活动产生的现金流量、投资活动产生的现金流量、筹资活动产生的现金流量三部分组成。

表4-1 长城汽车（601633）2011年度现金流量表

报告期	2011/12/31	2010/12/31
一、经营活动产生的现金流量		
销售商品、提供劳务收到的现金	33,523,500,000.00	22,672,200,000.00
客户存款和同业存放款项净增加额	--	--
向中央银行借款净增加额	--	--
向其他金融机构拆入资金净增加额	--	--
收到原保险合同保费取得的现金	--	--
收到再保险业务现金净额	--	--
保户储金及投资款净增加额	--	--
处置交易性金融资产净增加额	--	--
收取利息、手续费及佣金的现金	--	--
拆入资金净增加额	--	--
回购业务资金净增加额	--	--
收到的税费返还	46,758,900.00	34,138,400.00
收到的其他与经营活动有关的现金	142,621,000.00	60,439,600.00
经营活动现金流入小计	33,712,900,000.00	22,766,800,000.00
购买商品、接受劳务支付的现金	23,659,300,000.00	15,507,200,000.00
客户贷款及垫款净增加额	--	--
存放中央银行和同业款项净增加额	--	--

（续表1）

报告期	2011/12/31	2010/12/31
支付原保险合同赔付款项的现金	--	--
支付利息、手续费及佣金的现金	--	--
支付保单红利的现金	--	--
支付给职工以及为职工支付的现金	2,024,450,000.00	1,250,610,000.00
支付的各项税费	2,167,090,000.00	1,470,500,000.00
支付的其他与经营活动有关的现金	1,413,280,000.00	1,347,000,000.00
经营活动现金流出小计	29,264,100,000.00	19,575,300,000.00
经营活动产生的现金流量净额	4,448,740,000.00	3,191,470,000.00
二、投资活动产生的现金流量		
收回投资所收到的现金	1,548,000,000.00	1,798,500,000.00
取得投资收益所收到的现金	3,105,430.00	19,273,300.00
处置固定资产、无形资产和其他长期资产所收回的现金净额	7,296,180.00	12,390,400.00
处置子公司及其他营业单位收到的现金净额	246,885,000.00	5,362,920.00
收到的其他与投资活动有关的现金	17,928,900.00	783,410,000.00
减少质押和定期存款所收到的现金	--	--
投资活动现金流入小计	1,823,220,000.00	2,618,940,000.00
购建固定资产、无形资产和其他长期资产所支付的现金	3,758,840,000.00	3,218,430,000.00
投资所支付的现金	173,175,000.00	6,677,500.00
质押贷款净增加额	--	--
取得子公司及其他营业单位支付的现金净额	7,374,570.00	52,799,800.00
支付的其他与投资活动有关的现金	--	--
增加质押和定期存款所支付的现金	--	--
投资活动现金流出小计	5,487,390,000.00	4,926,410,000.00
投资活动产生的现金流量净额	−3,664,180,000.00	−2,307,470,000.00
三、筹资活动产生的现金流量		
吸收投资收到的现金	3,894,370,000.00	--
其中：子公司吸收少数股东投资收到的现金	--	--
取得借款收到的现金	186,136,000.00	--
发行债券收到的现金	--	--
收到其他与筹资活动有关的现金	220,183,000.00	--
筹资活动现金流入小计	4,300,690,000.00	--
偿还债务支付的现金	181,372,000.00	75,596,300.00

（续表2）

报告期	2011/12/31	2010/12/31
分配股利、利润或偿付利息所支付的现金	663,371,000.00	287,425,000.00
	111,675,000.00	13,000,000.00
支付其他与筹资活动有关的现金	--	849,239,000.00
筹资活动现金流出小计	844,743,000.00	1,212,260,000.00
筹资活动产生的现金流量净额	3,455,950,000.00	-1,212,260,000.00

下面分别对三部分的流入和流出进行结构比率计算，如表4-2所示。

表4-2　长城汽车(601633)现金流量表结构比例（单位：元）

项目	现金流入小计	现金流入比率	现金流出小计	现金流出比率
一、经营活动产生的现金流量	33,712,900,000	84.63%	29,264,100,000	82.21%
二、投资活动产生的现金流量	1,823,220,000	4.58%	5,487,390,000	15.42%
三、筹资活动产生的现金流量	4,300,690,000	10.80%	844,743,000	2.37%
总　额	39,836,810,000	100%	35,596,233,000	100%

图4-1是表4-2的饼图表示方法，可以直观地显示出经营活动产生的现金流量等三部分现金流量流入和流出的比例关系，并且可以通过流入和流出的比较，分析企业现金收入和支出结构是否正常。

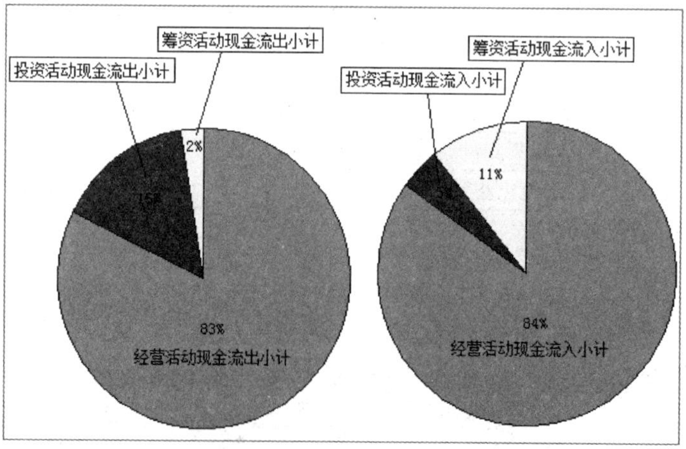

图4-1　长城汽车现金流量表结构比例饼图

从图4–1可以看到，企业的现金流出和流入中，用于主营业务的现金流出占83%，流入为84%，从占比和流入流出的平衡性上分析，都属正常。

三、意义与作用

1. 企业的现金流量比净利润更为重要。这种重要性可概括为以下几个方面。

①现金流是企业运营必须具备的资产，一旦现金流出现问题，就会影响企业的正常运营。

②货币的时间效应非常强，现金流基本等同于货币。

③现金流可以避免人为因素产生的会计误差。

企业生产运营中的经济来往，基本上都是通过现金的循环产生和推动的。图4–2显示了现金流在企业运营中的主要循环过程。

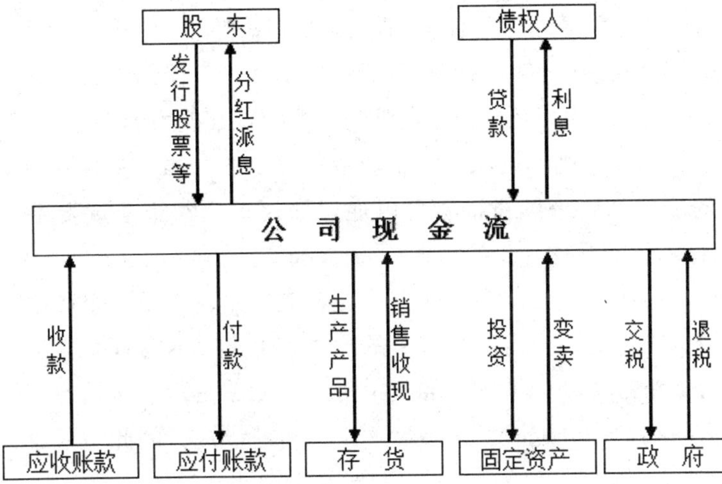

图4–2 现金流量企业运营中的主要循环过程

2. 对现金流入结构比率进行分析，可以帮助投资者了解企业获取现金收入的途径，反映企业各项业务活动的现金收入结构关系，判断不同项目获取现金的能力大小和企业盈利的来源与质量，从而对公司的经营情况有一个较准确的了解。

①经营活动产生的现金流入比率反映企业主营业务创造现金流入的能力。一般来讲，这项比率越大越好，说明企业的经营稳定正常。如果经营活

动产生的现金流入比率下降，说明企业在本期的经营管理中存在某些问题。

②投资活动产生的现金流入比率反映的是企业购置长期资产以及其他一些除现金等价物以外的金融资产和处置活动所形成的现金流量。在一般情况下，该项比率不应该高于经营活动产生的现金流入比率。这是因为投资活动的投资对象公司是没有控制权的，整个经营决策和过程是被投资的公司在控制，故投资活动产生的现金流入具有不确定性，无法作为公司赖以生存的收入来源。不过这并不是说投资活动产生的现金流入不重要，它是对企业现金总流入的重要补充。对于成长型和转型公司来说，投资活动产生的现金流入，有时候会成为企业收入的主要来源，甚至是企业战略性转移的前兆。

③筹资活动产生的现金流入数字及比率，反映的是企业资本及债务规模的变化情况。该项比率的变化对企业产生的利弊，要具体问题具体分析，主要取决于筹资活动产生的现金流入的使用效果，是否给经营活动或投资活动带来高于筹资成本的收益。一般来说，该项比率增加，流入大于流出，说明企业增加了融资。如果是增加债务引起该项比率上升，则企业的偿债压力加大。如果是吸收权益性资本带来筹资活动增加，则对偿债没有影响。筹资活动产生的现金流入，也可反映出企业从外部获取现金能力的大小。

3. 现金流出结构比率可以反映企业各项支出的结构关系，衡量企业运用现金资源的能力和效果。投资者可以通过该比率判断企业现金用于什么地方，比重有多大，效果如何。

①经营活动现金流出比率反映企业现金支出是否正常，企业用于购买商品、接受劳务支付的现金占用总现金的比率有多大。通常现金支出首先应满足生产经营等正常交易的需要，如支付货款、发放工资、缴纳税金等，然后用于支付借款利息、分配股息，最后才考虑对外投资，因此主营业务的支出应该占用较大的比重。

②投资活动现金流出比率反映了企业构建固定资产、无形资产和其他长期资产支付的现金占用企业总现金流量的比率。该比率反映了企业利用保证主营业务以后的现金资源的经营态度和方式，比率越大说明企业越有进取心。至于投资活动合理的现金流出比率，投资者要根据企业的具体情况区分，一般认为该项比率要小于经营活动现金流出比率，并且还要看投资活动项目的前景以及为公司创造的投资收益的大小。

③筹资活动现金流出比率反映企业债务规模占企业现金流量总额的构成

变化情况。一般认为，该比率增大，说明企业偿还债务、利息、分配股利的力度加大，企业的资金周转进入良性。该项比率如果减少，也不能说对企业一定是坏事，要结合企业的发展情况分析。

4. 现金余额比率可以反映企业的各项现金收入占现金总收入的比率，反映哪些是企业的主要盈利来源。企业处于稳定经营状态下，经营活动产生的现金流量净额应该是企业现金余额的主体。成长型公司的现金余额表现，应该是经营活动产生的现金流量净额占现金总额的比率逐步增加。

5. 对企业现金支出结构比率的历史分析，可以反映出企业的理财策略。一般来说，如果经营活动现金支出的比重下降，投资活动现金支出比重上升，则说明企业在保证生产经营的基础上，用更多的资金进行扩大再生产和对外投资，以求进一步发展。而筹资活动现金支出的比重上升，说明以前举措的债务到期需要偿还或企业打算发放更多的股利以回报投资者。

四、注意事项

1. 在分析现金流结构比率时，要注意对等分析某项的现金流入和流出比率。比如，主营业务现金支出与主营业务现金流入，投资活动现金流出与投资活动现金流入，筹资活动现金流出与筹资活动现金流入等。这种对等分析可以了解企业在该项的现金投入和现金收益存在的差别，是否获得较好的收益或者出现问题。

2. 企业拥有较多的现金流，但长期没有得到利用，这并不是一件好事情。现金是一项盈利性较差的资产，过多持有现金并非明智之举。因此，现金管理效果的好坏，并非尽量减少现金支出或者保持较高的现金余额，而是应该在保证足够支付能力的前提下，把现金投放到盈利性更高的资产上。故现金支出的合理性是衡量企业理财水平的一个重要因素。

3. 不能仅仅根据现金结构比率来判断企业使用现金流是否合理。在不同的发展时期，企业的现金结构会有不同，因此需要结合企业的发展阶段和状况分析。总体来说，现金结构必须要满足企业的正常经营支付能力，短期内的各分项支出比率的高低并不是非常重要。

4. 由于现金流缺少会计中的摊销、预提、递延费用和收入的概念，因此现金流量无法很好地反映企业当期的盈利情况，在对现金流量结构比率进行分析时，需要结合资产负债表、利润表以及所有者权益变动表中的相关项目综合评估。现金流量表的各项是基于资产负债表和利润表以及所有者权益变动表编写的，是对以上报表相关项目进行调整后产生出来的，现金的流入和流出实质上是对以上报表的进一步说明和质量平均，因此在分析现金流量结构比率时，结合它们的原始报表会更全面具体。

5. 分析经营活动现金流量及比率时，需要注意以下问题。

① “销售商品、提供劳务收到的现金”和“购买商品、接受劳务支付的现金”项，无疑是经营活动现金流比率分析最重要的项目，它是企业主营业务收入和支出的反映，该项比率应该在经营活动产生的现金流入和流出中占较大比重。

②资产负债表中对应的应收账款和存货项，是影响经营活动产生的现金流大小的非常重要的项目，如果这两项数据出现上升，则对经营活动产生的现金流入产生负面影响。

③一般认为，经营活动现金流应该为正数。如果出现负数，则说明企业面临赤字财务状况，企业的经营管理能力较差。不过当企业的该项指标出现负数时，还要具体分析，不能一概而论，比如企业预期某种或某些商品是因该类商品会在未来期间出现涨价而提前购置从而占压资金；企业商品的时间周期性较强，当期财报刚好处于销售低谷期。这些因素应属正常范围，不能作为企业的负面评价依据。

6. 分析投资活动现金流量及比率时，需要注意以下问题。

①企业的投资行为是经营性行为还是非经营性行为。属经营性行为的，要结合主营业务收入及利润变化所导致的经验活动现金流的变化情况；非经营性行为的投资支出，则应考虑该项投资是否给投资者带来现金股利分配的增值。

②在分析投资活动现金相关比率时，需要追踪连续几个会计期间。企业的投资活动绝大部分是跨年度的较长期行为，单独一两个会计期间无法表现出投资的效果，只有连续观察该项数据变化，并结合利润表中的相关项分析，才可以评估投资方向是否正确。

③投资活动现金流出比率可能会出现较大的一次性变化，但投资活动现金流入往往表现为较稳定的比率。如果投资活动现金流入突然加大，则可能是公司处置了某些资产。

④投资活动产生的现金流量净额可以评估企业的发展能力。在起步阶

段，成长型公司投资活动产生的现金流量净额很可能是负数，因为企业加大了投资力度，为未来发展进行前期投入，这是有利的。在分析时还要结合企业的投资方向和计划分析，评估投资成败的收益和风险。

7. 分析筹资活动现金流量及比率时，需要注意以下问题。

①正常情况下，筹资往往是一次性的，而支付利息和分红派息则是细水长流，因此筹资活动现金流量可能出现一次性的大幅流入，但不会出现一次性的大幅流出。

②在分析筹资活动现金流量及比率大小变化对企业盈利能力的影响时，要结合企业发展所处周期进行分析。处于成长中的公司，筹资活动现金流量流入往往比率较高，而流出的比率则较低，其净值表现为正值。相反，成熟公司的筹资活动，现金流量流入比率往往较小，净值表现为负值。

③分析筹资活动现金流量及比率时，还要注意企业的资本成本和结构，如果企业的筹资成本过高或者结构不合理，就会增加企业的财务负担，加大财务风险。

8. 注意企业处置长期资产而产生的现金流入引起的现金流量变化和结构比率变化。公司处置这类资产，一般是因为某些特殊事件不得已而为之，不会经常发生，应该作为单独事件分析，主要看企业处置该项资产的原因和目的是否对企业有利。

五、股市应用

1. 稳健的和较看重分红派息的投资者，可以选择那些现金流量结构比率合理的上市公司。这些公司的现金流量结构往往表现为：

①经营活动产生的现金流入和流出比率占绝大部分，企业的现金收入主要倚重于主营收入。

②投资活动产生的现金流入流出所占比例非常低。

③筹资活动现金流入占比较低，且稳定或逐步下降，流出稳定或逐步增加。

2. 激进的或以股价差额收益为主的投资者，可以选择处于成长阶段或主营业务转型中的上市公司。这些公司的现金流量结构往往表现为：

①经营活动产生的现金流入量较流出小，即经营活动产生的现金净额为负，或没有明显的差别。

②投资活动产生的现金流出往往大于流入。

③筹资活动现金流入大于流出。

3. 价值投资者尽量避免投资经营活动现金流比率较小且为负、投资活动现金流量为正、筹资活动为负的上市公司。这些公司可能处于主营业务萎缩状态，债务风险正在增加，企业变卖资产以维持运转，而新的项目增长点又没有形成。

六、案例：扭亏为盈背后的故事

投资者在A股中经常看到公司名前冠以“ST”或“*ST”的股票，ST是英文Special Treatment的缩写，意即“特别处理”，该政策针对的是出现财务状况或其他状况异常的公司。如果哪只股票的名字加上ST，就是给股民一个警告，警示该股票存在投资风险。这种风险主要来自两个方面，一方面是企业经营出现亏损，二是存在某些不确定性的特殊因素。如果加上“*ST”，表示公司连续3年亏损，有退市的风险。

下面用一个案例，对现金流量结构进行分析，看看该公司走到退市边缘又如何神奇地复活。这只股票就是*ST福日（600203），一只以电子计算机及配件、电子产品及通信设备、家用电器、电子元器件的制造销售为主业的上市公司。

该公司连续两年亏损后，2011年度报表出现盈利，净利润为7946.47万元，每股收益为0.33元，成功扭亏为盈。

首先来看看该公司的利润简表。

表4-3　*ST福日（600203）2011年度利润表简表　（单位：元）

报表日期	11/12/31	10/12/31
一、营业总收入	2114100000	1341220000
营业收入	2114100000	1341220000
二、营业总成本	2230490000	1443000000
营业成本	2095530000	1321760000
营业税金及附加	1444850	2307230
销售费用	29698400	17063400
管理费用	36802200	49302700
财务费用	30229900	29336100

（续表）

报表日期	11/12/31	10/12/31
资产减值损失	36789200	23232400
公允价值变动收益	−18128.4	8374.55
投资收益	189053000	11808400
其中:对联营企业和合营企业的投资收益	6978980	9641960
三、营业利润	72643700	−89961100
营业外收入	3874370	16360400
营业外支出	1772180	721962
非流动资产处置损失	553996	111172
利润总额	74745900	−74322700
所得税费用	395926	1204940
四、净利润	74350000	−75527600
归属于母公司所有者的净利润	79464700	−70114000
少数股东损益	−5114690	−5413630
五、每股收益		
基本每股收益	0.33	−0.29
稀释每股收益	0.33	−0.29
六、其他综合收益	−200476000	381053000
七、综合收益总额	−126126000	305526000
归属于母公司所有者的综合收益总额	−121011000	310939000
归属于少数股东的综合收益总额	−5114690	−5413630

利润表中显示，公司2011年的净利润为74350000元，2010年的净利润为−75527600元，主营收入211410万元，较2010年的134122万元增长57.6%。从这两项指标看，公司实现了扭亏为盈。

再来看看公司的现金流量简表，如表4−4所示。

表4−4　*ST福日（600203）2011年度现金流量表简表　（单位：元）

报告期	11/12/31	10/12/31
一、经营活动产生的现金流量		
销售商品、提供劳务收到的现金	2329840000	1480040000
收到的税费返还	203483000	112730000
收到的其他与经营活动有关的现金	26387300	136758000

（续表）

报告期	11/12/31	10/12/31
经营活动现金流入小计	2559710000	1729530000
购买商品、接受劳务支付的现金	2603030000	1567020000
支付给职工以及为职工支付的现金	25569300	47412200
支付的各项税费	12948800	7060790
支付的其他与经营活动有关的现金	99618400	66416300
经营活动现金流出小计	2741170000	1687910000
经营活动产生的现金流量净额	-181454000	41622900
二、投资活动产生的现金流量：		
收回投资所收到的现金	250554000	--
取得投资收益所收到的现金	8848750	2166470
处置固定资产、无形资产和其他长期资产所收回的现金净额	1408510	160760
处置子公司及其他营业单位收到的现金净额	79757900	--
收到的其他与投资活动有关的现金	--	77305800
投资活动现金流入小计	340569000	79633000
购建固定资产、无形资产和其他长期资产所支付的现金	23048700	649485
支付的其他与投资活动有关的现金	2215050	--
投资活动现金流出小计	25263700	649485
投资活动产生的现金流量净额	315306000	78983600
三、筹资活动产生的现金流量：		
取得借款收到的现金	443898000	737482000
收到其他与筹资活动有关的现金	22488500	--
筹资活动现金流入小计	466386000	737482000
偿还债务支付的现金	521559000	836694000
分配股利、利润或偿付利息所支付的现金	32009200	36326000
支付其他与筹资活动有关的现金	14866700	1940600
筹资活动现金流出小计	568435000	874961000
筹资活动产生的现金流量净额	-102049000	-137479000

引人注意的是2011年经营活动产生的现金流量净额为“-181454000”元，而2010年的该项指标为“41622900”元，该项目大幅度下降。“销售商品、提供劳务收到的现金”流入2329840000元与流出2603030000元差值为负273190000元。这两项数字告诉大家，从现金流量表反映的企业营业收入质量发生了重大变化，也就是说公司的营业收入大幅增长，而收到的现金却大

幅下降。还有“投资活动产生的现金流量净额”，2011年为315306000元，较2010年的78983600元增加了236322400元。

问题出在哪里？现金流量表与营业收入之间这么大的差额从哪里来，到哪里去了？首先想到的就是应收账款，这是最容易和最简单有效的分析方法。这样就可以查看资产负债表的该项指标。从资产负债表对比应收账款净额，发现2011年度应收账款净额75991775元，较2010年度应收账款净额39886189元增加了36105586元，但这不足以填补净利润数字。

在公司的年度财务报告中找到了这样一段话：“2011年度公司实现营业收入21.14 亿元，同比增长 57.64%，实现工业总产值3.63亿元，同比增长 23.05%，实现进出口总额 2.15 亿美元，同比增长 93.69%，实现净利润7946.47 万元，同比扭亏为盈”。让人感到疑惑的是“实现营业收入 21.14 亿元”，但“实现工业总产值 3.63 亿元”。将“投资活动产生的现金流量净额”所得与“经营活动产生的现金流量净额”的损失，偿还债务，以及应收账款等项目对比分析后，该企业“实现营业收入 21.14 亿元”及扭亏为盈的真正原因是来自于“收回投资所收到的现金”。

该公司2011年度净利润扭亏为盈，主要原因是公司转让国泰君安证券股份有限公司1166万股股份，及转让福建省福日置业有限公司100%股权所获得的大额投资收益。公司在2010年10月就转让过国泰君安的股份，拟将转让款用于偿还银行贷款、补充流动资金。但由于直到2011年第一季度，公司才收到1.52亿元转让款，获得投资收益1.41亿元，造成公司2010年度仍然亏损，2011年度则实现扭亏为盈，并反而盈利了7千多万元。

这就是*ST福日(600203)2011年度扭亏为盈的原因，这种业绩的转变对投资者又有多大的价值呢？不说大家也知道了。

通过这个案例的分析，主要是想告诉大家：现金流量分析是了解企业盈利真实性的最有效办法。这个案例是从反面来揭示光环下的风险。有的公司则出于某些原因对业绩进行隐藏，投资者一样可以通过现金流量各种指标的分析，让这些上市公司的真实业绩显露出来，从而挖掘出其真实的超额价值。

关键指标17　每股经营现金净流量

一、概念

每股经营现金净流量就是每股经营现金流，是上市公司经营活动产生的现金流量净额与发行在外的普通股总数的比值，它是反映上市公司每股所获得的经营活动现金数量的指标，主要用于衡量企业从事资本性支撑及支付股利的能力。每股现金流量越高，说明公司的每股普通股在一个会计年度内所赚得的现金流量越多；反之，则表示每股普通股所赚得的现金流量越少。

每股经营现金流是最具实质的财务指标，用来反映该公司经营流入的现金多少。一个公司的每股收益很高，或者每股未分配利润也很高，如果现金流差的话，意味着该上市公司没有足够的现金来保障分红派息，每股收益就只能是报表上的数字而已，没有实际的意义。

在利用每股经营现金流来评估股票的投资价值时，其作用与每股收益有类似的作用，但其出发点不同。每股经营现金净流量反映主营业务的销售收现和回款力度的大小，该项指标越高，说明企业产品越有竞争力，公司信用度越高，发展潜力越足。每股收益则是反映企业的盈亏指标，二者有密切的联系，但不能互相代替。

二、计算

每股经营现金净流量＝经营活动产生的现金流量净额/总股本

经营活动产生的现金流量净额：是指用公司经营活动的现金流入减去经营活动的现金流出得到的数值。该项数据可以在现金流量表的第一部分找到。

总股本：是指公司发行在外的普通股总数。

计算演示：

根据表4–1所示的长城汽车（601633）现金流量表，可以知道该公司经营活动产生的现金流量净额为4448740000元，公司的总股本为304242.31万股，则可计算该公司的每股经营现金净流量。

每股经营现金净流量

=经营活动产生的现金流量净额/总股本

=4,448,740,000元/3042423100股

=1.462元/股

该股的每股收益为1.22元/股，比每股经营现金净流量要小，这是因为公司正常经营活动所产生的净现金流量，还会包括一些从利润中扣除出去但又不影响现金流出的费用调整项目，如折旧费等。但每股现金流量也有可能低于每股收益。

三、意义与作用

1. 每股经营现金净流量可以评价企业主营业务真实的盈利水平。企业主营业务的现金净流量是企业通过主要营业所获得的现金收入与支出的净值，它剔除了应收账款、应收票据等其他存在不确定性因素的营业收入。该指标越大，表明主营业务收入回款力度越大，企业的盈利质量越高，可信度越强。

比如在“现金流量结构比例”里的案例分析，通过每股现金净流量，也可以反映其收入的水分。*ST福日（600203）2011年每股现金净流量为-0.754元，其每股收益是0.33元，这就显示出公司盈利的质量和问题。根据这个不合理的现象，投资者就可以顺藤摸瓜，找到问题的源头。

2. 每股经营现金净流量可以反映企业的销售和劳务输出回款情况，该比值越大表明企业回款越好，企业的应收账款使用效率越高，经营效率也越高。

3. 每股现金流量可以反映企业的扩展能力。比如，企业是否有足够的能力扩大生产经营规模，增加市场占有的份额；是否有资金开发新产品并改变产品结构，培育新的利润增长点，等等。一般来讲，每股现金流量越大，企业可以用于扩大再生产和新项目研发的资金储备越足，未来财务负担越轻。

4. 每股经营现金净流量是评估公司是否有能力进行分红派息的实质性的指标。从短期看，即使一个公司的每股收益或者每股未分配利润很高，如果每股经营现金净流量却较差，这就意味着公司没有足够的现金来保障股利的分红派息，每股收益只是报表上的数字而已，没有实质上的意义。

5. 每股经营现金净流量可以反映企业短期偿还能力大小和流动性风险的高低。每股经营现金净流量越接近每股现金总量（每股现金流量是企业现金总量与总股本的比值），说明企业的现金流入结构越合理，经营状况越好，财务风险越低。

6. 在评估企业盈利能力上，每股经营现金净流量比每股收益更能反映事实真相。由于每股经营现金净流量反映的是上市公司每股现金经营收入的指标，是实实在在的真金白银流入，因此该指标在鉴定每股收益或净利润等收益性指标的真实性时具有很强的说服力。投资者可以利用该指标的这一作用，对企业的盈利水平进行验证，在投资实战中非常有效。比如，每股经营现金流与每股收益进行对比分析，如果前者明显小于后者，那么企业的销售回款速度可能在下降，或者存货出现积压。在实际分析中，投资者也可以结合资产负债表中的应收账款和存货内容分析确认。

7. 每股经营现金净流量对股价可以产生直接和间接性的影响。虽然该项指标并不像每股收益那样被普通的投资者普遍重视，实际上它对投资者分析当前上市公司的投资价值、股价的未来表现，其作用并不亚于每股收益，投资者应该将每股经营现金净流量与每股收益等指标结合起来评估股票的投资价值。

8. 上市公司的股价高低，是由公司未来每股收益和每股现金净流量净现值决定的，只从企业目前的盈亏并不能单方面确定股价的未来表现。在评估股价的合理性，预估未来股价高低时，既需要考虑每股收益，又要考虑每股经营现金流的大小，只从某一方面来预估未来股价是不准确的。

四、注意事项

1. 注意每股经营现金流与每股现金流的区别。每股经营现金流是每股现金流的主要组成部分。现金流等于经营活动现金流、投资活动现金流和筹资活动现金流之和，每股现金流反映的是企业综合的现金情况，主要侧重于财务风险的评估。每股经营现金流则是侧重于企业经营发展的评估，实际分析中要将两者结合起来。

2. 每股经营现金流并非是越高越好。众所周知，股价不仅是上市公司历史和当前的反映，也是企业未来前景的提前写照。企业在经营过程中积累的现金，如果没有更好地利用它们扩大再生产，也没有给股东回报，就会造成每股经营现金流量居高不下。这种情况说明企业没有雄心壮志，成长性不强，同时也说明公司是“铁公鸡”，不关心股东的感受。在目前的A股中不乏这样的公司，投资者需要警惕。

3. 注意在行业中纵向比较和公司本身的历史性比较。任何单期的财务指标都是孤立的事件，无法充分反映动态中的企业经营状况。每股经营现金流在与同行业竞争者的比较中，可以发现企业在行业内的竞争力大小、地位。企业拥有竞争力强的产品或良好信誉时，就可以先收钱或购买原材料时不必先支付现金，从而增加了企业的现金流量，每股经营现金流就会提高。相反情况下，公司就要先发货后收钱或者先支付订金，导致每股经营现金流降低。另一方面，应当将公司各时期的每股经营活动现金流量按时间先后进行比较，了解每股经营活动现金流量的变动趋势，清楚趋势变化的原因。

4. 每股经营现金流在企业不同发展阶段会有不同的表现。公司处于发展和扩张阶段时，该指标往往较低，甚至为负，这并不代表企业会出现资金断链等财务危机。因为处于扩张阶段的公司，需要把卖产品收回来的现金继续投入，而且仅靠本身经营得来的现金还不够，还需要贷款或融资，这样就会出现该指标为负的情况，而这种情况属于良性。处于较成熟时期的公司，每股经营现金流往往会表现较高、稳定和增长的特性，这是因为企业正处于收获季节。对于这类公司，投资者需要用更高的标准衡量每股经营现金流，以及公司股利发放政策，并多留意经营者如何使用这些储备起来的资金。

5. 注意每股经营现金流量激增或骤降的内在原因。有的上市公司在年度内变卖资产，因而出现现金流大幅增加的现象，这不一定是好事。有的公司每股经营现金流突然大幅下降，也不能片面地认为是坏事，要看钱用到什么地方，比如资产收购、新项目投资等，都是企业扩张、成长的表现，股价也会因此受到市场的追捧。

6. 每股经营现金流量与每股收益一样受到企业股本变化的巨大影响。很多公司采用配送股回报投资者，或者是为了融资选择增发和配股，或者是发行可转换公司债券等，所有这些行为均会改变总股本。每股经营现金流量与每股收益的计算公式中，如果总股本发生变化，它们的数值就会发生相反的变化，这个时候再纵向比较这些指标就会出现错误。实际分析中可以采用同一基准来弥补，比如某一起点的股本，或者直接使用分析经营现金流量净额的历史数据分析其变化。

五、股市应用

1. 投资者可以利用每股经营现金流发现某些企业的造假行为，特别是在股价已经被抬高后出现业绩“利好”的时候，投资者更应该用该指标审视一下。一般现金流量的计算不涉及权责发生制，会计手段很难造假，如果硬要造假也容易被发现，比如虚假的合同可以签出“利润”，但签不出现金流量。有些上市公司以关联交易操纵利润时，也会在现金流量方面暴露有利润而没有现金流入的马脚，因此利用每股经营现金净流量来鉴定公司的获利质量，可以发现人为造成的每股盈利暴涨的假现象，识别炒作带来的风险。

2. 以获取分红派息为目的的稳健投资者，要多关注那些每股经营现金流较高的绩优个股，并结合每股收益和获利率指标进行分析。这类个股一般有以下特点。

①每股收益与每股经营活动现金净流量持续稳定增长，波动性不大。

②经营活动现金流入大于投资活动现金支出。

③公司的股利发放制度稳定健全。

3. 风险承受能力较大、较激进，或者是以获取股价差额为主要获利方式的投资者，可以多关注那些每股经营现金流并不高的成长型个股，结合每股收益的动态走势和其他经营运转情况分析公司的未来发展空间，并留意企业的新项目进度情况。这些公司一般有以下共性。

①每股收益与每股经营活动现金净流量并不高，但出现连续的加快增长。这说明企业或企业的新项目已经步入成熟期，正在或即将为投资者创造收益。

②投资活动现金流量占现金总流量比率提高。这说明企业用于新项目投资的比率加大，企业有进取决心。值得注意的是，对于一些转型的公司，原有的所谓主营业务收入已经开始下降，如果投资活动收益比率增加，这种情况可以认为是正常的。

③公司通过增加长期负债方式扩大再生产和新项目开发，并没有通过再融资或投入过多现金。这说明企业对自己的未来或新项目有较大的信心，坚信未来企业获得的收益大于负债带来负债成本。

4. 价值投资者要避免投资那些每股收益与每股现金净流量都出现连续下滑的公司，特别要防范依靠变卖资产取得“高收益”的公司。

六、案例：三一重工的现金流量分析

三一重工2008年以来明显加快了拓展步伐，特别是面向国际市场方面，三一重工频频出手，连续扩张。公司在海外投资了4个基地，其中美国基地、德国基地以研发为主，印度基地和巴西基地以生产、销售为主。另外，公司加快了国际收购步伐，继公司控股子公司三一德国联合中信基金收购普茨迈斯特100%的股权（其中三一德国收购90%、中信基金收购10%）后，三一重工再次发布海外投资公告，与国际起重机巨头奥地利帕尔菲格集团成立两家合资公司，双方各持有50%的股份。这是三一重工进军全球市场的又一实质性动作。

2012年伊始，三一重工的一系列快速扩张和“龙吞象”式的海外并购，在业内引发广泛关注，并引发公众对该公司的资金产生质疑。该公司对此表示，“公司并购不存在资金问题”。借此话题，下面通过企业的每股经营现金流量和其他相关指标，来看看该公司的资金情况。

本节是介绍每股经营现金流，那么就从该指标入手，先来看看近5年来公司的该指标和经营活动产生的现金流量净额的情况。

表4-5　三一重工每股经营现金流量及经营现金流量净额（单位：元）

年度	每股经营性现金流	经营活动产生的现金流量净额	基于2005年48000万股每股经营现金流量
2011年	0.300	2279027047	4.748
2010年	1.333	6749124249	14.061
2009年	1.661	2471126172	5.148
2008年	0.430	640496615	1.334
2007年	0.636	630587301	1.314
2006年	1.063	568265703	1.184
2005年	0.308	147835032	0.308

三一重工经历了多少次送转股，从2005年底的48000万股增加 2011年底的759370.61万股，翻了15.82倍。使用2011年的每股经营现金流量无法与历史进行对比，故在表4-5中，增加了基于2005年48000万股下的每股经营现金流量，这样就可以较清楚地知道公司以2005年为基准下的每股现金流量的变化，这种变化其实与经营活动产生的现金流量净额的变化趋势是一致的。

对表4-5和图4-2的分析，可以发现：

1. 每股经营现金流量一直处于正数。表明企业在主要经营活动中，营业收入所得到的现金大于支出的现金，销售实现正流入。从“销售商品、提供劳务收到的现金”和“购买商品、接受劳务支付的现金”两项对比就可以知道，公司在主营业务的经营中，销售和提供劳务所得到的现金收入远大于用于购买原材料和支付劳务的费用，如表4-6所示。从现金的角度看，企业的经营处于良性之中。

表4-6 销售商品、提供劳务收到的现金和支付的现金对比表

年度	销售商品、提供劳务收到的现金	购买商品、接受劳务支付的现金	净额	收支率
2011年	52570215165	37571336931	14998878234	39.92%
2010年	37329829416	22789033919	14540795497	63.81%
2009年	16576533420	10873983716	5702549704	52.44%
2008年	14204927251	11196218604	3008708647	26.87%
2007年	8044249286	5746734044	2297515242	39.98%

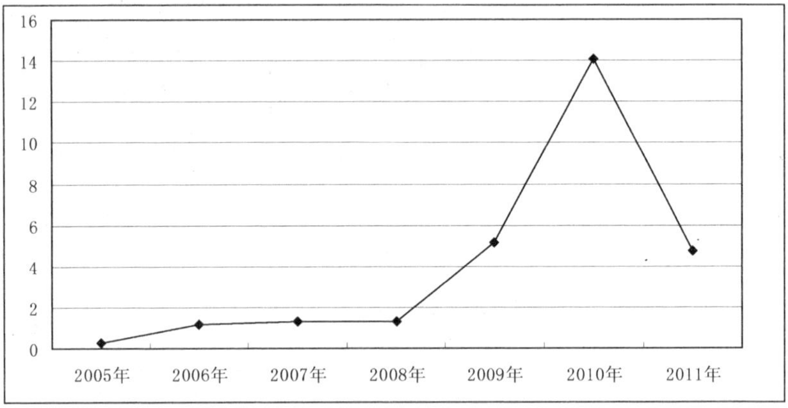

图4-2 基于2005年总股本的每股经营现金流（元）

2. 从每股经营现金流量对比中可以看到，2010年和2011年，公司的该项指标出现了跳跃式增长，并且在2011年又出现急剧下滑。从表4-6中销售商品和提供劳务的现金收支净额看，2011年公司该项指标是微幅增长的，但为什么每股经营现金流量却下降3.5倍。这就需要从现金流量表的对比分析中寻找原因。企业支付给职工以及为职工支付的现金上涨63.62%，支付的各项税费上涨97.69%，支付其他与经营活动有关的现金上涨41.70%，这几项支出合计增加5370675346元。在销售商品和提供劳务的现金收支净额没有发生改变的情况下，其他费用的提升致使每股经营现金流量大幅下降。也就是说，随着公司业务的增长和扩展，与业务相关的其他现金支出比例在上升，没有得到有效的控制，也许这是扩展时期的特殊阶段吧。

3. 2007年到2011年，公司通过营业收入累积了13486462119元的现金净流量，为企业的扩大再生产提供了强有力的后盾。这也就是三一重工为什么有雄厚的资金用于快速扩张的原因。

关键指标18　销售收现比率

一、概念

销售收现比率是企业在销售商品、提供劳务中收到的现金与主营业务收入（销售收入）的比率。该项比率反映企业从主营业务收入中获得现金的能力，用以评价销售渠道是否通畅，还可以反映企业在行业中的竞争地位。

一般认为，销售收现比率大于1是公司经营良好的表现，说明上市公司的产品具有市场竞争力，公司营业收入能力强，收入质量高。相反，该项比率如果小于1，则说明公司的产品在市场中处于劣势，如果短期内该项指标不能返回到1以上，公司可能处于业绩下滑的态势中。

销售收现比率是价值投资者评估企业实力，挑选优质股票时的重要指标之一，投资者要尽量选择该项指标持续大于1的个股，避免选择经常远低于1的上市公司作为投资对象。

二、计算

销售收现比率=销售商品、提供劳务收到的现金/营业收入

销售商品、提供劳务收到的现金：是反映企业当期销售商品、提供劳务收到的现金，它包括企业的营业收入、销项税额、应收账款和应收票据的期初余额与期末余额的差值、预售账款期末与期初的差值、本期收回前期坏账损失与本期实际核销的坏账损失的差值，扣除视同销售的销项税额、非现金资产清偿债务减少的应收账款和应收票据以及应收账款的现金折扣。该项数据在现金流量表第一部分的第一项中出现。

营业收入：是指企业在销售商品、提供劳务及他人使用本企业资产等日常经营活动中形成的经济利益总流入。该项数据出现在利润表中的第一部分。

计算演示：

从三一重工2011年的现金流量表中提取“销售商品、提供劳务收到的现

金”为52570215165元，从利润表中提取营业收入为50776301488元，则可以计算出该公司2011年度的销售收现比率：

销售收现比率

=销售商品、提供劳务收到的现金/营业收入

=52,570,215,165/50,776,301,488

=1.035

同样，可以计算出2007年至2010年该指标数据。如表4-7所示。

表4-7　三一重工销售收现比率计算表

年度	销售商品、提供劳务收到的现金	营业收入	销售收现比率
2011年	52,570,215,165	50776301488	1.035
2010年	37,329,829,416	33954939086	1.099
2009年	16,576,533,420	16495879324	1.005
2008年	14,204,927,251	13745256113	1.033
2007年	8,044,249,286	9144950844	0.88

从表4-7可以看出，三一重工的销售收现率基本都处于1以上，说明该项指标符合要求。

三、意义与作用

1. 销售收现比率反映公司每1元主营业务收入中有多少是实际收到的现金。该项比率处于1的上方，说明企业的营业收入质量高，有利于企业的经营发展。相反，该项比率小于1，则说明企业的账面营业收入大于实际收入。此项比率越小，企业出现坏账死账的数量也会越大。

2. 销售收现比率可以反映企业市场竞争力的大小。该项比率越大，说明企业越有竞争力。该项比率大于或等于1时，表示公司不需要或者较少地采用赊销方式就可以达到销售产品的目的。在采购方面，公司可以采用先拿原材料或商品然后再付款的方法。

3. 销售收现比率可以反映企业销售是否通畅，运营效率是否良好。如果某家上市公司该项指标出现下滑，并连续跌到1的下方，就要引起注意，这可能表示企业产品已经出现滞销，要靠更多的赊销来达到销售目标，或者是一期的应收账款无法及时回笼，造成当期销售现金收入减少。这一点可以结合

应收账款以及应收账款周转率来分析。

销售收现率越高，说明企业销售越通畅。该项比率大幅超过1，说明企业不仅可以保证当期销售通畅，而且还收回了前期的应收款项。一般来讲，企业盈利多少是通过销售企业的商品或劳务来达到目的的，只有产品畅销，才能加快资产周转，充分利用企业资源，企业才可以更多地获利。销售收现率如果较低，会造成产品积压，占用企业资源，降低企业经营效率。

4. 销售收现比率反映企业的短期财务风险程度。该项指标越大，表明收回现金越多，短期偿债能力自然越强。这一点可以结合流动比率分析。一般情况下，销售收现率对于解决企业的短期偿还能力有很大的帮助，特别是当企业采取积极的财务政策，流动比率低于正常水平时，企业就会利用提高流动资产周转率（包括存货周转率和应收账款周转率），提高销售收现比率，来应对暂时的流动风险。能够做到这一点，企业自身必须要有自己的亮点，比如产品的竞争力、商誉等。一些优质的公司会充分利用自己的这些优势，在可控的范围内，尽可能地提高财务杠杆的作用，以加快企业成长的步伐。

比如三一重工2007年至2011年的平均存货周转率为3.9次，远高于同行平均水平2.78。应收账款周转率为5.78次，也高出行业平均水平甚多。其销售收现比率也保持在1的上方。这些指标都能够高出同行平均值，说明其优越的竞争力和良好的信誉。再看该公司的流动比率，2011年为1.46，2010年为1.17，远低于行业平均值和通常认为的安全值2。但是这并不能说明企业有财务风险，前面讲解资产负债率、流动比率时已经讲过，具有垄断性或较好商誉的公司，往往可以享受较高的财务杠杆所带来的额外收益。三一重工就是如此，该公司充分利用自己在市场中的地位，利用企业资产的周转效率和销售的收现能力来应对流动比率偏低带来的流动风险。

5. 该项指标并不直接影响股价的涨跌，它对股市投资的指导意义主要表现在对企业的真实运营能力和短期偿还能力的鉴别上。投资者可以通过该项指标来区分公司的盈利质量、行业中的竞争力和存在的短期偿还风险等，以判断该公司的基本面是否支持股价的未来上行空间或潜在的风险程度。该指标并不可以直接用于投资决策。

四、注意事项

1. 销售收现比率适用于绝大多数公司之间进行比较，不限于行业的区分，但在同样性质和行业间比较效果会更好。因为不同行业之间的竞争情况不一样，整个行业的销售模式也会有区别，与应收账款周转率在各行业之间的合理标准有所不同类似。

2. 正常情况下，销售商品、提供劳务收到的现金一定会高于营业收入，也就是销售收现比率要大于或等于1。这一点从销售商品、提供劳务收到的现金的计算方式中可以看出，详细计算可以参考前面的“计算”内容。

3. 在对销售收现率进行分析时，要注意该指标的连续性，不能只看某一次出现的改善。企业在经营过程中不可能永远没有应收账款或应付账款等项目出现，但需要控制在一定比例和一段时间内。销售收现率偶尔低于1是合理的。投资者可以将若干个会计期间的该项比率进行平均，如果公司在分析期内的销售收现率平均值在1以上，说明企业的该项指标基本合理；反之，如果整个分析期内（如3至5年）该项指标的平均值小于1，且距离1较远（比如小于0.95），说明企业的销售收现情况不理想。

4. 在分析销售收现率时，可以结合反映企业运行效率的应收账款周转率、存货周转率及流动资产周转率等分析。如果这些指标都显示企业的运营效率较低，这会强化对公司产品滞销、竞争力下降的判断。

5. 要注意不同公司间管理层所采取的折旧政策和其他非现金项目的政策区别，比如是趋于保守还是激进，以及能否有效地运用运营资金。

五、股市应用

1. 通过销售收现比率选取行业龙头股或潜在的龙头股。行业龙头公司在销售收现比率上往往会稳定地保持高于行业的平均水平。在实际应用中，可以对行业公司的该项指标进行5年时间的连续对比，选择销售收现比率保持在平均线水平以上，并处于行业排名前列的公司。同时，再结合上市公司的总市值、净资产收益率、市盈率等其他关键财务指标，筛选出标的股。

2. 通过销售收现比率选取有潜力的成长股。这类上市公司在销售收现率的表现上往往是该指标获得较大改善或稳定回升。因为很多小盘成长股的上市公司处在起步阶段，其新产品需要时间获得市场的认知，也需要推广费用等，开始时会出现销售收现比率较低的情况，但随着产品逐步被市场接受，产品竞争力和市场占有率加强，以前赊销等推广手段所欠的款项逐步回笼，并且新的现销比重逐步加大，销售收现比率就会快速上升，进入1的上方。这种现象说明该公司的产品开始成熟，竞争力加大，盈利能力加强，股票也会出现快速增长的需求。

3. 利用销售收现率结合技术分析判断股价的风险程度。有的上市公司利用高增长的每股收益为题材进行二级市场股价炒作，投资者在分析这类股票时，可以结合销售收现率来评估股价炒作的风险。如果企业的销售收现比率一直较高，比如处于1以上，说明企业的收益高增长是真实的。如果该项指标一直处于较低水准，投资者则需要谨慎，结合技术分析，股价如果处于高位并有顶部反转信号出现，就应该坚决离场。

六、案例：农药化肥板块销售收现率分析

农业仍然是我国的基础产业，大家熟知的CPI等指标，与农业产品有着莫大的关系。2011年新调整后的CPI权重占比中，食品占34%，这足以说明我国对农业的重视程度。如果农业不稳，食品价格就会难以控制，直接带动CPI大幅波动，影响宏观经济调控。下面选择3只农药化肥个股，通过销售收现率的分析，来探讨它们的投资价值大小。

湖北宜化（000422）是以尿素、合成氨等化肥生产销售为主的企业；华星化工（002018）是以研发、生产和销售杀虫双、杀虫单等农药产品的企业；*ST大成是以化学农药、基本化学原料生产、销售为主的企业。根据这3家公司的利润表和现金流量表，分别提取了营业收入项和销售商品、提供劳务收到的现金项数据，并根据销售收现比率计算出2007年至2011年这5年以来的销售收现比率数据，如表4–8所示。

表4–8　湖北宜化等公司销售收现比率统计表

年度	湖北宜化	华星化工	*ST大成
2011年	1.104	0.916	0.479
2010年	1.169	0.918	0.800
2009年	1.060	0.750	1.144
2008年	1.096	1.018	1.131
2007年	1.138	0.955	1.079
平均值	1.113	0.911	0.927

根据表4–8可以做折线图，如图4–3所示。

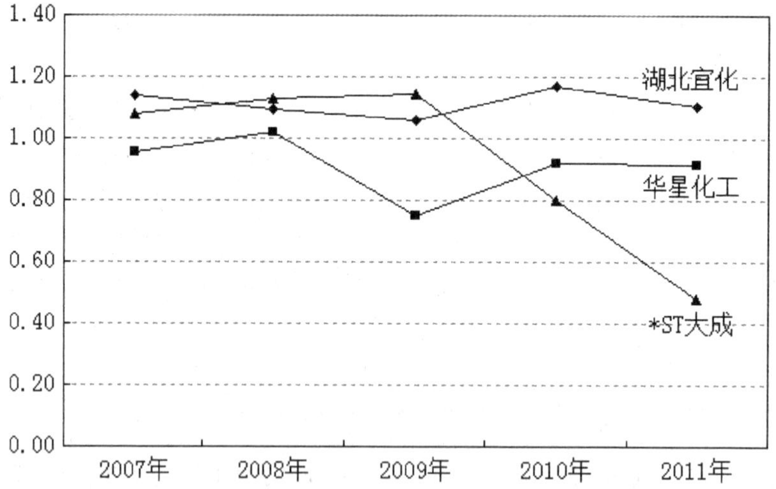

图4-3　湖北宜化、华星化工和*ST大成销售收现率对比图

可以用两种方法来分析这3家公司的销售收现比率。一是这5年的平均销售收现比率，二是其变化趋势。

从这3家公司5年的销售收现比率平均值看，华星化工和*ST大成都小于0.95，说明这两家公司的销售收现存在一定问题，可能销售并不通畅。湖北宜化的该指标表现较好。

从指标的变化趋势看，*ST大成存在较大问题，2011年该公司的销售收现率竟然低到0.479，非常令人担忧。华星化工止住下跌趋势。湖北宜化的销售收现比率则运行平稳，说明该公司的销售收现情况保持良好。

从以上对销售收现比率的对比分析中，就有了初步的结论：湖北宜化的销售情况良好，华星化工存在一定的问题，*ST大成则存在较大问题。如果在这3家公司中选择投资对象，价值投资者首选的是湖北宜化。

为了更慎重起见，再对比分析这3家公司的应收账款周转率。如表4-9所示。从2008年到2011年的4年时间，湖北宜化的应收账款周转率为49.81次，华星化工和*ST大成的应收账款周转率都远低于湖北宜化。

表4-9　湖北宜化等公司应收账款周转率统计

截止日期	湖北宜化	华星化工	*ST大成
2011年	34.04	5.77	13.36
2010年	28.59	4.33	17.26

(续表)

截止日期	湖北宜化	华星化工	*ST大成
2009年	66.76	4.9	12.29
2008年	69.86	14	12.02
平均值	49.81	7.25	13.73

从销售收现率和应收账款周转率的对比分析看，湖北宜化都显示出较大的优势。这种优势可以帮助该公司采取更加积极的财务政策，比如在控制整体财务风险的前提下提高流动性，扩大财务杠杆的作用。最后看看这3家公司的净资产收益率，就知道它们的最终表现了，如表4-10所示。

表4-10　湖北宜化等公司净资产收益率统计

年度	湖北宜化	华星化工	*ST大成
2011年	15.62	0.64	−1436.03
2010年	21.01	−21.47	−20.34
2009年	10.95	0.68	0.75
2008年	12.49	25.28	−24.46

通过这个案例，可以总结：

①销售收现率能够反映出企业的经营现状和发展潜力。

②通过销售收现率可以初步评估公司的优劣，做好初步选股工作。

③通过销售收现率可以发现上市公司的问题，从而避免问题公司给投资带来的风险。

这个案例先从销售收现比率入手，再向企业盈利和风险方向进行简单的延伸分析。在实际分析中，通常是先对企业的业绩和成长性指标进行分析，然后再用销售收现率等指标评价企业盈利能力的真实性、可靠性以及成长性。

关键指标19　净利润现金含量比率

一、概念

净利润现金含量比率也称盈余现金保障倍数、经营现金净流量对净利润的比率，是指生产经营中产生的现金净流量与净利润的比值。一般认为，该项比率应该大于1，并且越大越好，表明销售回款能力较强，成本费用低，财务的流动风险越小。

净利润和经营活动现金净流量是衡量企业经营业绩的关键财务指标，其评价对象是一致的，都是反映企业的盈利能力，但它们的出发点和目的则有所区别。损益表中的净利润建立在权责发生制基础上，以应计制为基础；现金流量表中的经营活动现金流以收付实现制的现金制为基础。净利润现金含量将两种结合起来，揭示经营活动所得现金和净利润的关系，反映企业盈利能力的高低与盈利质量的好坏。

净利润现金含量比率是净利润的检验指标，确认净利润的含金量，因此在股市应用中，该指标是起辅助作用的，不会对股价产生直接影响。但该指标越高，说明企业的净利润含金量越足，股价上涨的潜在动力就越大。

二、计算

净利润现金含量比率=经营活动现金净流量/净利润

经营活动现金净流量：是指用公司经营活动的现金流入减去经营活动的现金流出的数值。该项数据在现金流量表中可以找到。

净利润：是指在利润总额中按规定交纳了所得税后公司的利润留成，一般也称为税后利润或净收入。该项数据出现在利润表中，在合并净利润中，净利润一般是指归属于母公司所有者的净利润部分。

前面已经提到，经营活动现金净流量与净利润实质上描述的是同一对象，经营活动现金净流量是在净利润的基础上对非现金流动资产和流动负债项目的变化进行调整而产生的。可以用以下公式来表达经营活动现金流与净利润的关系。

经营活动现金净流量=净利润−流动资产增加+流、动资产减少−
流动负债减少+流动负债增加+折旧

如果将企业的净利润以现金制和应计制区分，则可以是：

净利润=现金利润+应计利润

现金利润是已经拿到手的部分，应计利润则是账面的，其质量有着本质的区别。这也就是现金利润占净利润比率越大，企业的净利润收益质量就越高的原因。

计算演示：

从青岛海尔（600690）2011年年度的现金流量表中可以找到经营活动现金净流量为620667.88万元，从利润表中可以得到净利润为269002.22万元，这样就可以计算青岛海尔2011年度净利润现金流量比率。

净利润现金含量比率

=经营活动现金净流量/净利润

=620667.88 /269002.22

=2.307

这样就知道该公司在2011年度里净利润现金含量比率为2.307。该数字既可以大于1，也可以小于1，从该项比率的分子和分母的概念就可以知道。

三、意义与作用

1. 净利润现金含量揭示了企业经营活动中所得到的现金与净利润的关系，反映企业盈利质量的好坏与盈利能力的高低。一般而言，当企业净利润大于0时，该指标大于1较好，并且越大越好。越大表明企业经营活动产生的净利润对现金的贡献越大，销售回款能力越强，应收账款或存货等占用资源越少，企业的运营周转率越高。

2. 净利润现金含量可以反映企业短期财务风险，因此该比率也称为盈余现金保障倍数，反映了企业当期净利润中现金收益的保障程度。盈余现金保障倍数从现金流入和流出的动态角度，对企业收益的质量进行评价，对企业的实际收益能力再一次修正，从而揭示企业潜在的财务流动风险。净利润现金含量如果明显降低，可能说明公司销售回款速度下降，存货可能出现积压。它反映公司的产品竞争力下降，赊销方式增加，企业的财务风险上升。

3. 净利润现金含量比率能够反映企业的经营现状和行业中的竞争地位。

①如果净利润现金含量稳定在行业的较高水准，说明企业可能是行业的龙头公司或者是成长稳定的企业。这一点也可以查看企业的预收账款和存货等项目确认，如果预收账款项保持较大的数目，说明企业能够较长时间赊账，这是一笔没有利息的现金资源。一般情况下只有竞争力较强，或者产品供不应求的时候才会出现这种现象。

②净利润现金含量持续上涨，说明企业竞争力增强，产品畅销。投资者可以结合资产负债表查看预收账款、存货等，如果预收账款大幅增加，存货非常低，基本上可以确定企业经营状况正处于欣欣向荣之中。

③净利润现金含量处于低位，反映企业未来前景堪忧。因为企业没有足够的现金用于扩大再生产与新产品开发。

④净利润现金含量长期处于低位，甚至为负数，则表明企业入不敷出，特别是对于资产负债率较高的企业来说则更加危险，随时可能发生巨额亏损。

4. 净利润现金含量可以帮助投资者发现盈利造假的现象。一般造假多是用假合同、假销售等营造账面净利润，但企业的现金流量则很难造假，或者说是造假成本太高。如果净利润大幅上升，而净利润现金含量突然大幅降低，则该企业存在盈利造假的嫌疑。

5. 在有效资本市场中，企业价值的大小在很大程度上取决于投资者对企业资产的未来评估。在估价方法中，对现金流量的评估是决定性因素之一，也就是说，估价高低取决于企业在未来年度的现金流量及投资者的预期投资报酬率。企业的现金流入越大或投资者要求的报酬率越低，投资风险就越小。前者是决定上市公司股价的决定因素，后者则取决于投资者的态度。企业价值最大化是价值投资者追求的目标，净利润现金含量反映了企业盈利与现金流量之间的关系，它将盈利评估模式和现金流量评估模式结合在一起，综合评估了企业的盈利能力。该项比率越高越稳定，对股价的稳定上涨起到积极作用。在选股时要尽量选择该指标大于1，或者是高于同行的公司。

四、注意事项

1.分析净利润现金含量比率，需要结合资产负债表和利润表里的内容进行综合分析。前面讲过，现金流量表本身就是基于资产负债表和利润表而来，是对这两个报表的进一步说明，净利润是利润表的核心内容，经营现金流可以说是现金流量表里的现金版本净利润。利润表和现金流量表都是以资产负债表为基础、逐步细化的记账方式，要详细了解企业净利润和现金流量的变化，必须结合资产负债表里相关项目的增减变化，才可以具体获知企业的经营现状，发现企业在经营管理中存在的具体问题。利润表是从经营过程中的资产流入和流出来告诉分析者有关企业经营的结果。现金流量表是从实际收现的角度对利润表的进一步核实和评审。虽然现金对企业有着不可替代的作用，但毕竟企业的盈利并非全部要收到现金，这既不符合现实，也不利于企业的正常经营。

2. 在分析净利润现金含量时，一定要注意净利润与经营现金流量之间的关系。净利润是企业经营现金流量的基础和未来现金流的来源，也就是说，过去的净利润高低对当前经营现金流产生影响，当前的净利润对未来的经营现金流必定产生影响，净利润越高，未来获取更多现金流的概率越大。经营现金流量是对净利润的当期和过去业绩的总结，当前净利润现金含量比率越高，说明当前和过去的净利润质量越好，净利润损失率越低。总之，净利润与经营现金流量两者是相辅相成的关系。

3. 注意资产负债表中流动资产的变化。在前面计算内容里已经说明经营现金流的计算来源，它是在净利润的基础上加减资产负债表里的流动资产和流动负债以及折旧得出的。比如折旧，对于一些固定资产占比较大的资本密集型公司，折旧虽然被纳入到每年的成本中，而经营现金流加上了该项数字，如果折旧绝对数字较大，经营现金流量水涨船高，净利润现金含量也会出现较大幅度上涨，但折旧实际上并没有产生真正的现金。因此，对于那些固定资产折旧数量较大的公司，投资者需注意净利润现金含量的水分。在流动资产和流动负债中，除了折旧外，还有存货、应收账款、预付账款和应付票据、应付账款、预收账款等项目是分析者必须关注的对象，它们的大幅变化都会影响净利润现金含量比率的变化，也反映企业某些经营状况的改变。

4. 要注意企业故意压低净利润的可能。净利润现金含量比率稳定在某一水准，也可能是企业的一种平衡方式。企业故意压低当期净利润，以保证在未来某一会计期间内出现不利局面时，将被压低的净利润进行填补，从而达到企业净利润连续稳定上涨的态势。这一点可以借助公司年度报告对会计政策的说明，查看资产负债表里的坏账准备及存货减值准备等可变项目来证明。如果会计政策出现改变，坏账准备和存货减值准备大幅增加，说明企业有故意压低净利润的嫌疑。对于投资者来说，这可能是个投资机会，因为企业实际上的盈利大于账面，股价有可能被低估。

5. 净利润现金含量是对企业盈利成绩质量评估的关键指标，其缺点是对企业宏观发展和预警能力并不强，投资者在进行股票投资时，只能利用该项指标来评价企业盈利能力的真假和优劣，规避炒作风险，但不可以利用该项指标作为短线操作的关键指标使用。

五、股市应用

1. 价值投资者可以通过分析净利润现金含量寻找那些未来盈利增长预期

（续表）

确定的公司的股票作为标的股。首先这类公司的净利润或者每股收益等指标显示企业的盈利能力较好且稳定，其次净利润现金含量大于1，或者高于竞争对手，并保持稳定状态。这说明企业的产品销路越来越好，公司也有能力提高产品销售价格，提高销售毛利率，企业的盈利空间进一步加大。

2. 可以利用净利润现金含量比率判断股价风险。在参与股市投资时，投资者一定要知道自己当前参与的个股是属于哪种类型的，是短期炒作还是中长线投资，参与的个股风险有多大。净利润现金含量比率可以区分这类股票的类型，该项指标表现一向较好则股价的安全性较高，相反则风险较大。

六、案例：青岛海尔（600690）净利润现金含量比率分析

青岛海尔（600690）的产品家喻户晓，这就是企业的品牌效应。那么这种品牌效应是否会给青岛海尔带来更多的实惠呢？是否能够让该上市公司的股价表现得更加强劲呢？这就要从青岛海尔的经营成绩和未来发展潜力来分析了。

青岛海尔是以白电为主业的家用电器上市公司，所谓白电就是指可以替代人们家务劳动的电器产品，主要包括洗衣机、部分厨房电器和改善生活环境、提高物质生活水平的电器（如空调器、电冰箱等）。早期这些家电大多是白色的外观，因此得名。公司凭借其产品竞争力，在行业整体下滑的2011年里也取得了较好的成绩，全年实现总营收736.6亿元，同比增长13.9%（调整后），（归属于上市公司股东的）净利润为26.9亿元，同比增长20.1%（调整后），实现摊薄后EPS 1.00元，基本符合预期（1.02元）。每股经营活动产生的现金净流量达2.31元，同比增长4.2%（调整后）。

下面与其他几家家用电器企业进行对比分析。表4-11是青岛海尔（600690）、合肥三洋（600983）和ST厦华（600870）3家企业的关键财务指标统计表。

表4-11　青岛海尔等3家家电企业关键财务指标统计

指标名称	公司名称	2011年	2010年	2009年	2008年
净利润（万元）	青岛海尔	269002.22	223998.06	138345.63	76817.81
	合肥三洋	32123.22	30206.11	20663.26	11492.69
	ST厦华	1057.96	6141.68	10209.9	-100926.29

净资产收益率（%）	青岛海尔	32.26	28.45	17.78	11.34
	合肥三洋	24.42	28.83	25.97	17.71
	ST厦华	–1.2	–6.68	–10.2	–90.64
净利润现金含量	青岛海尔	2.307	2.659	4.02	1.715
	合肥三洋	0.411	1.626	0.804	0.707
	ST厦华	45.58	–0.227	–0.4344	–0.133
流动比率	青岛海尔	1.2082	1.2419	1.4804	1.7692
	合肥三洋	1.317	1.2694	1.3173	1.8326
	ST厦华	0.605	0.6056	0.6648	0.4591
资产负债比率（%）	青岛海尔	70.95	67.37	57.21	37.03
	合肥三洋	64.61	66.92	59.79	42.41
	ST厦华	153.25	150.39	150.65	179.37

对表4–11的分析可以分为三个步骤。

1. 企业盈利情况分析。

从净利润的决定数字对比中，青岛海尔明显强于另外两家公司。但企业的规模不一样，无法从该项数据分析它们获利能力的大小，净资产收益率则可以从一定的角度看出来。青岛海尔和合肥三洋的该项指标要占优，而ST厦华连续4年来一直是负数。净利润为正，净资产收益率为负，只能说明该企业的净资产为负数，也就是说4年前该公司已经资不抵债，应该破产。从该公司2008年度的资产负债表中可以发现“归属于母公司所有者权益合计”为–111346.29万元，该公司2008年底其净负债达到了11.134亿，不知道为什么这样的公司还要在股市里存活4年的时间，让人难以想像。

下面对青岛海尔和合肥三洋的净资产收益率趋势进行对比，如图4–4所示。青岛海尔的该项指标处于上升趋势中，而合肥三洋则有下滑的趋势。因此，该指标的变化趋势告诉大家，青岛海尔的成长性较合肥三洋好。

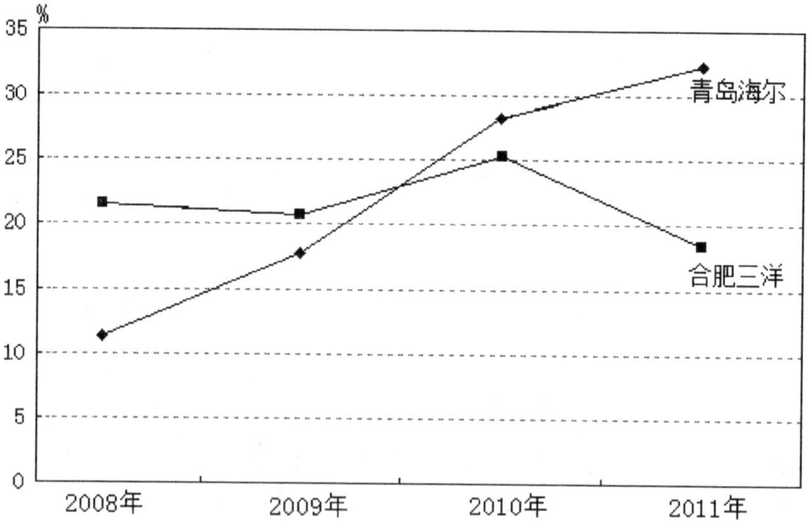

图4-4　青岛海尔与合肥三洋净资产收益率对比图

2. 企业盈利的盈利质量鉴定。

前面已经介绍过，销售收现比率是反映企业从主营业务收入中获得现金的能力，是评价销售渠道是否通畅的指标，还可以反映企业在行业中的竞争地位。销售收现比率大于1是公司良好的表现，说明上市公司的产品具有市场竞争力，公司的营业收入能力强，收入质量高。一般情况下，公司的净利润现金含量比率应该大于1。

在表4-11中，青岛海尔的该项指标一直处于1的上方，4年平均值为2.675，说明企业的该项指标非常优良。合肥三洋只有2010年进入1的上方，4年的平均值为0.887，该项指标说明合肥三洋的收入质量非常一般。ST厦华出现了戏剧性的变化，前3年都为负数，说明企业连续入不敷出，但2011年突然提高到45.58，这其中定有文章。笔者仔细查阅ST厦华2011年年报，发现在3739万元的营业外收入中，其中2640万元的营业外收入来自历史债务转销利得，该项收入同比增长2098万元，增幅高达387%，也就是说公司是采用大手笔转销历史债务的方式来掩饰主业亏损。

3. 企业财务风险分析。

表4-11中列出了这3家公司的流动比率和资产负债率。一般来说，流动比率大于2时，企业的流动性风险基本不存在，在1.5~2之间属于合理。如果企

业的资产周转率较高，销售现金回收比率较大，那么还可以适度降低流动比率，也不会产生导致影响正常运营的流动性风险。青岛海尔4年来的流动性比率平均值为1.424，但呈下降趋势，说明企业的流动性风险在加大。这一点还要看该公司是否有能力从其他方面来防止流动比率带来的流动性风险。从表4-12看来，企业在存货周转率、应收账款周转率以及销售收现率指标维持在较高的位置，表明企业采用了提高运作效率和严格信用制度的办法来应对流动性风险。

表4-12　青岛海尔控制流动性风险的指标

指标名称	2011年	2010年	2009年	2008年
存货周转率	11.19	16.11	16.21	9.78
应收账款周转率	26.96	29.67	32.23	44.28
销售收现率	20.09	61.91	80.09	19.35

从资产负债率看，青岛海尔的整体财务风险仍然控制在合理水平之内。合肥三洋的流动比率和资产负债率也基本没有问题。反观ST厦华问题就大了，流动比率在0.6左右徘徊，资产负债率达到150%，无论是流动性风险还是企业的整体风险，用“惨不忍睹”来形容一点都不过分。

总之，对3家家电企业的分析，既看到了一家较优质的上市公司的表现，也看到了处于中层公司的表现，更了解了一家“好死不如赖活”的公司。初步了解了如何利用净利润现金含量来鉴别企业盈利质量的方法和步骤后，再次提醒投资者：

①在使用该指标时，不能单独地作为投资决策指标。

②在对某公司的营业收入还有质疑时，可以利用该指标来鉴别企业盈利的真实情况。

③该指标适用于价值投资者对企业品质的评价，并不适合作为短线炒作的分析工具。

关键指标20　自由现金流量

一、概念

自由现金流量是指在不影响公司持续发展的前提下，可供分配给企业资本供应者的最大现金额。这部分现金流量不危及公司的生存与发展，并可以分配给股东和债权人。尽管自由现金流量的理解方式并不像许多企业财务指标那样有明确一致的定义和计算方法，但对自由现金流量的基本看法是共同的，这个共同点就是“不影响企业生存发展前提下剩余的现金流量。”自由现金流量反映的是企业拥有现金资产和用于生产经营以及扩大再生产的资金能力。一般认为，企业的自由现金流越充足越好，不过大量的闲置自由现金对投资者并非是好事。

尽管我国对自由现金流量的认识和使用还没有被普通投资者所熟悉，但自由现金流量被大量的信用评级、股票评估机构使用，在股市里也越来越受到投资专家及投资者的重视。自由现金流量是投资者评估公司价值的一个重要测量工具，它可以对公司的盈利能力、偿债能力和股息支付能力进行综合测评，不受会计方法的影响，受到操纵的可能性较小，能有效地评价上市公司基于价值创造能力的长期发展潜力。

在股票投资中，自由现金流并不会对股价产生直接的影响，但是投资者万万不可忽略该项指标，反而需要更加重视，因为它是较其他财务指标更客观的数字，不易受到人为因素的干扰。在对标的公司进行基本面分析时，自由现金流量可以用来判断企业盈利能力的真实性，从而避免“财务陷阱”造成的投资损失。同时，自由现金流量是用于预测企业未来盈利大小，评估目前股价价值以及未来股价高低的重要评估模型“现金流量折现值”的数据基础。

二、计算

目前自由现金流量的计算并没有一个非常明确一致的方法，不同的学者和机构对自由现金流量的构成和理解不尽相同，因此可能采用不同的计算方法。但其总体思路是一致的，就是在前面定义里所说的“在不影响公司持续发展的前提下可供分配给企业资本供应者的最大现金额”。

自由现金流量＝（税后净营业利润+折旧）－（资本支出+运营资本增加）

为了使读者在实际运用中更加简单方便，本文采用较为简单的计算方式，即经营活动现金流与和投资活动现金流量之和。其计算公式为：

自由现金流量=经营活动产生的现金流量净额+投资活动产生的现金流量净额

经营活动产生的现金流量净额：是净利润扣除流动资产负债变动量，在不影响现金流量的折旧、递延税款等项目所得到的数据，详细内容可以参考指标“每股经营现金净流量”。该项在现金流量表中出现。

投资活动产生的现金流量净额：包括投资所收到和支出的现金，构建和处置固定资产、无形资产和其他长期资产所支付和收回的现金等项。该项在现金流量表中出现。

计算演示：

表4-13是恒瑞医药（600276）2006年到2011年度的自由现金流量计算。“经营活动产生的现金流量净额”和“投资活动产生的现金流量净额”两项数据取自该公司的现金流量表，自由现金流量是这两项数据之和。

表4-13　恒瑞医药（6000276）2006年-2011年自由现金流量统计

报告期	经营活动产生的现金流量净额	投资活动产生的现金流量净额	自由现金流量
2011/12/31	527,358,000.00	–498,318,000.00	29,040,000.00
2010/12/31	385,946,000.00	–138,133,000.00	247,813,000.00
2009/12/31	439,116,000.00	–75,331,900.00	363,784,100.00
2008/12/31	117,460,000.00	–200,096,000.00	–82,636,000.00
2007/12/31	218,874,000.00	–167,033,000.00	51,841,000.00
2006/12/31	266,175,000.00	–78,271,700.00	187,903,300.00

投资者也可以根据自己对自由现金流量的理解和个人的分析能力，采取更加精细的计算方式，这样可以更准确地反映企业自由现金流的状况。比如：

自由现金流量=（税后净营业利润+非现金支出）－（资本支出+营运资本增加）

自由现金流量=息税前利润（1–税率T）+折旧和摊销–营运资本增加–资本支出

自由现金流量=（营业现金流量–已付利息–已付所得税–维持性资本支出）

以上三种计算方式都是较常见的自由现金流量的计算方式，投资者如果需要继续对该项指标进行深入研究，可以参考一些中级会计相关知识。

三、意义与作用

1. 自由现金流量是评估公司价值的一个重要测量工具。它是公司支付所有现金开支以及运营投资后所持有的剩余资金，是股东和债权人等投资者能够获得的回报体现。自由现金流量还是预测企业未来价值的重要依据，在评估企业未来价值的现金流量折现模型中，自由现金流量是重要的组成部分，这一点将在后面的关键指标“现金流量折现值”里具体阐述。

2. 自由现金流量可以透露经营者对公司未来前景的看法。自由现金流量是公司可以支配的剩余资金，既可以以股利的方式发放给股东，也可以回购流通股份，还可以用于收购其他企业，当然也可以闲置。透过经营者对自由现金流量的使用方式，可以看出企业是积极进取的，还是保守经营的。企业如果对自身未来较担心，就会开始储备现金；如果对未来有信心，往往会回购股份或采取收购的扩展行动。

天坛生物（600161）是我国目前最大的生物制品研究和生产基地之一，主要从事疫苗、血液制剂、诊断用品等生物制品的研发、生产和销售。天坛生物2011年的自由现金流量是-360919000元，2010年是-336781000元，连续两年出现较大负值，这是否意味着企业出现了严重的经营问题或财务危机呢？再看看经营活动产生的现金流量净额，2011年为353151000元，2010年是184854000元，其销售毛利率也一直保持在60%以上，这些指标并没有说明企业的经营出现明显问题。那么出现如此大的自由现金流量下降，说明企业在进行新项目投资等相应的积极进取活动。

图4-5是天坛生物购建固定资产、无形资产和其他长期资产所支付的现金情况。从图中可以知道，公司一直进行扩大再生产或新项目开发，特别是2011年度出现了成倍增长，显示该公司加快了新项目进程。

那么新项目是什么呢？从公司2012年3月8日《盈利预测实现情况的专项审核报告》中得知，公司收购蓉生药业51%的股权，并以现金购买蓉生药业39%的股权。对蓉生药业实现控股收购后，天坛生物就可以将蓉生药业作为自己新的盈利增长点。

对天坛生物的追踪分析，就是从公司的自由现金流量出现异常变化开始的，从而判断天坛生物经营者的经营思路。

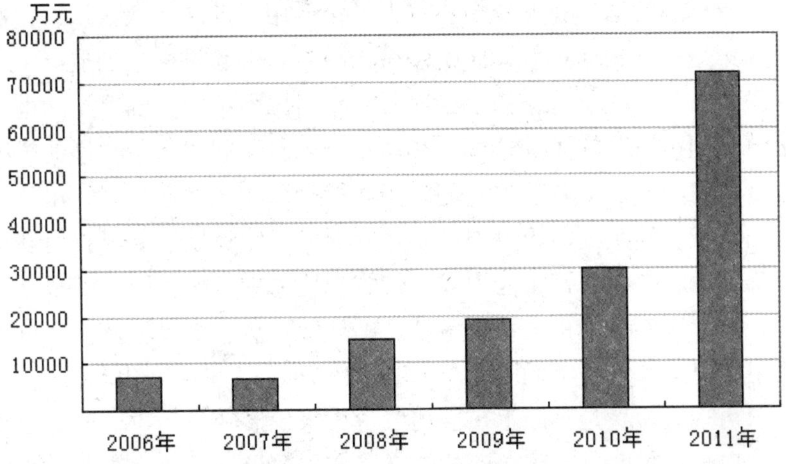

图4-5　天坛生物购建固定资产、无形资产和其他长期资产支付的现金

3. 自由现金流量也可以反映企业的发展阶段。一般情况下，正的自由现金流表示企业处于成熟阶段，在给投资者创造价值；负的自由现金流表示企业正处于发展阶段，资金产生的现金流还不足以满足扩大再生产的需要，需要从投资者那里继续筹集资金，还不能给投资者提供现金回报。

4. 自由现金流量与现金流量及经营活动现金净流量一样，都是以现金制为基础来确认经营业绩的，而且在对企业的持续经营和未来价值评估等方面更具优势。经营现金净流量指标本身没有反映为了持续经营的需要而不得不投入的资源，自由现金流量是支付维持现有生产经营能力所需资本支出后余下的能够自由支配的现金，它更能衡量公司未来的成长机会。因为稳定充沛的自由现金流量意味着公司用于再投资、偿债、发放红利的余地就越大，公司未来的发展趋势就会越好。

5. 对比分析自由现金流量与盈利之间的关系，可以较大程度地避免人为的财务操纵带来的投资误导。这是因为自由现金流量是基于收付实现制，只考虑维持企业主营业务的正常运行后的现金流量，反映了公司实际的可支配现金资源，不受或者较少受到会计方法的影响。

6. 自由现金流量的大小反映了企业持续稳定经营和研发新产品的资金能力。企业拥有较大的自由现金流量，说明具有较充足的后备资金作为维持正常生产及扩大再生产的资金基础。一些优质的公司会将逐步积累起来的自由现金流量用于企业再发展能力的开发和扩张上，比如前面多次提到的三一重工，公司有计划地通过积累资金，将大量资金用于高端装备研发，创造出86米“全球第一吊”的SCC86000TM（3600 吨）履带起重机，创造出了吉尼斯世界纪录。公司混凝土机械销量已连续数年居国际第一，确保了“世界最大混凝土机械制造商”的龙头地位。2010年以来，又利用多年积累的丰厚自由现金流量，实行国际收购等扩张政策，挺进世界500强之列。

7. 自由现金流量同时也反映了企业的财务风险程度。如果自由现金流量急剧下降，说明企业的销售能力或销售收现能力有可能变差，资金运转变得不顺畅，财务风险程度也会快速增长。确认这一点，要看企业扩大再生产时是否动用了大量资金，企业的其他运行效率指标是否发生变化。

8. 自由现金流量是判断上市公司股价未来发展变化的重要依据。自由现金流量从现金的角度反映了企业的现金资产，数量越大，说明企业的价值和股票的价值越高，股价也就越高。从股票增值的角度看，自由现金流量越充足，使用越有效率，未来股价上涨的动力就越强。

四、注意事项

1. 自由现金流量虽有概念上的普遍认同，但并没有计算自由现金流量的统一标准。本文列举的计算方法是最为简单的方法，也是较常用的方法，但并不是最准确或最好的方法，投资者可以根据需要，采用已有的计算方式或者自己认为合理的方式。但无论采用什么计算方法，有一条是共同的，也是必须记住的，就是自由现金流量一定是保证企业正常经营与发展之后的现金剩余。

2. 公司较长时间存有太多现金并不是一件好事，这可能折射出企业当期没有较好的发展方向，并会引来“铁公鸡”的坏名声。企业创造正向自由现金流当然是好事，但是大量的研究和案例表明，拥有太多自由现金流的企业，往往是缺乏良好投资机会的企业。这些企业又没有将现金回报给投资者，实际上是一种资源的浪费，也是对投资者不负责任的表现。在看待这个问题时，要研究企业的发展战略思路，尽量理解经营者对未来的看法和计划。

3. 自由现金流量对企业的价值评估有非常重要的地位，但并不是说它可以独自担当如此大任。毕竟企业的价值体现在方方面面，还包括许多无法以现金表达的资产，比如商誉、科研能力、社会关系，还有一些在某一段时间里无法兑现的利益等。因此，在利用自由现金流量评价企业价值时，仍需要结合其他关键指标，这也同任何指标分析都需要结合其他指标一样。

4. 自由现金流量包括负债部分，企业运用负债经营自然有负债成本带来的负面因素，过高的负债会提高企业的财务风险，也影响自由现金流量对企业未来的判断。具体分析该项指标时，可以结合企业的流动比率、资产负债率，以及企业运营效率等指标。

5. 自由现金流量较适合评估那些盈利水平确定性较强的行业和企业，而评估一些可变性较大的行业或企业，则相对缺乏可靠性，这需要结合行业或企业的发展阶段来具体分析。处于发展阶段的公司和那些经营不善、负债累累或即将破产的公司，都可能出现负值，此时就需要针对不同企业进行具体分析。比如，公司所处的行业是朝阳行业还是夕阳行业，公司在行业中的地位如何，公司是否正处于产业结构转型时期，新的项目是否有前景，等等。

6. 注意对比分析。在分析自由现金流量时，要采用公司与公司之间的对比分析，指标变化趋势分析和与自由现金流量相关的其他指标对比分析。对比分析是财务分析的精华，本书中多次不厌其烦地重复地提及，读者必须记住，它是财务分析的最基本方法。

五、股市应用

在实际投资分析中，投资者不可能对几千家上市公司分别进行自由现金流量的计算，如果采用更加复杂的计算方式，对于一般普通投资者是不可能的事情。因此，投资者可以先利用股票交易系统对那些公布的指标进行筛选，比如市盈率、市净率、净资产收益率等，或者利用技术分析方法寻找潜在投资对象，然后根据投资者的风险偏好，利用自由现金流量对以上备选股进行评估。

在对自由现金流量进行分析时，可以注意以下几点。

1. 自由现金流量是辨别企业盈利真实性的良好指标，特别是对那些有较高收益率的公司。自由现金流量缺乏，甚至持续为负值，那么这种公司的盈利可能存在“肥皂泡”的现象，如果股价高企，投资者一定要谨慎。

上市公司利用非营业活动提高净利润，通过虚假销售、提前确认销售或有意扩大赊销范围调整利润总额，对已经发生的费用或损失推迟确认以及利用关联交易调整利润，使得与净收益或利润总额有关的指标表现企业真实盈利能力存在严重缺陷。这些指标中包含了与企业正常经营无关的、缺乏稳定性的一次性收益内容，这些项目随时会由于企业达到目的而消失。用这些指标评价企业，将给投资者带来巨大的风险。

美国安然公司破产事件曾经轰动世界，这是发生在资本市场最成熟、会计准则最完善的美国。安然公司采用人为操纵利润的手段，仅靠会计盈利数字就欺骗了广大投资者。在安然宣布破产前两个季度，其季报还显示公司盈利4.23亿美元，可现金流量为-5.27亿美元。

2. 价值投资者需要关注那些既有较稳定收益的公司，如销售毛利率、净资产收益率，或每股收益率等指标表现较好的，且拥有较稳定的自由现金流量的公司。因为收益率等指标反映企业的整体盈利能力，自由现金流量又证实了这些盈利的质量，且有持续发展的空间，这样的公司虽然在股价表现上没有那些成长型公司幅度变化大，但安全边际较高，收益相对稳定，并且未来的预期较确定。

比如讲解自由现金流量计算演示时提到的恒瑞医药（600276），该公司的自由现金流量6年来稳定在较好的水准，销售毛利率基本保持在80%的较好水平，净资产年增长也在30%左右，虽然市盈率达到37倍，有些偏高，不过对于一家稳定发展的生物制药公司，这种市盈率仍属于合理范围。如下表4-14所示。

表4-14　恒瑞医药（600276）财务指标统计分析

报告时间	销售毛利率	净资产增长率	市盈率
2011/12/31	82.7676	26.0075	37.7533
2010/12/31	83.8278	30.3869	61.4211
2009/12/31	82.7052	31.6416	48.951
2008/12/31	83.245	23.9575	47.1013
2007/12/31	83.1413	28.8639	59.5469

再看该公司在二级市场中股价的长期表现。图4-6是恒瑞医药2006年1月至2012年4月的月K线走势图。从图中可以看到，公司股价长期保持较稳定的上涨趋势，并且坚持每年给股东进行分红派息。

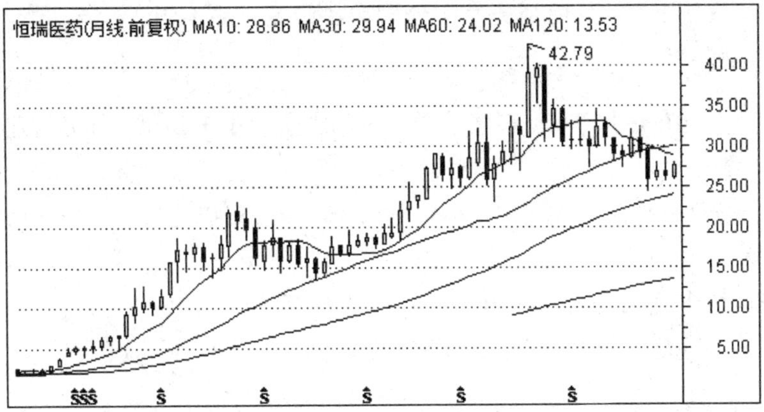

图4-6　恒瑞医药的月K线走势图（2006年1月至2012年4月）

这些指标都可以显示企业处于成熟的发展期，因此，稳健的价值投资者可以选择这样的股票作为投资对象。

3. 激进的投资者可以关注自由现金流处于负值，且上市公司不是属于夕阳行业，企业处于快速成长时期的公司。因为这些公司利用自身产生的现金不足以满足扩大再生产，还需要继续筹资用以购建扩大再生产的固定资产、无形资产和其他长期资产所支付的现金等。而且这些公司的项目并非是夕阳行业，说明企业经营者有进取心，希望能发展壮大企业。这样的公司虽然未来仍然存在一定的不确定性，但发展趋势是好的，股价也会随着公司快速增长而走出黑马或白马行情。

4. 投资者也可以利用自由现金流量来判断那些有着并购题材的公司。如果分析对象的经营业绩非常一般，却有着非常丰富的自由现金流量，这会增加该公司被收购题材的真实性。对涉及并购的公司，至少要解决两个重要问题，一是并购是否会产生协同效应，协同效应的价值是否可以估计。如果可单独估计，应将其单独估计，但这种估计极为主观。其次，公司管理层变动对公司现金流量和风险的影响。在敌意并购导致的目标公司里的管理层人员大范围离职时，尤其应注意其影响。

5. 在对股票价值评估和预测时，自由现金流量折现值模型有广泛的使用和实用价值。现金流量折现值是对企业未来某一时间的企业价值或股价评估预测的重要方式，自由现金流量则是这样评估方式的核心内容，这一点在后面具体介绍。

六、案例：4家生物制药上市公司自由现金流量分析

生物制药行业属于大消费概念，在股市中也被称为防守型板块。从生物制药整个行业的历史表现看，该板块受大盘的影响远小于其他大部分行业，特别是周期性行业的相关板块。因此，生物制药行业成为股票投资者在大盘处于弱势时的首选品种之一。如何选择生物制药个股，也可以通过企业的自由现金流量来遴选。

图4-7是白云山A（000522）、恒瑞医药（600276）、青海明胶（000606）和天坛生物（600161）4家公司2006年至2011年度的自由现金流量情况。

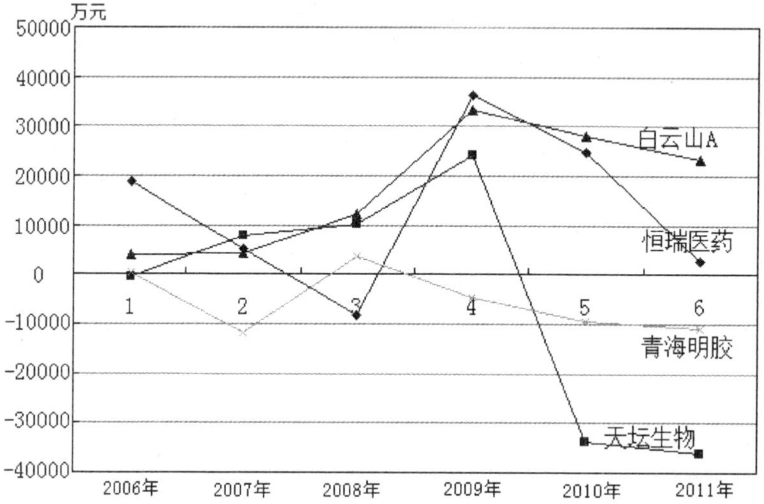

图4-7 2006年至2011年度自由现金流量变化图

2006年，除恒瑞医药的自由现金流量较高外，其他3家公司基本上相差不大，都在0附近。2006年至2009年期间，白云山A和天坛生物的自由现金流量出现稳定增长。前面已经介绍了天坛生物收购蓉生药业51%股权的情况，大家了解了该公司储备现金流量的目的。白云山A储备现金流量的目的是什么呢？是对以后的经营缺乏信心还是有其他目的？2011年11月8日，白云山A的公告解答了这个疑问：白云山A控股股东广州医药集团有限公司正在筹划与公司相关的重大资产重组事项，因有关事项尚存在不确定性，为了维护投资者利益，避免对公司股价造成重大影响，根据深圳证券交易所的相关规定，

经公司申请，公司证券自2011年11月7日起开始停牌，预计复牌时间为2011年12月7日。

公司自停牌之日将按照相关规定，积极开展各项工作，履行必要的报批和审议程序，督促公司聘请的独立财务顾问、审计、评估等中介机构加快工作，公司预计将在停牌期满前5个交易日向交易所提交符合要求的披露文件。

从天坛生物和白云山A的自由现金流量变化情况和以后的经营策略可以得出结论：自由现金流量的变化，反映了普通投资者无法得知的企业经营思路。对于那些喜好风险，并期望有较好的交易盈利型投资者来说，这样的公司值得考虑，但前提是要调查企业的这种经营思路有多大的可行性和可信度。

恒瑞医药的自由现金流波动较大，而青岛明胶波动较小，不过前者除2008年位于0的下方外，其他各年份都为正值。青岛明胶刚好相反，2008年外，其他年度为负值。为什么恒瑞医药波动较大？青岛明胶的自由现金流量为什么为负值呢？下面再来分析一下经营活动产生的现金流量净额和投资活动产生的现金流量净额。

表4-15 恒瑞医药和青海明胶经营活动和投资活动的现金流量净额结构对比

报告时间	恒瑞医药		青海明胶	
	经营活动产生的现金流量净额	投资活动产生的现金流量净额	经营活动产生的现金流量净额	投资活动产生的现金流量净额
2011/12/31	527358000	-498318000	-3086950	-106758000
2010/12/31	385946000	-138133000	13748300	-107472000
2009/12/31	439116000	-75331900	5541230	-50952800
2008/12/31	117460000	-200096000	-9537990	46906200
2007/12/31	218874000	-167033000	18243700	-137296000
2006/12/31	266175000	-78271700	24634300	-19553500

恒瑞医药2011年的经营活动产生的现金流量净额大幅度提升，现金流量表中显示出这部分现金流都来自于“销售商品、提供劳务收到的现金”，2011年实现收入45.5亿元，增长21.5%，净利润9.4亿元，增长24.5%。在投资活动方面，恒瑞医药同样也大幅度上升，该项数字都是“购建固定资产、无形资产和其他长期资产所支付的现金”所贡献。也就是说，企业加大了扩大再生产投资力度，在新产品研发、市场开发与固定资产投入等方面大幅加大。因此，对恒瑞医药得出的结论是：该公司经营状况稳定且良好，并着眼

于未来发展，扩大再生产，该股符合价值投资者的选择。

再来看看青海明胶，从表4-15中可以看出，该公司的经营活动现金流净额呈现出下降趋势，投资活动产生的现金流量净额基本没有太大变化。为了对比恒瑞医药与青海明胶两家公司的营业现金流入与投资流出的情况，从现金流量表中摘选出销售商品、提供劳务收到现金和购建固定资产、无形资产和其他长期资产所支付的现金两组数据，如表4-16所示。

表4-16 恒瑞医药和青海明胶用于销售商品、提供劳务收到和支付的现金对比

年度	恒瑞医药			青海明胶		
	销售商品、提供劳务收到现金	购买商品、接受劳务支付的现金	比率	销售商品、提供劳务收到的现金	购买商品、接受劳务支付的现金	比率
2011年	4901530000	946730000	5	709198000	380288000	1.86
2010年	3898950000	615231000	6	1056000000	600891000	1.76
2009年	3087510000	421320000	7	740781000	441405000	1.68
2008年	2561560000	567619000	5	523670000	349243000	1.50
2007年	1887660000	172863000	11	263310000	148674000	1.77
2006年	1675570000	272955000	6	191928000	87060200	2.20

恒瑞医药从销售商品、提供劳务收到的现金，比购买商品、接受劳务支付的现金要高出5~11倍，说明公司依靠其主营业务的现金正流入比率较高，而青海明胶在主营业务中的现金正流入比率非常低。

再来看看这两家公司的经营活动产生的现金流量净额与购建固定资产、无形资产和其他长期资产支付的现金之间的关系，看看它们通过主营业务获得的现金收入，是否能够满足其扩大再生产需要的现金。如表4-17所示。

表4-17 恒瑞医药与青海明胶现金流量统计对比

报告时间	恒瑞医药		青海明胶	
	经营活动产生现金流量净额	购建固定资产、无形资产和其他长期资产所支付的现金	经营活动产生现金流量净额	购建固定资产、无形资产和其他长期资产所支付的现金
2006/12/31	266175000	86290806.81	24634300	85069415.3
2007/12/31	218874000	66850200.02	18243700	117198355.7
2008/12/31	117460000	111211604.6	-9537990	74219987.09
2009/12/31	439116000	141650704.7	5541230	44126085.88

（续表）

报告时间	恒瑞医药		青海明胶	
	经营活动产生现金流量净额	购建固定资产、无形资产和其他长期资产所支付的现金	经营活动产生现金流量净额	购建固定资产、无形资产和其他长期资产所支付的现金
2010/12/31	385946000	286730555.8	13748300	11534384
2011/12/31	527358000	540267865.1	–3086950	45311999.36

为了更加直观地比较经营活动产生的现金流量净额和购建固定资产、无形资产和其他长期资产支付的现金情况，特作图4–8以方便对比。从图中我们可以看出，恒瑞医药经营现金流与投资现金流基本是同步增加，并且经营活动产生的现金流完全满足了公司所需的维护经营运转和扩大再生产的现金需求。也就是说，该公司自身拥有较强的造血功能，完全可以填补公司构建固定资产、无形资产和其他长期资产所支付的现金，公司进入了一个良性的循环中。

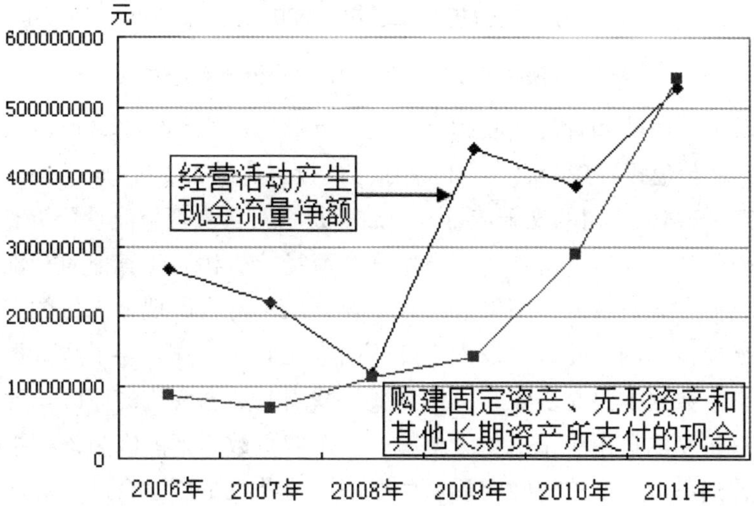

图4–8　恒瑞医药经营现金流净额与投资现金流对比图

图4–9是青海明胶这两个指标的对比图。从图中可以看出，该公司经营活动产生的现金流净额一直处于购建固定资产、无形资产和其他长期资产所支付的现金的下方，公司无法用自身产生的现金来弥补公司的正常经营与扩大再生产，只有靠融资或贷款来完成。在这种缺乏造血功能的情况下，要维持正常的生产经营，公司只能依靠外部资金的注入。被逼无奈，青海明胶在2012年3月刊登公司非公开发行股票方案公告，接着又刊登关于转让子公司西

藏泰达厚生医药有限公司股权的公告。

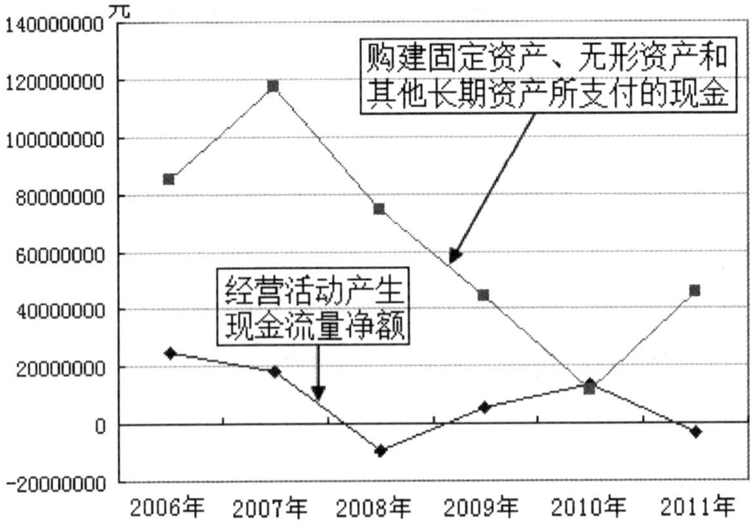

图4-9　青海明胶经营现金流净额与投资现金流对比图

从对恒瑞医药和青海明胶的自由现金流量的对比分析中，可以得出这样的结论：从价值投资理念出发，恒瑞医药的投资价值大于青海明胶。

看完对这4家公司的现金流量分析后，是否对自由现金流量分析有了一个更加清晰的认识呢？笔者认为，自由现金流量分析相对于其他盈利性指标更加真实，但在分析过程中不能静态地、孤立地看待自由现金流量数据，关键是要看该项指标的变化，以及发生变化的内在原因，并且要了解数据之间的相互关系。数据本身是表象，关键是要寻找引起数据变化的原因。比如天坛生物2011年度的自由现金流量大幅减少，出现负数，不能因为该项指标数字恶化就感到恐慌，要追究数字后面的原因。另外就是要学会进行对比分析，包括公司之间的对比分析和指标之间的对比分析。比如对恒瑞医药和青海明胶的分析，就是将两家公司放在一起对比，通过数据之间的对比，发现其中不合理的地方，这样才可以对公司的优劣作出评价，用于实际投资决策中。

第五篇　前景与评估

关键指标21　营业收入增长率

一、定义

营业收入增长率是本期期末的主营业务收入相对于前一会计期的主营业务收入增加额与前一会计期期末的主营业务收入的比值。营业收入增长率是评价企业成长性的指标，用来反映企业营业收入的增减变动，衡量企业成长情况及行业地位和产品竞争力。

营业收入增长率大于零，表明企业本年度营业收入正增长。该指标值越高，企业营业收入的增长速度越快，企业市场前景越好。营业收入增长率大于行业平均值越多，说明企业在行业内的竞争力越强。该项指标持续上升，说明企业的竞争力在逐步增大，反之，企业的竞争力在下降。对于整个行业来说，该项指标也可以反映行业的景气度。景气度上升的行业，行业整体营业收入增长率会随之上升，反之，说明行业正在衰退。

从中长期看，营业收入增长率与股价的表现呈正相关关系，营业收入增长率稳步上升，股价也会向上。

二、计算

营业收入增长率=（当期营业收入-上期营业收入）/上期营业收入

本期营业收入： 即分析期当期的企业营业收入。该项数据出现在利润表第一部分的第一项中。

上期营业收入： 即分析期的前一期营业收入。

计算演示：

表5-1是青岛啤酒（600600）2004年至2011年每年的营业收入情况，该项

数据取自于公司每年的利润表。

表5-1 青岛啤酒2004年至2011年营业收入

序号	报告日期	营业收入（元）	营业收入增长率
1	2011年	23158054330	16.38%
2	2010年	19897827765	10.38%
3	2009年	18026107888	12.50%
4	2008年	16023441980	16.88%
5	2007年	13709219729	17.40%
6	2006年	11677159588	16.54%
7	2005年	10019857127	16.23%
8	2004年	8620687766	

青岛啤酒的营业收入增长率是用当期营业收入减前期营业收入的差值除以前期营业收入。如表5-1中2011年的营业收入增长率是：

（2011年）营业收入增长率

=（2011年营业收入−2010年营业收入）/2010年营业收入

=（23158054330−19897827765）/19897827765

=0.1638（即16.38%）

以此类推，可以计算出2005年至2010年每年的营业收入增长率。

三、意义与作用

1. 营业收入是企业长期稳定盈利的基础和源泉。营业收入增长率是反映企业经营发展状况的核心指标之一，并且营业收入不像盈利那样容易受会计记账方法的影响，还能比盈利更快一步地反映公司的盈利状况和变化趋势，因此在对企业未来短期收益的预测方面，营业收入增长率有着不可替代的作用。当该项比率大于零时，说明公司的营业收入呈正增长，相对于前一会计期销售情况处于扩大状态，在销售毛利率等其他指标不发生变化的情况下，企业的最终盈利也会出现同比增长。如果该项比率小于零，则说明企业呈负增长，公司的产品或服务存在问题。如果主营业务收入增长率下滑幅度超过30%，说明公司主营业务大幅滑坡，这是一个非常严重的预警信号。

2. 营业收入增长率的历史走势可以反映公司的发展情况。如果企业的营业收入增长率呈现稳定上涨趋势，说明企业正处于发展壮大之中；如果营业收入增长率连续数年出现下降，则说明企业或行业可能已进入衰退，公司必须采取有效的措施，比如开发新产品，提高竞争力。

3. 在行业内比较竞争对手营业收入增长率的变化情况，可以反映企业的市场占有率及竞争力状况。一般处于行业内平均值下方的企业被认为竞争力较差，高于行业平均值则是具有竞争力或者成长较快的公司。长期名列前茅的企业竞争力更强，一般这类公司要么是该行业的龙头公司，要么是迅速成长壮大的公司。

4. 主营业务收入增长率可以用来判断公司发展所处的阶段或产品的生命周期。一般认为，如果主营业务收入增长率稳定在10%上方，说明公司产品处于成长期，将继续保持较好的增长势头，尚未面临产品更新的风险，属于成长型公司。如果主营业务收入增长率稳定在5%~10%之间，说明公司产品已进入稳定期，不久将进入衰退期，需要着手开发新产品。如果该比率连续低于5%，说明公司产品可能进入衰退期，保持市场份额已经很困难，主营业务利润开始滑坡。如果没有已开发好的新产品，将步入衰落。

5. 营业收入增长率也可以用来评价企业最终收益的真实性。从趋势看，一般情况下，营业收入增长率应该比净利润的变化趋势更加稳定。如果该指标大起大落，其背后总会存在某些特殊的原因，要留意企业的最终受益是否可信，并追踪其中的原委。投资者可以查阅企业的财务报告，结合其他指标分析。

6. 营业收入增长率可以用于预测股价未来走势。根据对营业收入增长率的增长速度和稳定性推算，股价也会随着企业的扩张而上涨，因此可以用于评估未来股价可能达到的高度。在评估预测未来股价上涨空间时，营业收入增长率、净利润增长率、自由现金流量增长率等都是较重要的参考依据。优质的上市公司一般会保持相对较高且合理、稳定的营业收入增长率，比如该项指标稳定在10%~20%，这样公司的股价稳定性强；成长型公司的营业收入增长率往往表现为增长的趋势较长，这类公司的股价波动幅度较大；黄昏企业的营业收入增长率是逐步下降的，甚至可能进入负增长，这类公司的股价多半表现疲软，没有生机。

四、注意事项

1. 注意结合企业和行业的产业属性来分析。周期性行业的营业收入增长率会随着行业的周期性变化出现波动，某一次出现负值并不代表企业步入衰退。比如钢铁行业，当宏观经济处于繁荣时，产品价格上涨，产品畅销，经济低迷时，产品积压，价格下降。经济繁荣时的营业收入增长率大大超过经济处于低迷时期。

2. 注意企业的发展周期。任何企业或产品都有成长期、成熟期及衰退期，在不同的时期里，营业收入增长率的表现各有不同。处于成长初期的公司和衰退的公司，营业收入增长率都可能出现小于零的情况，但这两种类型的公司有着本质的区别，前者拥有发展空间，后者则步入末日。因此在分析营业收入增长率时，不要只看该项指标的大小与正负，要注意趋势的变化，结合企业的发展情况具体分析。

3. 要注意行业内的对比分析。行业也存在自身的变化，也有成长、繁荣和衰退等发展阶段。不同行业之间的营业收入增长率也会有较大的区别。比如前面讲到的周期性行业与消费类行业的性质就不一样，医药行业、食品行业不像钢铁、煤炭等行业那样受宏观经济周期的影响那么大。只有在行业内比较，营业收入增长率才会更有效。在行业处于上升阶段时，一般公司都会出现增长，一旦行业步入成熟，那些没有实质竞争力的公司就会被淘汰，而能够继续发展生存的公司才是好公司。这些好的公司营业收入增长率往往能够超越行业平均增长水平，这是优秀公司的一个明显的特征。

4. 要结合销售毛利率来分析。营业收入排除了其他因素，只对企业主营业务的销售情况变化，对市场占有率或者竞争力进行描述，并不等于企业的营业收益。比如有的企业可能被迫降价销售以获得应急的现金或保住、扩大现有的市场份额，但实际可能出现营业亏损状态。毛利率是反映企业产品销售售价与成本关系的指标，它与营业收入增长率同样可以反映企业的竞争情况，营业收入增长率是从营业收入量的增长角度来描述，毛利率是从营业收入的质量角度来描述。如果企业的营业收入出现较大幅度增长，但毛利率却下降，那么该企业的营业收入增长质量就令人怀疑。只有毛利率保持在合理水准或与营业收入增长率出现同向增长时，营业收入增长率才更具有实质价值。

5. 参考净利润、经营现金流的同期变化情况，更能反映企业的真实情况。营业收入最好是与净利润、经营现金净流量实现同步增长，要警惕营业收入增长而同期净利润和经营现金流却出现下滑的情况，这往往为将来的风险埋下伏笔。

6.营业收入增长率是上市公司成长性评价指标，对股价的变化并不能产生短期的直接影响，因此中短线投资者不能仅凭该指标来决定交易。

五、股市应用

1. 稳健的价值投资者，可以将营业收入增长率作为主要的参考指标来选择较有确定性的优质公司股票投资。这些公司的营业收入增长率趋于稳定，保持在5%上方，且高于行业平均水准。这些上市公司的股价表现稳定，不会大起大落，大盘好时会稳步向上拓展空间，大盘差时出现大幅杀跌的概率也低。

2. 激进的投资者可以选择那些营业收入增长率增长较快的公司。这类公司可能在行业中暂时处于不起眼的位置，但营业收入的快速增长告诉投资者，它们的销售状况越来越好，市场份额逐渐扩大，迟早会传递到企业的最终利润中，公司的未来前景可期。再结合公司产品性能分析，如果企业拥有自己较独特的产品专利，那么就更能反映公司的未来前景，业绩和股价出现快速增长是可期待的。

3. 利用营业收入增长率分析避免炒作风险。股市中的游资喜欢追逐题材和消息，这些资金会利用某些所谓利好拉抬股价，这些公司的经营能力其实并没有发生改变，股价最终还是要回归到企业价值区间。如果某只股票受到市场的炒作，股价大幅拉升到相对高位，投资者可以查看营业收入增长率和净利润增长情况，看看企业的主营业务经营表现是否支撑股价大幅上涨，企业的营业收入和利润并没有出现大幅提升或异常的突然变化，当股价走势出现顶部反转形态时，投资者就要留意背后的风险。

洪都航空（600316）是2010年的大热门股，因军工概念受追捧出现暴涨行情，3个月的时间从19元涨到50元，而公司的营业收入并没有大的变化。

图5-1是洪都航空（600316）2007年至2010年的营业收入增长率变化图。从2008年到2010年，该公司的营业收入增长率都处于“0”附近。另外，该公司的净利润增长率同样也在“0”附近徘徊，该公司的基本面根本无法支撑股价如此暴涨。

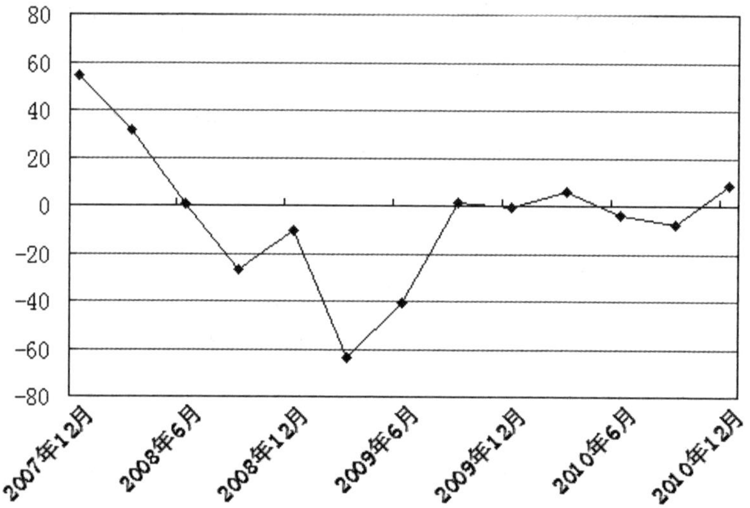

图5-1 洪都航空营业收入增长率变化情况

图5-2是洪都航空2010年7月6日至2011年1月17日的日K线走势图。该股经过3个月的炒作后，由于没有业绩支撑，最终股价在50元附近形成双头形态，随后出现暴跌，重新回到20元附近。从图中可以发现，股价在下跌中连续出现3个跌停板，根本没有给散户逃命的机会， 即使在第4天打开跌停板后利用反弹逃出，在顶部买入的投资者也蒙受了30%以上的损失。

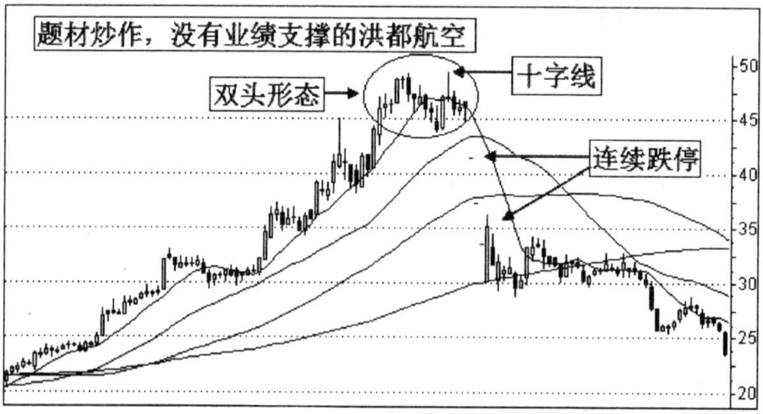

图5-2 洪都航空的日K线走势图（2010年7月6日至2011年1月17日）

如果参与该股之前能够结合企业的基本面，分析一下公司的经营情况能否支撑股价的上涨，多一份谨慎，就不会在股价暴跌之前参与该股。在参与操作时，要时刻记住，股价的上涨没有公司的基本面支撑是长久不了的，只是炒作而已，一旦技术面出现恶化，就要马上离场。比如图中出现十字线，提示股价向上突破前期高点无望，与前期高点形成双头形态，就是一个明显的风险信号。再结合该公司的基本面情况，一旦股价向下破位，投资者就需要果断离场。

股市中的题材炒作要有实质性的业绩支撑。所谓题材，都是围绕某一特定政策或经济活动，股市赋予某些股票以美好想像产生出来的。这种想像寄希望于上市公司能够从中获得某些经济利益，而这些经济利益是否能转化为企业的经营成果，则是另外一回事。投资者参与炒作题材，获取超额收益的同时，也要注意这些题材的预期是否真的对企业经营带来改善，公司的基本面是否支持股价的过分炒作。

六、案例：3家啤酒上市公司营业收入增长率分析

酿酒板块是消费类股票的代表板块之一。啤酒行业在我国已经发展了多年，经历了引进、发展和行业整合的历程，目前处在稳定增长期，行业的集中程度正在增加，啤酒价格也逐步提高。未来行业通过继续整合，利润率水平也会明显提高，一些缺乏竞争力的公司将会被逐一淘汰。如何寻找未来的强者，可以从营业收入增长率出发来寻找线索。下面选择3家啤酒上市公司作为案例，通过对这3家公司的营业收入增长率、毛利率以及净利率分析，来对比它们的经营盈利能力和未来发展空间。

表5-2是3家公司2005年至2011年的营业收入增长率情况，数据由各公司的财务报表经处理后所得。

表5-2　青岛啤酒等公司营业收入增长率

变动日期	青岛啤酒（600600）%	重庆啤酒（600132）%	兰州黄河（000929）%
2005/12/31	16.38	19.12	42.38
2006/12/31	16.54	21.62	21.16
2007/12/31	15.86	6.50	6.51
2008/12/31	16.88	8.33	23.34
2009/12/31	12.50	6.56	–15.60
2010/12/31	10.38	5.08	–9.46
2011/9/30	17.28	15.62	–4.77

为了使分析更直观，将3家公司的营业收入增长率绘制成主营业务收入增长率走势图，如图5-3所示。从图中可以发现，青岛啤酒的营业收入增长率一直保持在10%~20%之间，非常稳定，重庆啤酒次之，而兰州黄河的表现则差强人意。

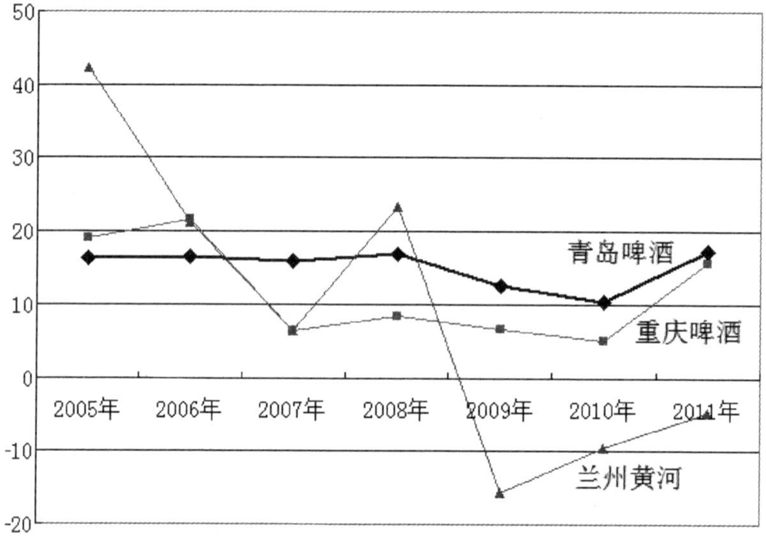

图5-3　青岛啤酒等公司主营业务收入增长率走势图

前面讲过，营业收入增长率是从量的角度来分析企业主营业务销售增长情况，还要结合毛利率来看看这3家公司销售收入的质量。图5-4是青岛啤酒、重庆啤酒和兰州黄河的销售毛利率走势图。从图中对比看，重庆啤酒的毛利率高于青岛啤酒，兰州黄河最低。不过从趋势看，重庆啤酒毛利率有下降的趋势，青岛啤酒基本保持稳定，兰州黄河则处于上升趋势中。这说明重庆啤酒在销量上不如青岛啤酒，毛利率却高于青岛啤酒。因市场竞争加剧，重庆啤酒无法维持较高的毛利率，不得不降低相对销售价格，因此其毛利率呈下降趋势。反观青岛啤酒，其毛利率虽然不如重庆啤酒，但基本保持稳定，并且从2008年以后，毛利率出现上升，这说明青岛啤酒在调高销售价格的情况下仍然能够保证销量。兰州黄河的毛利率上升幅度较大，但从营业收入增长率看，2009年以前，该项指标大幅下滑，说明公司采取低价促销策略以开拓市场。2009年以后，该公司的低价促销政策获得了效果，2010年和2011年，公司的营业收入和毛利率出现同向增长。

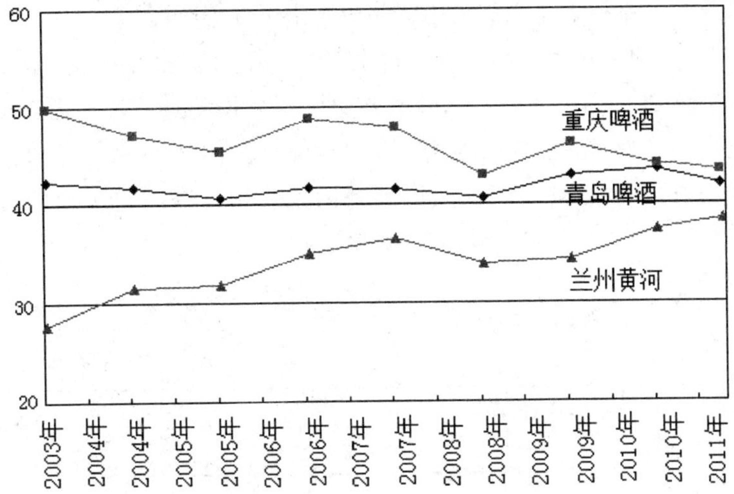

图5-4 青岛啤酒等公司销售毛利率走势图

下面再来比较一下3家公司的经营活动现金流净额，如图5-5所示。很明显，青岛啤酒的该项指标远大于其他两家，兰州黄河基本在0轴附近徘徊。从经营活动现金流净额指标看，青岛啤酒已经为后期拓展市场储备了大量现金，其财务风险非常低。重庆啤酒稳定在25000万元左右，兰州黄河则在正负之间震荡。也就是说，青岛啤酒相对于其他两家公司来说，其发展更加成熟

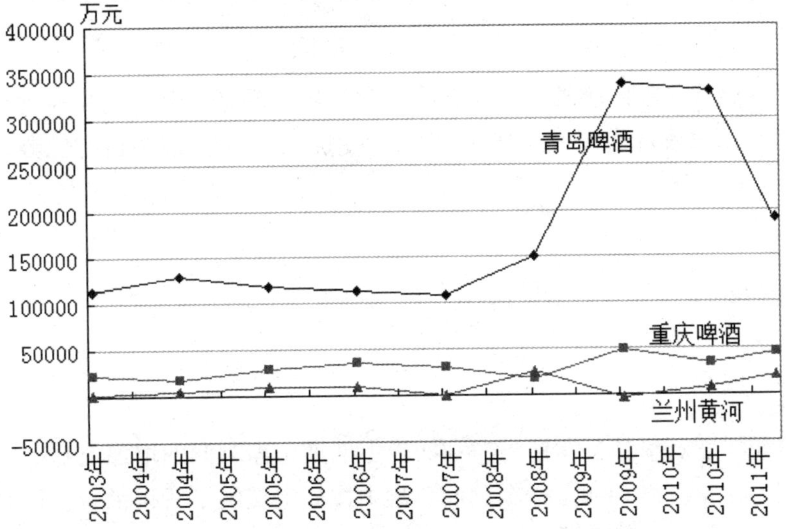

图5-5 青岛啤酒等公司经营活动产生的现金流量净额趋势图

稳定，兰州黄河则仍处于发展之中，还没有走出发展阶段。

为了从这3家公司中找出强者，再来看看企业的运转效率。图5-6是3家公司存货周转率走势图。显然青岛啤酒胜出，该公司的经营效率最高，而且呈上升趋势。重庆啤酒的该项指标最差，与兰州黄河一样都处于下降趋势中。这说明青岛啤酒的经营效率远大于另外两家公司，在同等规模的资源运作下，青岛啤酒为股东创造的利润是另两家公司的2倍以上。

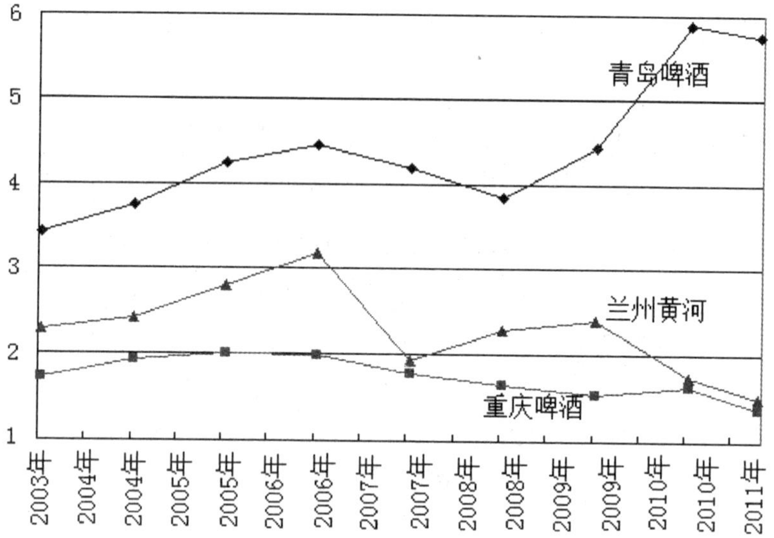

图5-6　青岛啤酒等公司存货周转率走势图（次）

通过对营业收入增长率、销售毛利率、经营现金流量净额和存货周转率的分析对比，很自然地得出结论：青岛啤酒在未来的发展中占有优势，是价值投资者的首选。

关键指标22　净利润增长率

一、概念

净利润增长率是当期期末净利润较上期期末净利润的增加值与上期期末净利润的比率。净利润是指在利润总额中按规定交纳了所得税后公司的利润留成，一般也称为税后利润或净收入。

净利润增长率反映了企业实现价值最大化的扩张速度，是综合衡量企业资产运营与管理业绩的指标，同时也是评估企业成长状况和发展能力的重要指标。净利润增长率大于零称为正增长，小于零称为负增长。通常认为净利润增长率越高，代表公司的扩张速度越快，企业成长越迅速，未来发展空间越乐观。成长型企业的净利润增长率往往较高，并且波动相对较大。成熟企业的该项指标一般不会太高，且比较稳定。

净利润增长率对股价的影响较大。能够维持较高增长的净利润，股票也会享有较高的市盈率，股价上涨速度也相对较快。净利润增长率稳定，股价也趋于稳定。该指标波动幅度大，股价也会加大波动，市场交易风险随之增加。稳健型投资者比较青睐有较稳定净利润增长率的个股，这类个股的净利润增长率一般都在0的上方，也可能偶尔小于0，但很快又会回到0的上方。较激进的投资者会选择净利润增长率较高的个股，这些个股的股价波动较大，但交易性风险也会增加。

二、计算

净利润增长率=（当期期末净利润−前期期末净利润）/前期期末净利润的绝对值

当期期末净利润：是指会计当期的净利润，一般采用当期或最近一次会计年报中的数字。该项数字出现在利润表中的净利润栏目。

前期期末净利润：是指分析期前一会计报告期的净利润，一般采用前一年度的数据。

前期期末净利润的绝对值：当前期净利润为正值时，就是前期净利润数字；如果前期净利润为负，则取正数。

计算演示：

从青岛啤酒2011年和2010年度财务报告中的利润表里，可以得到这两年的净利润为1737928034元和1520484350元，这样就可以计算出2011年相对于2010年的净利润增长率。

净利润增长率

=（当期期末净利润−前期期末净利润）/前期期末净利润的绝对值

=（1737928034−1520484350）/1520484350

=0.143（即14.3%）

根据这种计算方法，可以连续计算出青岛啤酒2004年到2011年的每年净利润增长率。如表5-3所示。

表5-3　青岛啤酒净利润增长率统计

截止日期	净利润	净利润增长率
2011年	1737928034	14.30%
2010年	1520484350	21.63%
2009年	1253291425	79.16%
2008年	699554491	25.34%
2007年	558142284	28.34%
2006年	434896827	43.08%
2005年	303958060	8.66%
2004年	279724219	10.18%
2003年	253871661	

根据计算出来的净利润增长率数字，可以制作简单的折线图，以便更直观地观察该项指标的变化，如图5-7所示。

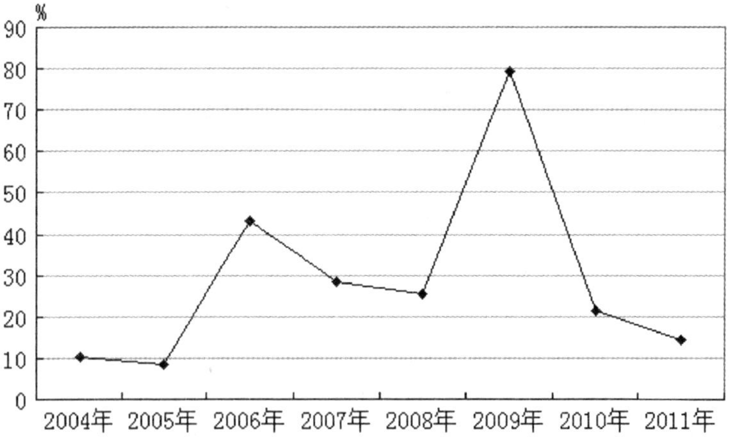

图5-7　青岛啤酒净利润增长率变化图

根据青岛啤酒净利润增长率这几年的数据和图形进行初步分析，这8年来青岛啤酒的净利润增长率保持在0的上方，表示公司一直保持正向增长。净利润增长速度可圈可点。值得关注的是，2009年净利润增长率突然大幅增加，需要分析者找到原因。2009年公司全年实现销售收入同比增长12.5%，公司平均毛利率为34.6%，同比提高2.8%，实现净利润12.53 亿元，同比增长79.2%。为什么企业的净利润增长比销售收入增长大这么多？在分析时发现这种异常状况，就要马上引起关注，并尽量查找出其中的原因，这里就不做进一步的探讨了。

根据青岛啤酒的净利润增长率表现，可以进一步确认“营业收入增长率”案例中的结论。

三、意义与作用

1. 净利润增长率主要反映企业的增长速度，该指标越大，企业的成长性越好，成长速度越快。净利润是企业经营的最终成果，净利润增长率则是这种成果在原有的基础上继续增加的幅度（当然也可以减少），增加的幅度越大，说明企业的增速越快。但企业不可能一直保持高增长，达到一定的高度后就会出现逐步回落。

2. 净利润增长率可以反映企业的管理能力和科技创新能力。净利润的增长主要来自于两个方面。

①效率不断提高。效率的提高是在现有的总量规模下提高管理能力，加大科技创新，从而在使用相同单位资源的情况下提高了企业净利润收益。

②企业规模扩大。这是依靠总量的扩张来达到净利润的增加。也就是使用单位资源产生的收益没有变化，而是资源总量的变化带来净利润总量的增加。

哪种情况更好呢？很难给出标准答案。笔者倾向于认为，依靠效率来实现净利润增长，更能说明企业的发展潜力。因为科技创新、提高管理能力是企业发展的内在动力。依靠企业规模扩大，比如收购、重组合并、资产注入等都是外部的力量，是数字上的叠加。如果公司没有好的经营管理方法，没有核心科技力量，这种数字增加无法维持较长的时间。因此，在分析企业的成长性时，最好多关注企业的创新能力和管理能力。事实上，很多优秀的公司都是从这两方面来下工夫的，一方面加强科技创新和科学管理，另一方面收购兼并适合自身发展的公司。

在分析净利润增长率变化的时候，需要寻找引起变化的内在动力。可以借鉴企业的资产结构，查看企业的总资产、净资产或负债等是否发生变化。如果企业的资产总体结构并没有发生变化，说明企业依靠经营效率来提高净利润的可能性非常大；相反，如果企业的总资产结构出现变化，比如在净利润增长率出现增长时，总资产也出现了同步增长，那么这种净利润的增长就是依靠企业规模的扩大实现的。也可以从净利润增长率与总资产利润率的变化对比来得到答案。

3. 净利润增长率可以反映企业和行业的发展周期。处于成长中的企业或行业，其净利润增长率表现较不稳定，但总体趋势向上。发展成熟后，该指标会趋于稳定，波动幅度逐步缩小。净利润增长率经常出现负值时，说明企业步入衰退期。如果整体行业该项指标经常在0的下方，则说明整个行业可能出现衰退。

4. 净利润增长率可以帮助投资者选择有成长性的股票。净利润增长率多被激进型投资者使用。使用时结合营业收入增长率等其他主要指标进行分析，如果各项指标的结论一致，都呈上涨趋势，或创出新高，说明企业有较强的成长性，这样的上市公司股价极具爆发力。

四、注意事项

1. 连续稳定的净利润增长率才有意义。引起某次净利润增长率变化的原因有多种，正常情况下，该项指标的变化应该是连续稳定的。事实上，企业在经营过程中面临各种各样的因素，有来自经营中的因素，也有来自人为的因素，从而影响净利润增长率大幅变化。无论是哪种情况，这种大幅度的急剧变化都不符合正常逻辑，需要深入了解其中的原因。在没有重大资产变化的情况下，连续且稳定的净利润增长率会更让人放心。

2. 注意净利润增长率的分子和分母的关系。净利润增长率是一种比例关系，分子和分母本身的绝对数字同比放大或缩小，比例本身不变。即使净利润增长率数字不变，也并不代表企业经营没有发生变化。打个简单的比方，有A和B两家公司，A公司的当期净利润是3000元，前期为100元，则净利润增长率就是2900%。B公司当期净利润是30万元，前期净利润是20万元，则净利润增长率是50%。对比这两家公司，显然B公司的增长质量更高。另外，净利润维持在正负之间时，净利润增长率的变化也会加大幅度。打个极端的比方，假设某公司去年的盈利是1元，今年盈利10元，那么其净利润增长率就是900%。

3. 企业不可能让净利润增长率长久保持在高位。经常看到有的公司净利润增长率高达几百，甚至上千。这种增速多半不正常，可能是企业对某些资产的处置引起的，也可能是数字比例关系引起的，还可能是某种款项的记账方式引起的。总之，这并非是企业通过正常经营创造出来的，投资者一定要注意这种股票的炒作风险。还有一种是正常的产能扩张或新技术投入带来的净利润突然增加，这种增长是良性的，但也无法长久维持，除非企业每年都有成倍的新产能投入或不断地推出有成效的新技术，事实上这是不可能的事情。投资者知道这种现象后，就可以把握股市投资的节奏。股价被炒作过高，已经将净利润的增长预支，指望来年再出现这样的高增长，其概率较小。

4. 净利润增长率与营业收入增长率配合使用更可靠。净利润增长率与营业收入增长率配合使用，可以看出净利润的增长是否来源于企业的主营业务，只有企业的主营业务收入出现增长，这种增长才是真实而稳定的。比如前面讲过的资产处置带来的利润，并不能说明企业的经营能力提高。

5. 在同行业和有着同性质产品的公司之间对比分析净利润增长率，更能反映企业的优劣。在股市中经常遇到板块轮动，也就是各板块之间轮番上涨的现象。某一板块被资金推高后就会退潮，而前期没有上涨或涨幅不大的板块就有补涨的机会。即使掌握了板块轮动的节奏，如果没有选择好个股，也无法获得好的收益。在选择个股时，需要选择该板块里最具成长性的股票，这些股票最容易受到资金的追捧，一旦机会来临，涨幅就会大于其他个股。如何选择这类个股，需要在行业内对比分析，比如利用净利润增长率来寻找成长性最好的公司，并在平时积累起来，建立自选股票池。

6. 注意企业的规模大小与净利润增长率的关系。企业的规模越大，净利润绝对数字增长变化越大，但净利润增长率可能变化并不大，这也是规模较大的上市公司，股价波动普遍小于小公司的原因之一。激进者喜好盘子小的个股，一是这类股票容易受到资金的炒作，二是其业绩可以迅速提高。但这类股票的风险也较大，业绩既然可以迅速提高，同样也可以快速下降。资金炒作这类个股，普通投资者如果把握不当，容易在山顶上“站岗放哨”。

7. 净利润增长率更适用于对成长型公司的判断。净利润增长率的大小和变化趋势，是选择快速成长个股的利器，激进者会选择该指标较高的个股，而稳健型投资者则会更多地考虑企业净利润收入的稳定性。

五、股市应用

1. 净利润增长率在中短线操作中的应用。

中短线资金在股市中兴风作浪，游资在选择股票时，首先考虑的是目标股要有亮点和题材。某些股票是否能够成为游资的炒作对象，或者像通常所说的，某只股票里是否有主力资金，除了技术面分析以外，还要看这些股票是否具有以下特点。

①是否是热点概念股。

②业绩是否出现暴涨。

③公司有没有高送转。

④企业是否有资产注入、重组概念。

⑤公司是否被其他公司控股、收购，或者是进行合资。

⑥是否有其他消息刺激，消息的持久性如何。

业绩暴涨股票是游资操作的永恒主题，每年有年报，每季有季报，半年还有半年报。这类被炒作的股票多集中在小盘成长股中，因为这些股票盘子轻，游资主力并不需要太大的资金投入，就可以打压或拉升股价。并且这些小盘股是资产规模较小的上市公司，业绩容易出现暴涨。普通投资者需要冷静地看待企业的业绩表现，可以对上市公司的净资产利润率以及增长率进行趋势分析，并结合其他指标预判公司业绩，用好技术分析，寻找有资金介入，且还没有被大幅拉起的个股。

2. 利用净利润增长率筛选中长线成长股。

中长线成长个股的净利润增长率与中短线个股有着本质的不同。参与中短线操作，并不太注重净利润增长率的连续性和稳定性。但如果用净利润增长率来挑选中长线投资品种，就要关注该项指标的稳定性。一般来说，该项指标连续几年都应该是正值，偶尔某次出现负值，但不能幅度太大，同时还要确认造成净利润增长率大幅变化的原因，不能对企业主营业务造成较大影响。只有连续稳定的增长，才能证明企业的稳定性和成长性。另外，还要避免因会计记账方式或某次较孤立的事件对该项指标的干扰。

3. 利用净利润增长率把握企业或行业的业绩拐点，避开业绩衰退带来的股价下跌风险。

如果净利润增长率从较稳定状态开始下降，并且连续跌破零，就要引起投资者的高度关注，认真分析企业或行业是否进入衰退期。如果从其他渠道获得证实，就应该卖出相应股票。

六、案例：中银绒业（000982）净利润增长率分析

中银绒业（000982）是国内最大的纯特种天然动物纤维、精品纯特种天然动物纤维条采购、生产及出口企业。2008年以来，我国外贸行业出现萎缩，但该公司在2011年前三季度的净利润增长率分别为213.24%、109.58%和144.91%。根据前三个季度的该项数据，对2011年的全年净利润增长率就有了预期。为了进一步了解该公司，对2006年以来该公司的净利润增长率进行了追踪分析，如图5-8所示。

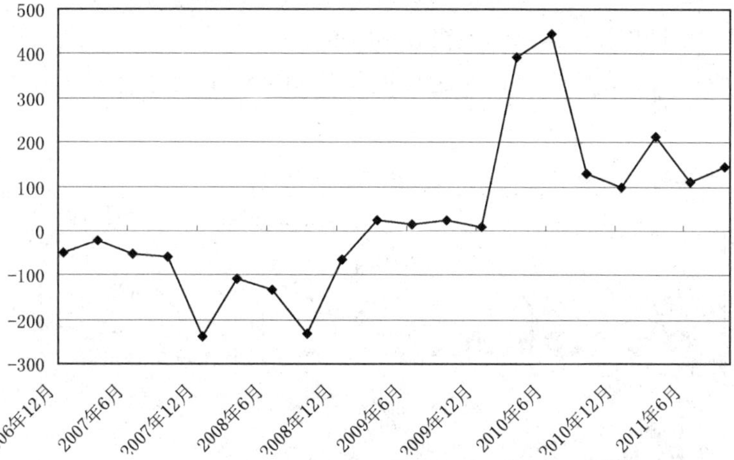

图5-8　中银绒业（000982）净利润增长率变化图

从净利润增长率走势图来看，可以预测该股在2011年度将出现大于100%的业绩增长，也就是所谓的暴涨状态，那么该股在2012年度报表发布期间，可以预期会有一轮行情。在实际分析时，还可以结合营业收入增长率、毛利率以及每股收益、现金流量等其他指标进行全面评估。

中银绒业的流通市值在40亿左右，在A股中属于中小盘股，是市场游资或主力喜欢的类型，因此投资者可以对该股多加关注。一旦该股出现技术上的买入机会，就可以大胆买入。

也可以留意公司发布2011年年报的时间点。一般情况下，如果有主力资金潜伏的话，会提前3个月左右的时间吸筹建仓；如果有游资借题发挥炒作该股，往往会在“利好”发布前1周或1个月左右的时间进入。当然这个时间并不

准确，与参与资金的投资态度和操作手法，以及对该股中长期的判断有关。

2011年结束时，企业的年度经营状况已经成为定局，先知先觉的资金对该股会有所反应。普通投资者可以通过该股的技术走势寻找中短线的介入机会。

图5-9是2011年9月22日至2012年3月26日的日K线走势图。该图是K线与布林线的组合图形。很有意思的是，2011年结束时，似乎也是该股调整结束的时点。2012年伊始，股价再次向下试探前期底部支撑后，就向上突破布林线中轨线，步入上升通道，如图中A点。经过B点的回抽确认后，股价用了一周的时间紧贴布林线中轨线上方进行洗盘，小阴小阳走势是很明显的蓄势，有经验的技术分析者很容易发现这一点。1周后，股价向上再次突破布林线上轨线向上运行，如图中的C点位置。同时，在C点股价向上突破布林线上轨线时，MACD的DIF和DEA都向上突破了0轴线，形成多头市场，这也从技术上证明了该股进入上升轨道。此时距离该公司2011年年报时间还有16个交易日。

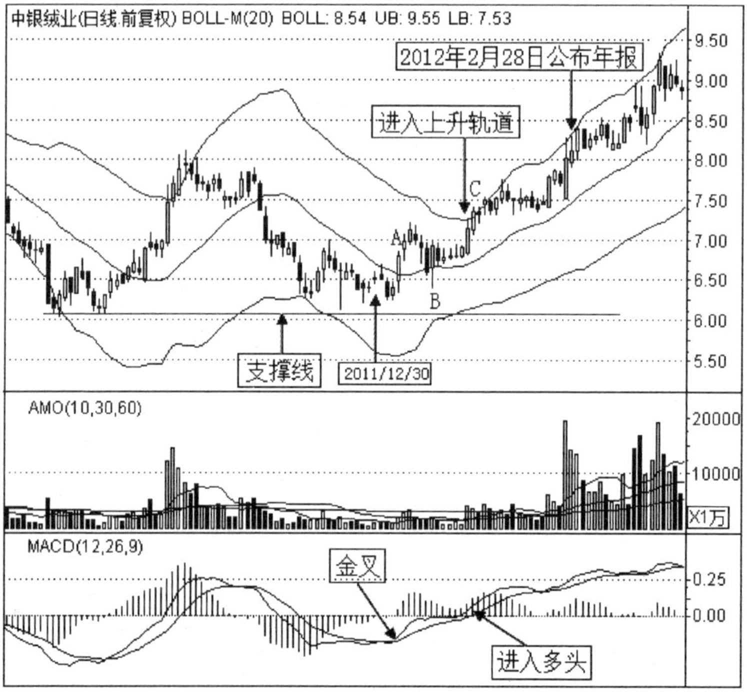

图5-9 中银绒业的日K线走势图（2011年9月22日至2012年3月26日）

从技术分析角度来看，投资者的最佳介入时间就是在A点与C点之间。

这次投资的起因来源于对净利润增长率的判断，依据对净利润增长率的预测寻找到机会。那么该股是否可以作为中长线投资品种呢？还要再进一步对该公司进行深入分析。

首先要确认净利润增长率的主要贡献者是否是来自企业的营业收入，对净利润增长率与营业收入增长率进行对比，如图5-10所示。

从图中发现2007年这两项指标很不对称，净利润增长率达到了200%以上，而营业收入增长率却出现负值，其中必有原因。对该公司进行调查后发现，2007年是公司完成资产重大重组的一年，控股股东转让股权与重大资产置换和上市公司股权分置改革相结合，对本公司实施重组，解决大股东占款严重、财务状况恶化的局面。净利润增长率大幅度上升，主要是因为2007年重组形成了较大的营业外收入，而当年实际营业收入较上年减少了7.13%。因为2007年企业进行重大重组，当年的净利润增长率并不能反映企业的经营创利能力。同样，2008年净利润增长率出现较大的负增长，而营业收入则是大幅度正增长，也是因为2007年重组带来的结果，扣除非经常性损益的净利润为3639.84万元，2008年较上年末增长了210.58%。这说明公司经过2007年资产重组后，上市公司的经营效率得到了明显提高，标明的净利润增长率掩盖了企业的真实盈利增长水平，这一点从营业收入增长率的大幅度提升可以看得出来。

从图5-10中还可以看出，自2009年到2011年的3年时间里，净利润增长率

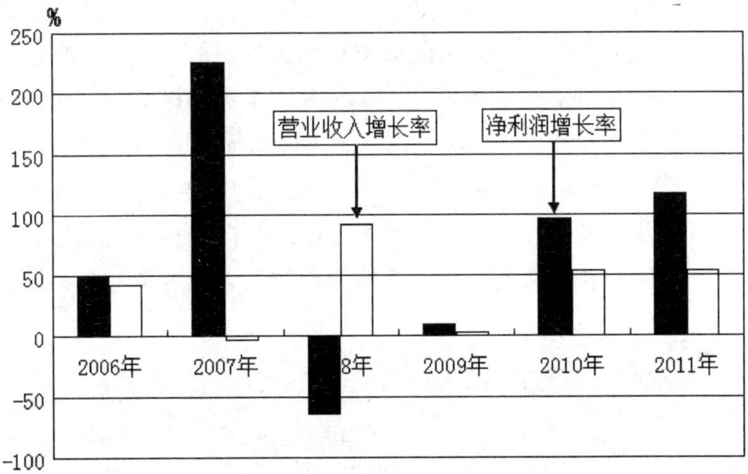

图5-10　中轴绒业净利润增长率与营业收入增长率对比图

和营业收入增长率都处于大于0的正增长状态，特别是净利润增长幅度增加，说明企业的扩张加强。比如2009年，在我国外贸处于困境的情况下，该公司通过收购英国道森国际下属的邓肯纱厂，外销羊绒衫突破百万件，营业收入与净利润仍然保持正增长。

通过对净利润增长率和营业收入增长率的对比分析，可以认为，中银绒业通过2007年的重大重组后，公司进入到一个快速增长时期。

为了证明企业增长的真实性，可以对营业收入进行趋势分析。如图5-11所示，图中显示中银绒业的营业收入呈加速上升状态。

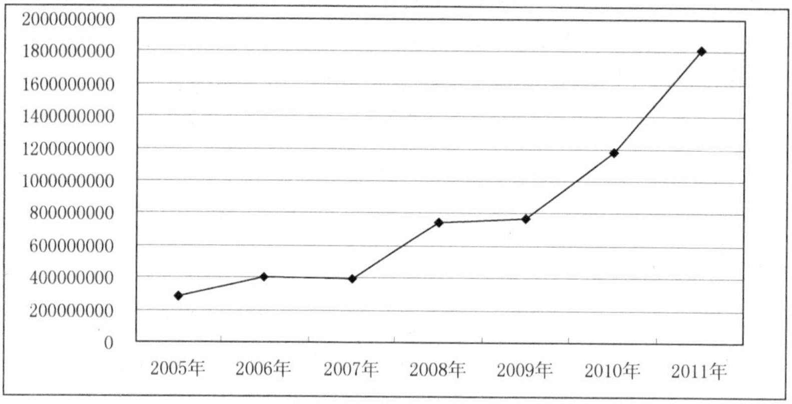

图5-11　中银绒业营业收入走势图

中银绒业的毛利润自重组后连续3年大幅提高，之后几年维持在20%以上。从毛利润的角度看，该公司的该项指标表现一般。比如2011年，公司的毛利润为21.07%，行业的平均值为24%，并没有突出的表现，但从趋势上看还能让投资者接受。为了进行行业内对比，这里选择了4家公司进行了对比，如图5-12所示，美邦服饰表现最为抢眼，其次是中银绒业。对于美邦服饰的分析，就不展开了，读者可以根据本书介绍的纵向和横向对比分析方法，对该公司进行更深入的研究，并与中银绒业比较，看看这两家公司谁更具有投资价值。

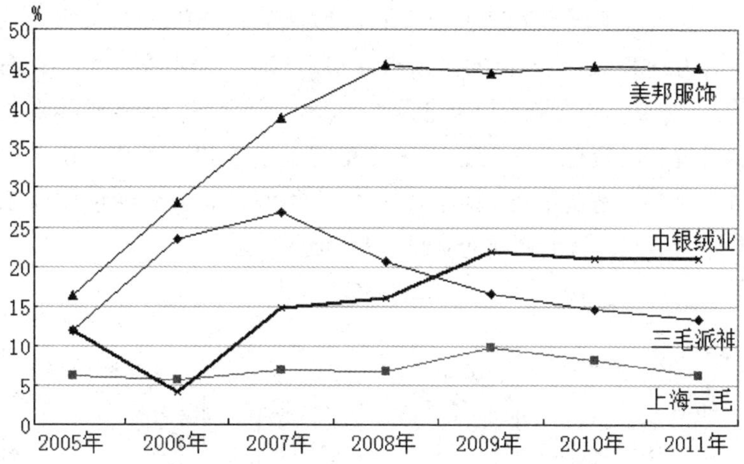

图5-12　中银绒业等4家纺织业公司毛利润对比图

以上是对中银绒业盈利能力的简单分析，现在可以借助该公司的总资产周转率和存货周转率，来看看公司的经营管理能力和运营效率是否同步提高。

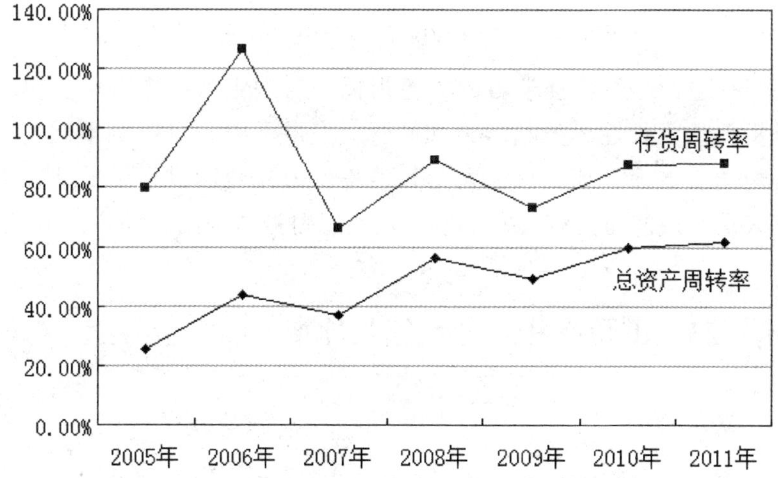

图5-13　中银绒业总资产公司周转率和存货周转率走势图

从图5-13中可以看出，公司自2007年重组后，总资产周转率和存货周转率都处于缓步上升的趋势，企业的管理和运行效率确实得到了提高。

图5-14是中银绒业流动性财务风险的衡量指标，即流动比率和速动比率。从图中可以看到，公司的流动比率一直低于2，速度比率低于1，说明公司存在着流动性风险和短期偿还风险。还可以与行业的平均值进行对比，比

如2011年行业的流动比率为2.84，而该公司为1.35；2011年末，行业的资产负债率平均值为38.8%，该公司的该项指标到达77%，超出安全边界，高出行业平均值1倍。这说明公司既存在短期财务风险，也存在一定的整体财务风险，公司只能通过提高资金的运转速度来尽量解决或缓和。因此，在未来的经营中，公司需要着手解决财务风险问题。解决得好，企业会继续保持较快的成长。如果解决不好，就会影响企业的发展和经营运转。

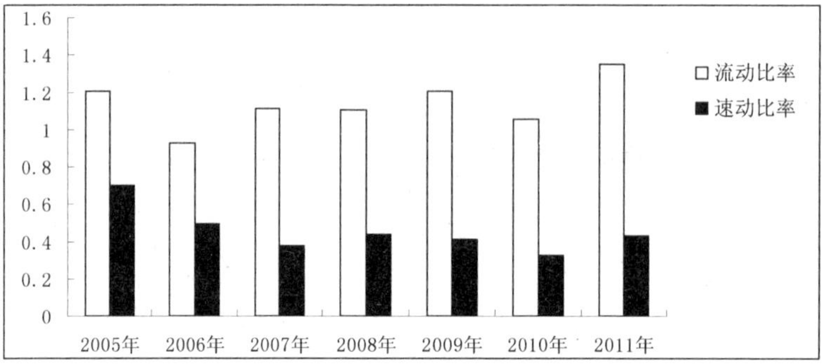

图5-14 中银绒业流动比率与速动比率情况

综上所述，运用已经学习的关键指标，对中银绒业进行了简单的综合性的分析，从成长性、盈利能力和运营效率以及财务风险等不同角度评估了该公司的基本面。那么该公司是否值得价值投资者进行中长期投资呢？结论应该是：该公司值得投资，但必须注意财务风险给公司带来的隐患。

关键指标23 市盈率相对盈利增长比率

一、概念

PEG指标即市盈率相对盈利增长比率，也称股价盈余成长系数，是由上市公司的市盈率除以盈利增长速度得到的数值。该指标既考察公司当前的盈利与市价之间的关系，又可以通过盈利增长速度评估未来一段时期内公司增长预期下的股票价格水准。PEG越低，说明该股的市盈率越低，或者盈利增长率越高，股票就越具有投资价值。PEG值小于1时，一般认为股价被低估，或投资者对公司未来成长性不看好。如果PEG大于1，则这只股票的价值可能被高估，或者市场认为该上市公司的业绩成长性会高于市场的预期。

PEG指标是重要的选股参考指标。用PEG指标选股的好处，就是将市盈率和公司业绩成长性融合起来，特别是针对成长型股票，有重要的参考价值。仅凭市盈率的高低选股存在较大缺陷，成长性较好的股票往往表现为较高的市盈率，而一直有着较低市盈率的上市公司，很可能是没有前景的公司，这样的公司即使拥有再低的市盈率，未来股价也难有表现。PEG指标克服了市盈率的这一缺陷，以发展的眼光看待市盈率，因此该指标成为成长型股票的检测器。

二、计算

PEG=市盈率/历史盈利增长比率（百分比）

预估PEG=预估市盈率/预估盈利增长比率（百分比）

PEG（当期）：是用当前市盈率除以历史盈利增长率得到的PEG值。它是利用上市公司历史数据，衡量当前股价是否高估或低估。

市盈率：是上市公司总市值与总盈利的比值，也是股票的每股股价与每股盈利的比率。说明在目前的盈利水平下，投资者用多少年可以将投资成本收回。市盈率越小，说明股票的投资价值越高，越大则投资价值越低。详细内容可以参考前面的讲解。

历史盈利增长比率：是上市公司的历史盈利增长率，简单的做法是直接使用过去某段时间里的复合净利润增长率。使用的数据最好是5年，也可以结合最近一年里每个季度的数据。为了避免某些周期性的影响，有的分析人士按同等周期阶段的盈利进行对比分析获取企业的盈利增长率。总之，PEG指标的关键是获取准确的企业盈利增长率。

预估PEG：是通过对未来预估的市盈率除以预估的盈利增长率所获得的对未来股价成长进行判断的PEG值。

预估市盈率：是追踪上市公司未来业绩，在当前的市价下的预估市盈率。通常采用收集分析机构和分析师的预测所得到的每股收益预估平均值或中值来计算市盈率。其计算方法为：预估市盈率=股票现价/未来每股收益的预测值。

预估盈利增长比率：是基于公司历史数据和发展前景，对公司未来盈利增长的预估值。这项数据也可以收集分析机构和分析师的预测值来计算，有能力的投资者也可以自行预测。

为什么要采用两种PEG指标呢？大家都知道，股价既是反映企业历史和当前的经营成绩，也是对企业未来盈利预期的反映，股价走势是实际盈利与预期盈利共同产生的结果，因此，分析股价未来发展趋势应该是基于历史和当前的现状，着眼于对未来盈利增长预期的判断，采用PEG（当期）和预估PEG两种方式，会更加接近于真实。

计算演示：

表5-4是海螺水泥（600585）2007年到2011年财报披露的净利润数据。

表5-4 海螺水泥净利润数据

	报告期间	净利润
海螺水泥（600585）	2011/12/31	1158982.69
	2010/12/31	617140.28
	2009/12/31	354436.52
	2008/12/31	260701.23
	2007/12/31	249421.86
	复合增长率	46.82%

根据这组数据，可以计算出其复合增长率为46.82%。复合增长率是利用现值（最后截止年的净利润）除以基础值（开始时间的净利润）并计算该值的N次方根，N是统计的年数或期间周期数，最后减去1。以年为例，其公式为：

（现有价值/基础价值）^{n}（1/年数）−1

海螺水泥复合增长率=[（1158982.69/249421.86）^{4} 1/4]−1=0.4682

复合增长率的优点是在衡量不同投资组合的表现时非常有用，能够用来比较和评估某一板块或某一市场指数下不同股票之间的相对表现。不过它的前提条件是假设投资增长是稳步进行的。它的缺点是反映过去，并且容易受时间变化的干扰。

2012年4月19日海螺水泥的市盈率为7.9倍，这样就可以求得当前海螺水泥的PEG值。

海螺水泥当期PEG值=市盈率/净利润复合增长率=7.9/46.82=0.169

通过预估海螺水泥在3年后，即2014年的利润增长率放缓到24%。根据国泰君安、中信证券、中金公司等10家机构和分析师的预测并加以平均，该股2014年的每股收益为2.425元/股。以当前股价15.78元除以每股收益2.425元，得2014年的预估市盈率为6.507倍。这样就可以得到2014年预估PEG值为0.271。

三、意义与作用

1. 市盈率相对盈利增长比率（PEG指标）比市盈率更能反映股票的成长价值。市盈率仅仅反映了某股票的当前价值，PEG则把股票当前的价值和该股的成长联系了起来，更能反映上市公司的股票投资价值。正如大家投资房地产一样，即使花更多的钱，也愿意购买那些处于涨价之中的房产，而不愿意投资没有涨价空间的地段。

2. PEG越低，说明该股的市盈率越低，或者盈利增长率越高，股票就越具有投资价值。PEG值小于1时，一般认为股价被低估，或投资者对公司未来成长性不看好；PEG大于1，则这只股票的价值可能被高估，或市场认为该上市公司的业绩成长性高于市场的预期。

面对PEG值小于1或大于1时存在的两种相反观点时，可以通过其他关键指标判断，比如企业的净利润增长率、营业收入增长率等，或者了解企业的发展战略思想，这样基本上就可以明确PEG指标包含的意义。实际投资中，对待PEG指标反映企业是否低估或不被市场看好的问题上，也有较主观的因素。比如某只股票当前不被市场看好，有可能是因为其价值没有被市场挖掘出来，处于低估状态。PEG值大于1的情况也一样，被当前市场看好的股票，也许存在着风险。因此，在解读PEG的市场意义时，需要了解公司的成长性是否与股价的上涨相匹配。

3. 预估PEG与采用历史数据计算出来的PEG共同使用，可以更加合理地预测股价当前价值和未来价值。虽然历史数据计算出来的PEG指标已经将企业的历史盈利增长情况考虑在内，但投资者买股票是买公司的未来，特别是那些以股价的差价来获取收益的投资者，股价未来的表现是决策的唯一考虑对象。预估PEG就是满足了这种需求的分析工具，它考虑股票的成长性时，是站在未来的角度看待当前股价是否被高估，并不只是针对当前市盈率的高低和历史数据计算出来的PEG指标衡量未来。

比如，某家公司的历史盈利增长率为50%，市盈率为40倍，那么它的PEG为0.8。但是市场认为，该公司在未来3年里的增长速度将放缓，第一年盈利增长率为30%，第二年为20%，第三年为10%，那么预估的每股收益是当期的

1.71倍，预估的市盈率为23.39倍。由于公司的盈利增长率下降，预估增长率为15%，那么PEG值为1.56。这样就可以判断这家公司的历史PEG值虽然小于1，但实际上已经被当前市场高估。相反，如果预估PEG值比0.8还要低，那么可以认为该股票40倍的市盈率仍然是合理的，因为该公司的未来增长速度可能更快。

4. 在PEG指标分析中，要结合市盈率、PEG和预估PEG一起来分析，同时还要考虑营业收入增长率、销售毛利率等指标。

5. PEG指标经常被证券经理和分析员作为评估被低估或高估的股票。在阅读评估报告或看电视股评时，经常看到或听到某只股票被高估或低估，但这些股票是否真的被高估或低估，投资者也可以通过对PEG指标（包括预估PEG）来自行判断。

为了让读者进一步认识市盈率、PEG和预估PEG在评估上市公司股价时的关系和意义，下面举个简单的例子。

假设有3家公司A、B和C，它们的当前股价、每股收益以及历史盈利增长率，对未来3年的每股盈利及盈利增长率的预估值分别如表5-5中所示。

表5-5　3家公司相关数据汇总表

项目	公司A	公司B	公司C
①当期股价	10	15	15
②每股收益	1	1	1
③市盈率（①/②）	10	15	15
④前3年净利润复合增长率（%）	5	30	20
⑤PEG值（③/④）	2	0.5	0.75
⑥预估未来3年平均盈率增长率（%）	5	10	30
⑦预估未来3年后每股盈利	1.331	1.331	2.197
⑧预估市盈率（①/⑦）	7.51	11.27	6.83
⑨预估PEG值（⑧/⑥）	1.50	1.13	0.23
按当前同样市盈率计算3年后股价(元）	13.31	19.97	32.96

在表5-5中，分别计算出了当前市盈率，利用历史数据计算的PEG值和预估3年后的市盈率及预估PEG值。

首先，如果利用当前市盈率的大小来选股，那么公司A自然是首选。假设企业的增长与预估情形一致，那么3年后，在与当前市盈率相同的情况下，A公司股价为13.31元，B公司和C公司的股价为19.97元和32.96元。显然，A公司的股价上涨幅度最小，这是因为市盈率没有考虑企业的成长性。

其次，再来看直接通过历史数据计算，并没有进行调整的PEG值。A、B、C三家公司中，A和B的市盈率一样，都为15倍，但B的PEG值最低，似乎应该选择B投资。但是，这个PEG值只是考虑了历史数据，并没有考虑公司未来的增长趋势。也就是说，虽然B公司在过去和当前的盈利增长率最高，但盈利增长率的趋势是向下的。虽然C公司过去和当前的盈利增长率不如B，但其趋势是向上的，从而导致未来3年后，C公司的股价上涨幅度最大。从表中第⑨项的预估PEG值中可以发现，C公司的预估PEG值最小，为0.23，因此是投资者要重点关注的标的股。

当然，以上的例子是基于预测百分之百准确下发生的结果，实际上完全准确预测是不可能的。不过即使没有这样理想的结果，市场仍然会按照这种逻辑和方向进行选择，拥有较好的PEG值和预估PEG值，在未来的表现强于对手的概率要大。那些具有较大成长性的上市公司，股票价格总会被市场挖掘出来，关键是投资者是否能在这些股票被炒作前先知先觉，并拿得住。股票投资，无论是价值型投资者还是交易型投资者，必须具备两种品质，一是基本面分析和技术分析能力，二是耐心。有了这两样，相信股市会成为你的银行。

四、注意事项

1. 利用PEG指数评估股票当前和未来价值时，需要结合市盈率、PEG以及预估PEG进行综合分析。市盈率反映了当前价格与当期企业盈利状况的关系，PEG依据企业历史发展情况反映了股价当前市盈率是否存在高估，预估PEG是站在未来的角度衡量当前股价的估值，或者说是反映以当期市盈率的倍数在未来可能达到的股票价格。通过对这3组数据的分析，投资者就可以综合判断股价的合理性、未来股价的变化趋势以及理想情况下股价可能达到的价位。

2. 对企业的历史盈利增长率的综合计算和对未来盈利增长的预估是决定PEG值是否有效的关键，只有较正确地评估企业的盈利增长，PEG才会发挥作用，否则反而误导投资者。在计算企业历史PEG和预估PEG时，都需要依据历史盈利增长数据，这些数据最好为5年以上。对于某些新上市的公司，如果无法找到5年以上的数据，可以采用年报加季报相结合的分析方法。在评估盈利增长率的时候，尽量采用较科学的综合方法，既不能过于保守，更不能夸大。特别是在对未来3年以上的盈利预测时，要结合企业盈利增长趋势和企业的发展阶段、技术能力、行业性质等进行调整。如果企业是朝阳行业，处于起步和快速增长阶段，可以放宽盈利增长率的估计；相反，如果企业基本进入成熟期，或行业是传统行业，那么对未来的盈利增长率需要趋于保守。投资者也可以通过各种网上资料，寻找证券公司或评级机构的预估数据。

3. 需要结合营业收入、存货周转率、应收账款、经营现金流量和净资产负债率等指标及其变化情况进行分析。从PEG值的计算方法看，其关键指标只有两个，一是收益率的增长率，二是股价。收益率易受会计记账方式的影响，股价则受到交易市场情绪的控制。而企业的价值和价值增长并非是由这两项指标能完全表达出来的，为了保证PEG能最大程度地反映股价的真实估值水平，结合其他反映不同类型和结构的关键指标分析是必要的补充。

4. 判断PEG值的高低或股票是否高估，不能只看该项指标数字本身，还要与行业内的竞争对手比较分析。如果某公司股票的PEG为3，而行业内竞争对手们的PEG都在5以上，则该公司的PEG虽然已经高于1，但其价值仍可能被相对低估，说明市场给该公司所在的行业给予了整体性增长的预期。

5. 要注意不同公司的会计报表周期，PEG并不适合与会计期间不同的公司进行比较。因为不同的会计周期会导致不同的统计数据，这样所得到的PEG值之间就没有可比性。年报是最重要的财务报表，每年出年报的时间间隔较长，有的公司在1月初就公布，而有的则到4月底才公布，这给对比分析带来较大的麻烦。4个月的时间里，股价可能早已面目全非，这对于交易型投资者来说是难以忍受的。这里有一个替代方法，采用最近的两个半年或4个季度已公布的盈利数字，使之尽可能与当期的数字相近。

6. 以中线投资为主的投资者，可以选择年底的时间来计算PEG值。这是因为到年底后，公司一年的经营状况基本有了较清晰的预期，而真正的发布要到年初。等到开年后企业发布了业绩报表时，股价可能已经提前作出了较大反映，此时再投资已显得较晚，风险也较大。依据已公布的季度数据和历史增长情况，在年底时就计算PEG值，并从中筛选潜在优质股，可以提前埋伏好，获取较大的差价利润，避免炒作风险。

7. 注意调整预估PEG指标。对PEG指标进行预估计算经常是在每年的年初，预估值是否符合预期，要到第2年后才看得到，对3年以上的预估PEG，就要根据公布的数据进行调整，使之更加贴近实际。

8. PEG指标较适合评估盈利成长中的公司，评估成熟稳定的公司时，PEG并不能发挥多大的效果。另外，PEG指标不适用于评估那些目前处于亏损或是获利衰退的公司。也就是说，PEG值更适合激进的投资者选择正处于成长之中的上市公司。

五、股市应用

1. 寻找价值被低估的成长股。根据以上介绍的PEG的意义和注意事项，对PEG和预估PEG及市盈率进行分析，要尽量选择那些PEG值小于1，并且预估PEG小于当前PEG值的个股。或者是选择行业中PEG较小，且预估PEG在未来进一步缩小的公司。

2. 利用PEG值控制风险。虽然PEG的主要任务是评估企业的成长性，寻找被低估的成长型股票，但是PEG值也可以帮助投资者控制风险。这一点很好理解，被高估的股票自然风险较大。

3. 学会通过PEG指标分析，鉴别股评者或评估报告中推荐的股票高估或低估的真伪。一般投资者喜欢看股评，许多股评都会提供“严重低估”的“金股”。不否认市盈率是衡量股票价值的最常用和较重要的指标之一，投资者选择低市盈率的股票，当然风险较小，但是市盈率只是反映当前股价与当期公司盈利水平的关系，并不反映未来的成长，这也是为什么许多市盈率低的股票无法有好的上涨行情的原因。对于别人推荐的股票，可以利用PEG分析方法进行一次鉴定。

4. 在股市处于不同时期时，要区别使用市盈率和PEG指标。股市处于牛市时，投资者可以激进些，多关注PEG指标，从中寻找牛股。在熊市中就要多注意市盈率较低的股票，因为这些股票的防守能力较强。在大盘进入筑底时，是选择股票的好时机，此时市盈率普遍降低到低位。这时选择市盈率低，且PEG和预估PEG值都较低的股票，一旦大盘转好，这样的股票成为牛股的概率远远大于仅仅有低市盈率的股票。

PEG指标无论是用于寻找成长股，还是用于控制风险，都需要尽可能准确地计算出合理的PEG值，对历史数据的统计处理和对未来的准确判断是关键。下面重点介绍一下PEG指标的具体计算和分析步骤。

①根据投资者看好的行业板块或某类备选股，采集3年以上的财务数据。这些数据包括当前股价、每股盈利（或净利润和总股本）。未来进一步分析，还可以采集资产负债表、利润表和现金流量表中的其他数据。这里只谈PEG指标，其他指标分析投资者可以参考其他关键指标所介绍的内容。

②利用历史数据，采用合适的统计方法来获取历史收益增长率指标。历史数据最好采用3年或3年以上的数据。在对过去盈利增长率的计算时有4种常见方式：算术平均值、几何平均值、线性回归，以及复合增长率。在计算PEG值时，大家习惯采用复合增长率。这4种方法各有特点，投资者可以根据实际情况选用，或者综合使用。为什么不用当期的收益指标呢？笔者认为某一次指标偶然性较强，用最近3~5年的数据更能体现企业的真实性。

③计算历史PEG值。用当前市盈率除以利用统计方法推算出来的过去3年或其他时间段的盈利增长率。

④预测3年或5年后的公司收益增长率。一般最好能够采集机构或分析师的预测结果数据。如果无法获取，投资者可以基于历史增长情况，结合企业发展周期和趋势、行业或宏观经济状况等因素综合评估。

⑤收集或预测未来某个时间的预估PEG值。

⑥对当前市盈率、PEG值和预估市盈率及预估PEG值进行对比分析。

⑦对资产负债率、营业收入、毛利率、现金流量等其他指标进行综合分析。

⑧在行业内进行对比分析。

⑨得出最终结论。

六、案例：4家水泥板块上市公司

水泥行业是强周期性行业之一，受宏观经济周期影响较大。水泥是基础建设、房地产以及工业发展不可或缺的基础材料，2010年水泥行业资产占建材行业的比重达36.42%。我国水泥行业一直在加大落后产能淘汰力度，行业集中度在兼并重组中逐步提高，这也为水泥上市公司提供了扩张的机会。这里选择4家水泥上市公司，海螺水泥（600585）、江西水泥（000789）、天山股份（000877）和巢东股份（600318）进行对比分析，这4家公司在水泥行业里都算是佼佼者，它们在未来的水泥行业中可能成为全国或地区的霸主。这

4家公司的市盈率在2012年第一季度结束时均低于10倍。下面运用PEG指标分析原理，并结合其他重要财务指标，对这4家公司进行对比分析，并评估它们目前股价的估值水平。

根据PEG的计算方法，首先采取了海螺水泥（600585）、江西水泥（000789）、天山股份（000877）和巢东股份（600318）4家公司2007年至2011年间5年的利润增长率数据，并计算出这5年来的复合增长率。

表5-6 4家公司历史利润数据

年度	海螺水泥	江西水泥	天山股份	巢东股份
2011年	1158982.69	50555.5	113022.22	28936.86
2010年	617140.28	15326.33	50541.53	6504.45
2009年	354436.52	6608.65	35103.49	526.11
2008年	260701.23	4898.78	19200.27	–9126.11
2007年	249421.86	3306.32	10479.52	2231.41
复合增长率	46.82%	97.75%	81.22%	89.77%

再采取这4家公司2012年3月30日的市盈率数据，并用市盈率除以以上得到的复合增长率数据，求得PEG值，如表5–7所示。

表5–7 4家公司市盈率、复合增长率及PEG数据

公司名称	市盈率	复合增长率	PEG
海螺水泥	7.21	46.82%	0.154
江西水泥	8.4	97.75%	0.086
天山股份	9.42	81.22%	0.116
巢东股份	9.35	89.77%	0.104

这样就可以初步分析这4家公司当前市盈率和PEG值。从市盈率看，已公布2011年年报的17家水泥板块上市公司的平均市盈率为19.03倍，这4家公司当前估值都偏低，表明当前都具有投资价值。从PEG数据看，它们都远远小于1，也就是说都处于价值低估区。这里选取的是水泥板块中较好的公司，较差的公司已排除在外，比如PEG指标大于1的福建水泥（600802），PEG值为1.265，还有已经带星的*ST金顶（600678），PEG值为10.21。

海螺水泥、江西水泥、天山股份和巢东股份4家公司的市盈率和PEG值都反映了它们存在投资价值。如果优中选优，它们之间也存在区别。海螺水泥

的市盈率最低，说明当前的价值优于其他3家公司。江西水泥的PEG值最低，说明从历史的增长性推断，其潜在的股票投资价值最高，其次为巢东股份。

下面再来算一下3年预估PEG值，也就是以2014年企业的盈利增长率来评估现在的股票投资价值。根据国信证券、申银万国、招商证券等机构分析员的预估数据，再经过简单的平均后，得出2014年海螺水泥等4家公司的每股盈利和利润增长率的预估值，根据这些数据计算出预估市盈率和预估PEG值。如表5-8所示。

表5-8　4家公司预估市盈率和预估PEG

上市公司	2012/3/30股价	预测2014年每股盈利	预估市盈率	预测2014年利润增长率	预估PEG
海螺水泥	15.78	2.425	6.51	23%	0.283
江西水泥	10.72	1.88	5.70	31%	0.184
天山股份	21.78	3.086	7.06	25%	0.282
巢东股份	11.22	1.92	5.84	29%	0.203

从计算结果可以看出，这4家公司的预估市盈率和预估PEG值仍然较低，表明都具有投资价值。但是预估PEG值较2007年至2011年历史数据计算的PEG值都有增长，说明市场对水泥板块并没有给出较高的估值空间，仍然保持较谨慎的态度。这可能缘于水泥板块自身的强周期性，以及政策对水泥板块的发展限制。不过，从市盈率、PEG和预估市盈率、预估PEG值看，当前这4家公司都处于被低估的价值区。相对来说，江西水泥的股价似乎更具成长性，其次是巢东股份。

进一步了解企业的真实情况，可以利用前面所学的财务指标来深入分析，读者可以通过对该案例的分析，掌握其他关键指标的使用方法。

图5-14是海螺水泥等4家公司主营收入增长率的对比图。大家已经知道，主营收入是企业盈利的动力和源泉。从图中可以发现，巢东股份的主营收入增长率在近年来呈现暴发性的增长。江西水泥的增速有所放缓，但该公司的主营收入增速一直保持在较高的水平。海螺水泥和天山股份的主营收入增速基本上是稳健加速。孰优孰劣，仁者见仁，智者见智，偏好风险的投资者可能青睐巢东股份。

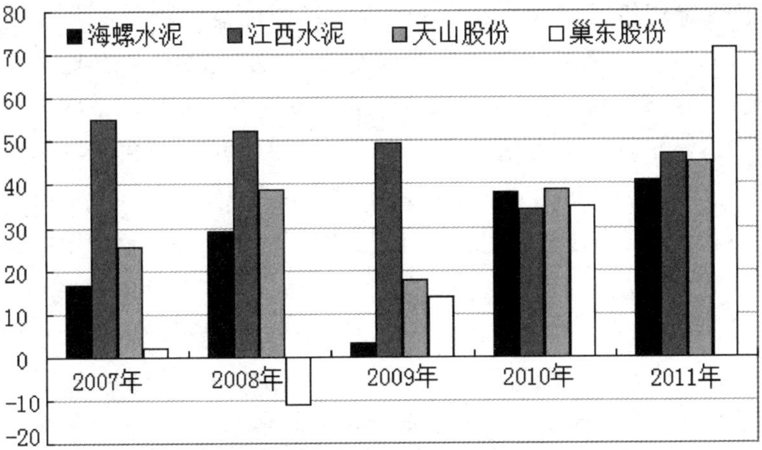

图5-14　海螺水泥等公司主营收入增长率对比图

下面利用存货周转率（次）来探讨一下这4家公司的经营运作效率。图5-15反映了4家公司2007年至2011年的存货周转率变化情况。总体看，巢东股份和海螺水泥的存货周转率较高，运作效率较高。但巢东股份的存货周转率趋势向下，说明库存在增加，相反天山股份的库存在减小，效率在提高。海螺水泥和江西水泥基本持平，较为稳定。到2011年，4家公司的存货周转率开始接近，都处于8附近。但从趋势上看，天山股份的该项指标在未来似乎更有潜力，巢东股份则不是很乐观。

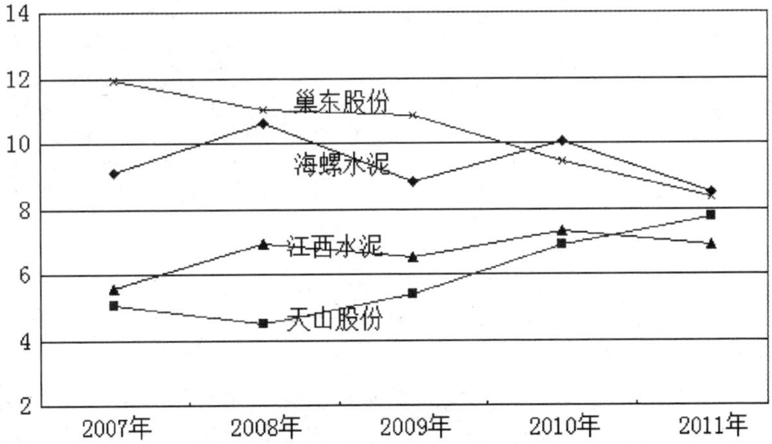

图5-15　海螺水泥等公司存货周转率变化情况对比图

经营现金流量对销售收入的比率也叫销售现金比，一般认为大于0.2为好，请看图5–16。海螺水泥和江西水泥的该项指标要优于其他两家公司。从4家公司的经营现金流量对销售收入的比率上可以发现一个现象，巢东股份的该项指标出现非常大的异常波动，该公司在2009年和2011年的销售现金比率非常低，2009年的营业收入是602985424.38元，2010年的营业收入是811888934.52元。为什么会造成这种现象呢？根据跟踪，该公司在2008年和2009年经历了淘汰落后产能和新的生产线上马。2010年的财报中解释了该年度经营现金流净额减少的原因："报告期内，销售结算收取银行承兑汇票结算比例上升，公司生产经营活动产生的现金流量较去年同期略有下降。"从2011年的年报中，发现该公司的经营现金流量猛增24倍，或许是2010年的银行承兑汇票结算带来的现金，不管如何，钱能够收回就是好事。

综上所述，对4家公司的PEG和其他部分财务指标分析之后，读者可能已经有了自己的选择。笔者认为，这4家公司在整个水泥板块中都是属于较有投资价值的公司。根据投资者的投资风格，选择思路如下。

海螺水泥：PEG值显示其价值被低估，该股是板块的龙头老大，资产多，盘子大，发展稳健，是稳健型投资者的首选。

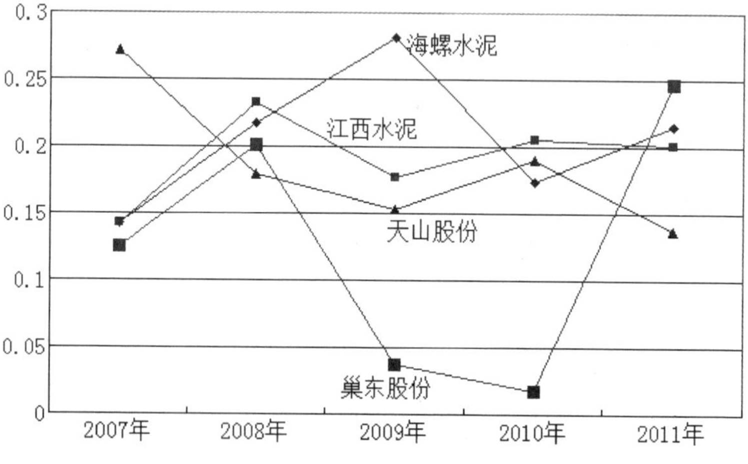

图5–16　海螺水泥等公司经营现金净流量对销售收入的比率

江西水泥：PEG值显示其价值被低估，未来发展加快，是攻守兼备的选项。

天山股份：PEG值显示其价值被低估，考虑到西部发展，地域经济，该股具备投资成长价值。

巢东股份：PEG值显示其价值被低估，公司相对起步较晚，正处于产业转型扩张的初期，是进攻型的品种，存在一定风险。

关键指标24 现金流量折现值

一、概念

现金流量折现值被广泛用于企业价值评估，它是建立在企业自由现金流量的基础上，用历史和当前的企业经营增长情况，评估预测未来自由现金流量，未来数年后的企业价值就是这段时间里每年自由现金流量的折现值。

决定现金流量折现值的关键因素是企业未来的自由现金流量预算和折现率。与其他对未来进行评估预测的方法一样，用历史和当前的数据，以及其他条件来推算未来的结果，都是建立在某些假设条件下的推断，是一种科学方法，并非随意估算。现金流量折现值是较成熟的评估预测工具，根据条件的变化，采取修正措施后，仍能较真实地反映未来结果。现金流量折现值的评估时间一般是5~10年，时间越长，不确定性因素越多，预测结果的意义也随之减弱。

现金流量折现值反映企业的综合价值，该评估结果与当前股价进行比较，可以得出股价是否被高估或低估。许多股票评级机构对上市公司未来盈利和股价预测也经常采用这种评估模型。现金流量折现值不仅为投资者提供了未来的企业价值和对应的股价预期，也给当前企业的发展潜力和股价的估值及安全性赋予了量化结果。现金流量折现值越大于当前企业的市场价值，说明当前股价越被低估，股价预期上涨动力越足。相反，如果现金流量折现值低于当前市场价值，则说明当前股价被高估。

二、计算

$$V_n=CF_1/(1+r)+CF_2/(1+r)^2+CF_3/(1+r)^3+\cdots+CF_n/(1+r)^n$$

Vn：N年后企业的现金流量折现值。

CF_1、CF_n：是企业第一年和第N年的预估自由现金流量。自由现金流量是指在不影响公司持续发展的前提下，可供分配给企业资本供应者的最大现金额。这部分现金流量不危及公司的生存与发展，并可以分配给股东和债权人。通常的计算公式为：

自由现金流量＝（税后净营业利润+折旧）－（资本支出+运营资本增加）

自由现金流量关注的是企业现金流入与流出的项目。在现金流量折现模型中，未来企业自由现金流量的预估是现金流量折现模型的两大关键之一。对未来现金流量的预测主要有：

1. 企业收入预测

2. 成本和费用预测

3. 通过企业收入预测、成本和费用预测得出净利润预测值

4. 对净利润进行调整计算，得出自由现金流量的预测值

r（折现率）：也称折现因子，也可以是加权平均资本成本（WACC），它是影响现金流量折现值的另一个关键项。折现率体现了自由现金流量的时间因素，距离开始的时间越近，其价值越高，风险也越小。折现率是投资者考虑投资风险后，对收益预期的最低要求的表现，折现率的大小取决于投资者对标的公司未来价值或股价的成长信心以及对风险的看法，包括对未来收益的预期。企业的现金流量由实体现金流量、债务现金流量和股权现金流量组成，由于它们的性质差异，导致其风险程度不同，折现率也就不同。对于一般上市公司，股权和债务为主体，在对现金流量折现模型中的折现率采用加权平均成本，公式如下：

加权平均资本成本（WACC）＝（资产净值/总资本）×股权成本＋（债务/总资本）×债务成本×（1－企业所得税税率）

其中，债务成本和股权成本用债务人和股东要求的收益率表示。至于债务成本一项要乘以（1－企业所得税税率），是因为与股权融资相比，债务融资可以使企业少缴企业所得税，因为利息在计算利润时是被扣除掉的，而所得税的计算又是按照利润总额的一定比例计算的，显然被扣除利息后的利润乘以一定比率计算的所得税，要比不扣除的计算得少，基于此，所以说利息能够抵税。

根据加权平均资本成本（WACC）的计算方法，预测该指标的内容有：

1. 权益资本成本的确定。

①无风险收益率。

可以采用最接近5年期国债发行利率作为无风险收益率。

②β值（Beta）估算。

β值源于资本资产定价模型（CAPM），它代表特定资本市场上任意资产的风险与收益的均衡关系，其在数值上等于投资组合收益率相对于市场收益率的协方差与市场收益率方差的比值。实际中，一般用单个股票资产的历史收益率对同期指数（大盘）收益率进行回归，回归系数就是β（BETA）系数。β度量的是与投资相联的不可分散的风险。对于一种股票而言，它表示所有现行股票的收益发生变化时，一种股票的收益会如何敏感地变化。

③风险溢价的评估。

对风险溢价的评估受到多方面因素的制约，对宏观经济的整体判断至关重要，风险溢价与GDP、股市的整体景气度都有着较大的关系，总体来说有历史法和前瞻法。另外，周期的选择会对股权风险溢价水平产生巨大的影响，即使在美国这样成熟的资本市场，周期不同，股权风险溢价水平也显著不同。在具体的计算方法上，一般有算术平均数收益率和几何平均数收益率，不一样的计算方法会导致计算结果有所不同。那么在计算ERP时采用算术平均数还是几何平均数？使用算术平均数依赖于“各类数据是独立的”和“市场收益的分配稳定”两个假设，如果市场满足或接近假设，则采取算术平均值较好。

④权益资本成本计算。

权益资本成本的计算方法有很多，国际上最常用的有红利增长模型、资本资产定价模型和套利定价模型等。这里采用被国际广泛使用的威廉·夏普提出的资本资产定价模型（CAPM），公式为：

$E(r_i)=R_f+\beta_i\times(E(r_m)-R_f)$

其中：

$E(r_i)$是资产i的预期回报率。

R_f是无风险率。

β_i是[Beta系数]，即资产i的系统性风险。

$E(r_m)$是市场m的预期市场回报率。

$E(r_m)-R_f$是市场风险溢价，即预期市场回报率与无风险回报率之差。

2. 债务成本的确定。

负债成本的计算也有多种办法，最为简单的方法是用企业的利息支出费用除以负债。这种方法虽然不够精确，但非常方便，计算时采用连续3~5年的数据加以调整。

3. 所得税、资产负债率、权益率的确定。

所得税：根据《中华人民共和国企业所得税法》第四条，企业所得税的税率为25%，如果有其他特殊情况，可根据有关法律和国家规定进行调整。

资产负债率和权益率可以根据企业的历史和当前情况，采用合适的比例，比如最近3~5年的平均水平。

4. 加权平均资本成本计算。

加权平均资本成本（WACC）

=（资产净值/总资本）×股权成本+（债务/总资本）×债务成本×（1-企业所得税税率）

计算演示：

表5-9是利用现金流量折现值对某虚拟的上市公司的股价进行评估。

表5-9　依据现金流量折现值评估股价数据

年度 项目	2011	2012E	2013E	2014E	增长率
净利润	842284447	1141655720	1307508979	1474870128	
加：折旧及摊销	146686445	174116810	206676653	245325187	18.70%
减：资本支出	250971278	297902906	353610750	419735960	18.70%
减：营运资本增加	473146047	535054188	678290753	827514718	
自由现金流量	264853567	482815435	482284130	472944637	
折现率		7.50%	7.50%	7.50%	
预测内自由现金流现值		449130637	417336186	380701784	
预测内自由现金流现值合计				1247168607.47	
永续价值				29254256694.00	
负债账面价值				-681732844.00	
企业股权资本价值				29819692457.47	
总股本				1917390000	
每股价值				15.55	

表中2012年以后均为预估值，自由现金流量是净利润加折旧及摊销，减资本支出减运营资本增加所得到的数字。折现率采用7.50%，折现后则得到预测年的自由现金流量折现值。

永续价值是指超过预测后企业以某比例（表中采用3%）永续增长的假设下所求出来的价值，其计算公式为：

$$永续价值= V_i \times（1+g）/[(r-g)(1+r)^i]$$

其中：

Vi：是预测年外的后一年的预测自由现金流

g：是永续增长率

r：是折现率

最终，企业股权资本价值是预测内自由现金流现值合计加上永续价值，减去负债账面价值所得的企业价值。如果公司的总股本没有发生变化，用企业股权资本价值除以总股本，就得到当前每股价值。表中最终每股价值为15.55元，如果当前该股股价距离每股价值较远，如10元以下，那么该股就处于低估状态；如果股价在15.55元附近，则说明市场基本反映了企业的价值；如果高出15.55元，如20元上方，则目前该股属于高估。

三、意义与作用

1. 现金流折现值用于评估公司未来的价值，该评估方法相对于相对估值方法更加合理、准确。现金流折现法考虑的更多是变量，包括了更多的信息，从多角度进行分析评估，因此较充分地反映了企业的内在价值。企业的经济活动表现为现金的流入和流出，现金流量折现法是资本投资和资本预算的基本模型，它被看做是企业估值定价在理论上最有成效的模型。由于该模型有坚实的基础，当与其他评估方案一起使用时，现金流量折现法得出结果往往是检验其他模型结果合理与否的基本标准。

2. 现金流量折现法实用性较强。该模型的起源于企业收购，通过权衡为收购而投入的现金量这一投资所有未来能产生的净现金量和时间（扣除折旧、营运需要等）来计算，后来被广泛地应用于上市公司的价值评估中。该模型通过对未来现金流量的预测，并折算成现值与原始投资比较，从而评估未来企业的估值水平以及企业当前的投资价值。

3. 现金流量折现法不容易被市场情绪偏见误导。现金流量折现法的出发点是基于企业自身增长，从自由现金流量的角度对未来进行评估，既避免了会计中的人为干扰，也避免了市场情绪对股价产生的影响。

4. 现金流量折现值计量与提供的财务信息具有高度的相关性。会计信息要具有相关的质量特征，必须能够帮助财务信息使用者评价过去、控制现在、预测未来，或者证实或者纠正先前预期的情况，从而具有影响决策的能力。因此，相比历史成本等其他计量属性，用未来现金流量现值计量属性来对资产、负债进行计价，能够直接反映企业有关资产所带来的未来经济利益和损失。

5. 现金流量折现模型适用于各种行业。虽然不同行业、企业的不同发展阶段都不相同，但现金流量折现模型可以满足各种类型企业的评估。在现实生活中，几乎每个企业都会随着其生命周期的起伏而经历不同的成长阶段，如企业早期的成长率高于整个经济体系成长率；企业中期的成长率等于经济体系成长率；企业晚期的成长率显然低于整个经济体系成长率。现金流量折现模型虽然简单，但经过对企业不同增长特性进行相应的调整后，能适应企业各种不同成长形态的需要。比如，我们可以将公司分为确定性较强的稳定成长类公司、周期性公司和风险类公司，对不同类型给予不同的折现率。还可以根据公司的成长变化赋予不同的增长率，等等。

6. 现金流量折现值能够较综合地反映当前股价的投资价值。在很多股价评估方式中，都采用横向对比和历史对比来衡量股票的价值。横向对比是与同类型的公司进行比较，看标的股是否更便宜，从而决定是否投资，这种横向比较方法最大的缺陷是无法确认股票本身的价值。历史比较方法是以历史的数据作为参照，看当前的股票价值处于历史的什么水准，从而判断股票的投资价值，但股票投资最重要的是关注企业的未来成长。现金流量折现值是考虑了企业的成长性、风险性，用企业未来的价值折算后，回到当前，并与当期的股价进行对比，达到评估股票价值的目的。

7. 现金流量折现值是投资股市的重要分析方法之一，根据该项数字可以对当前股票价格给予较真实的评价，指导投资者采取相应的交易策略。

四、注意事项

1. 业务越简单、增长越平稳、现金流量越稳定的公司，现金流量折现模型的预测就会越准确。有的公司各项指标波动性非常大，需要进行数字平滑处理，这样也会对评估的准确性产生较大的误差。有的公司的利润和现金流量根本没有什么规律，时正时负，现金流量这些模型是很难进行预估的，即使预估，其可信度也很低。

2. 现金流量折现法估价的基石是未来的自由现金流量和折现率。但它的使用有一定的假设条件。

①企业面对的资本市场是有效的，资产价格与资产的内在价值相匹配。

②企业面对的市场是稳定的，可以利用科学有效的预测方法对当前支出进行预测，并且得到的结果是实际的反映。

③企业能够无限地延续经营下去，经营期间，企业的投融资决策具有不可逆性。

④投资者都是理性的，可以获得真实有效的公开信息，并借此作出理性的投资决策。

这些假设条件与现实生活中的企业存在一定的差距，因此在计算现金流量折现值时存在较大的主观性，该估值的准确度与分析者的能力和经验有较大的关系。

3. 现金流量折现模型相对较复杂。比如前面讲到的PEG估值法就比现金流量折现模型简单。因此，投资者在使用现金流量折现模型时，需要有一定的财务基础知识，方能较准确地计算和使用。

4. 现金流量折现法在一些发达国家已经被普遍使用，有较好的社会和行业基础，但该方法在我国还处于发展之中，因此该评估模型在使用时会受到一定的限制。现金流量折现法的基础是会计数据的完善和真实，只有当会计制度健全，信息披露能够较为真实地反映企业的过去和现状时，对未来的预测才会有效，现金流量折现模型才能发挥出巨大的作用，而我国现行的企业会计制度很难准确地做到这一点。不过随着我国会计制度的不断完善和对上市公司的监管越来越细化，现金流量折现方法会逐步被广大投资者了解和使用。

5. 现金流量折现法的不足。

①很难预测自由现金流量的动态变化。企业自由现金流量的变化较大，特别是那些还没有稳定下来的公司，而自由现金流量是该评估模型中的核心，因此，在该模型中只能假设企业的自由现金流量在原有的成长性下的情况，无法动态跟踪这种变化，这也是许多评估模型都面临的难点。

②确定合理的折现率存在一定难度。目前的评估方法对折现率的选取一般是在企业资金成本的基础上，考虑财务风险因素选取的。在具体评估企业价值时，一般会以静止的方法确定折算率，以目前资本结构下的折现率进行企业价值评估，折现率是固定的。但是在实际中，由于企业经营活动发生变化，企业的资本结构必然处于变化之中，导致企业风险出现变化，进而影响到资本结构中各项资金来源的权重，导致折现率出现波动，从而引起企业价值评估结果发生变化。

6. 现金流量折现法会受到分析者的主观因素影响。虽然现金流量折现法的数据来源于企业的各项财务数据，但在一些数据的选择上，还是与分析者的经验和态度有一定的关系，比如对风险的理解和确认等，会直接影响折现率的高低。在对现金流量的动态波动性处理上，也会受到主观因素的干扰。

因此，分析者在使用现金流量折现模型时，需要慎重对待和选择相关数据的取值，因为它直接影响评估结果是否客观和准确，影响到评估价值的高低，进而影响投资决策。

7. 使用现金流折现法评估时，大部分是以7~10年为限，时间越长假设的主观性和不确定性就越大。

五、股市应用

现金流量折现模型在股市中运用广泛，其核心就是对企业价值进行科学理性的评估，与当前的股价进行对比，从而判断股票的投资价值或风险。整个过程可以用流程图表示，如图5-17所示。

图5-17　现金流量折现模型流程图

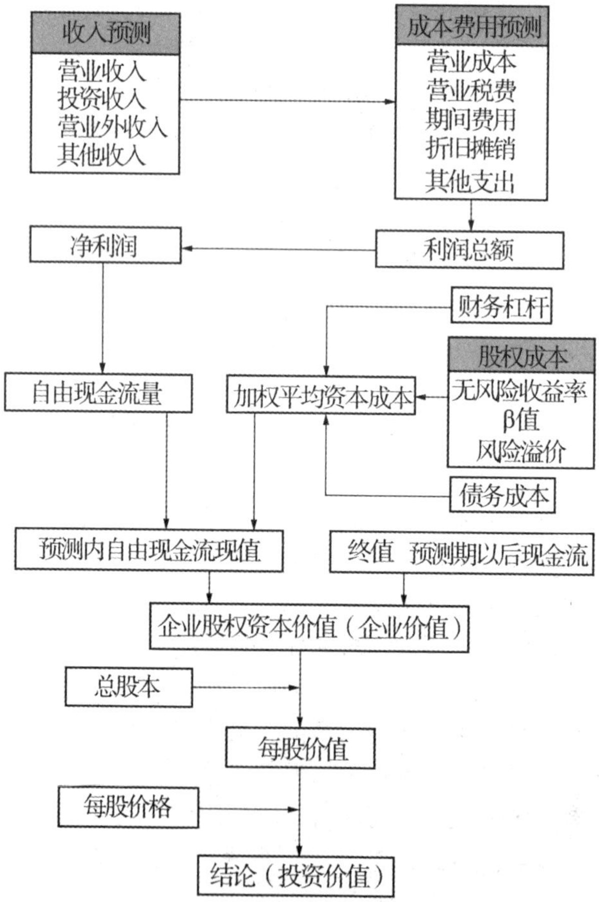

六、案例：恒瑞医药（600276）价值评估分析

下面以恒瑞医药（600276）为例，用现金流量折现法对该股进行价值评估。

1. 营业收入预测。

表5-10是恒瑞医药2005年至2011年营业收入和营业收入增长率的统计数据。依据这6年的平均增长率，对未来5年的营业收入进行了预测。

表5-10　恒瑞医药历史营业收入及利用平均增长率后预测值

年度	营业收入（万元）	增长率
2005年	117926	
2006年	142246	20.62%
2007年	195966	37.77%
2008年	239256	22.09%
2009年	302896	26.60%
2010年	374411	23.61%
2011年	455039	21.53%
平均增长率		25.37%
2012年E	568799	25.00%
2013年E	710998	25.00%
2014年E	888748	25.00%
2015年E	1110935	25.00%
2016年E	1388669	25.00%

表5-11是依据恒瑞医药2005年至2011年营业收入数据，做线性回归预测的营业收入情况统计。

表5-11　恒瑞医药历史营业收入及线性回归预测值

年度	Y值	X值（万元）
2005年	1	117926
2006年	2	142246
2007年	3	195966
2008年	4	239256

（续表）

年度	Y值	X值（万元）
2009年	5	302896
2010年	6	374411
2011年	7	455039
2012年E	8	487191
2013年E	9	555020
2014年E	10	619279
2015年E	11	684313
2016年E	12	744589

采用以上两种方法的平均值，作为对恒瑞医药未来5年的营业收入预测值。如表5-12所示。

表5-12　恒瑞医药两种方法预测的营业收入平均（单位：万元）

预测年度	平均值增长率预测	线性回归预测	平均值
2012年E	568799	487191	527995
2013年E	710998	555020	633009
2014年E	888748	619279	754014
2015年E	1110935	684313	897624
2016年E	1388669	744589	1066629

同样，可以利用以上方法，对恒瑞医药的成本费用等数据进行预测，这样就可以得到以下利润表简表，如表5-13所示。

表5-13　恒瑞医药净利润等指标预测（单位：万元）

项目 \ 年度	2012年E	2013年E	2014年E	2015年E	2016年E
一、营业收入	517995	633009	754014	927624	1126629
减：营业成本	97453	119867	137437	181347	223057
营业税金及附加	6868	8310	10055	12167	14722
销售费用	191196	238995	298744	373430	466787
管理费用	75764	90917	109100	130920	157104
财务费用	0	0	0	0	0
利润总额	146714	174920	198678	229760	264959

（续表）

净利润	110036	131190	149009	172320	198719
总股本	112414.97	112414.97	112414.97	112414.97	112414.97
每股收益	0.98	1.17	1.33	1.53	1.77

2. 自由现金流量预测。

在表5–13的基础上，对恒瑞医药进行自由现金流量预测，如表5–14所示。

表5–14　恒瑞医药自由现金流量预测（单位：万元）

年度 项目	2012年E	2013年E	2014年E	2015年E	2016年E
净利润	110036	131190	149009	172320	198719
加：折旧及摊销	10833	12458	14327	16476	18947
减：资本支出	22934	25227	27750	30525	33578
流动资产	466394	513033	564336	620770	682847
流动负债	53254	66035	81884	101536	125905
营运资本	413140	446998	482452	519234	556942
减：营运资本增加	82971	33858	35455	36782	37708
自由现金流量	14964	84563	100131	121489	146380
现值合计					467527

这样以上数据就可以用于计算该公司的现金流量折现值。

3. 加权平均资本成本估算。

①无风险收益率。

可以采用我国10年期国债收益率历史均值3.60%。

②β值（Beta）估算。

β值度量的是与投资相联的不可分散的风险，β值表示的个股或投资组合对系统风险的敏感程度，可以简单理解为：

β＝1，即证券的价格与市场一同变动。

β＞1，即证券价格比总体市场波动更大（较整体市场风险高）。

β＜1，即证券价格的波动性比市场低（较整体市场风险低）。

β＝0，即证券价格的波动与市场没有关系。

β＜0，即证券价格的波动与市场波动相反，一般情况下这种情况很少见。

经过对恒瑞医药2007年4月至2012年4月的评估，取0.7为Beta预估值。

③风险溢价。

我国属于新兴经济体，股票市场波动幅度非常大，这也加大了对风险溢价的评估难度。在这几年的股市大起大落中，风险溢价负值频现，但从更长远来看，A股还是总体向好。根据我国经济发展形势和股市属新兴市场性质，并综合其他因素后，给予8%的风险溢价。

④权益资本成本的确定

$E(r_i)=R_f+\beta_i\times(E(r_m)-R_f)$

式中：

$E(r_i)$是资产i的预期回报率。

R_f是无风险率。

β_i是[Beta系数]，即资产i的系统性风险。

$E(r_m)$是市场m的预期市场回报率。

$E(r_m)-R_f$是市场风险溢价，即预期市场回报率与无风险回报率之差。

根据该算式，可以计算恒瑞医药的权益资本成本=3.6+0.7×8=9.2（%）

3. 债务成本的确定。

负债成本的计算也有多种办法，最为简单的方法是用企业的利息支出费用除以负债。这种方法虽然不够精确，但非常方便，计算时采用连续3~5年的数据为好。由于恒瑞医药的负债率非常低，采用这种简单方法计算的数字对该指标的影响较小。这里采用恒瑞医药2009年至2011年的数据计算，3年里公司每年平均支付利息为11149431元，平均负债为398041754元，则：

公司的债务成本=11149431/398041754=2.8%

4. 加权平均资本成本计算。

根据《中华人民共和国企业所得税法》第四条，企业所得税的税率为25%。

恒瑞医药2007年至2011年的资产负债率分布为9.12%、10.8%、11.13%、10.2%和18.9%，平均资产负债率为12.03%。相应权益比重为87.07%。获取以上数据后，可以计算恒瑞医药的加权平均资本成本。

加权平均资本成本（WACC）

=（资产净值/总资本）×股权成本+（债务/总资本）×债务成本×（1-企业所得税税率）

=87.07%×9.2%+12.03%×2.8%×（1-25%）

=8.35%

5. 自由现金流量折现值。

最后就可以预估恒瑞医药未来N年的自由现金流量折现值。在确定企业的增长性时分两个阶段，第一阶段是公司一直维持可持续的可预见的增长，第二阶段是公司按某一增长速度永续性地增长。比如恒瑞医药，在预测的前5年，公司是按预测的增长率1.532的速度增长，5年后企业进入稳定期，按1.07的速度增长。现在来预估2016年，也就是5年后的企业自由现金流量折现值。

根据公式：

$$V_5 = CF_1/(1+r) + CF_2/(1+r)^2 + CF_3/(1+r)^3 + \cdots + CF_n/(1+r)^n$$

以2016年作为可预见性阶段来求得公司的自由现金流量折现值为375188万元。

假设2016年后，公司以3%的永续增长速度无限增长，则可以根据公式：

永续价值$= V_5 \times (1+g)/[(r-g)(1+r)^5]$

$= 375188 \times (1+3\%)/[(8.352\%-3\%)(1+8.35\%)^5]$

=4841682（万元）

则，公司的股权资本价值

=可预见性的增长现金流量折现值+永续价值−负债价值

=375188万元+4841682（万元）−39804（万元）

=5177066（万元）

用公司的股权资本价值除以总股本112414.97万股，则得出每股价值46.05元。以2012年4月20日收盘价27.25元相比，公司的股价属低估。

附录

附录1　关键财务指标分析结构图

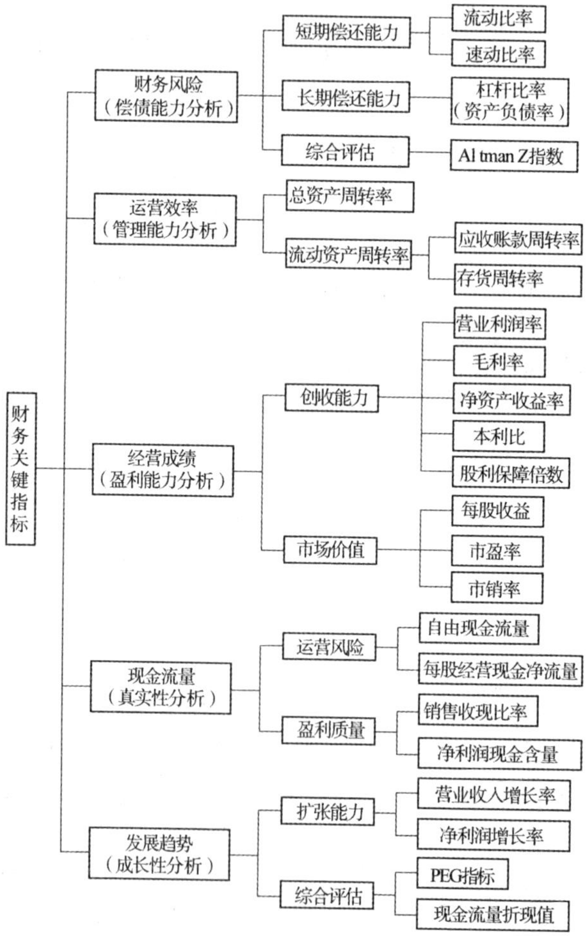

附录2 关键财务指标汇总表

财务指标名称	定义及计算公式	意义
资产负债率	资产负债率是负债占总资产的比例。 资产负债率=负债/总资产	衡量企业的整体财务风险程度。企业通过负债经营，会放大企业的盈利或亏损。理论上，资产负债率越高，财务风险越大，合理区间为40%~70%。
股东权益比率	是股东权益与资产总额的比率。 股东权益比率＝股东权益总额/资产总额	反映企业资产中有多少是所有者投入的，该项比率一般认为在30%~60%较为合适。
流动比率	流动比率是流动资产与流动负债的比率。 流动比率=流动资产/流动负债	衡量企业短期债务清偿能力，流动风险的指标。它也说明企业的流动资产能够多大程度地快速转换成现金。一般该比率应该大于2。
速动比率	速动比率是企业的速动资产与流动负债的比率。 速动比率=速动资产/流动负债	衡量企业现金支付能力。一般该比率应该大于1。
现金比率	是企业资产中所拥有的货币资金和现金等价物的总和与流动负债的比率。 现金比率=(货币资金+有价证券)/流动负债	反映了企业的及时偿还能力。一般该比率应该大于25%。
市净率 股价/账面价值比	是股价除以净资产的比率。 市净率=总市值/账面价值（股东权益） 或：市净率=价格/每股净资产	表示每1元的股东权益在证券交易市场中能值多少钱，该指标反映了投资者购买股票的现实价值与购买成本的差距。一般来说，市净率较低的股票，投资价值较高。
股价研发费用比	是市值除以研发费用的比率。 股价研发费用比=总市值/研发费用	该指标反映企业对未来发展的重视程度和市场对企业潜在动力的反映。该指标主要用于科技研发型企业的评价。
不良资产比率	不良资产比率是企业年末不良资产总额占年末资产总额的比重。 不良资产比率＝年末不良资产总额/年末资产总额×100% 不良资产总额是指企业资产中存在问题、难以参加正常生产经营运转的部分，主要包括三年以上应收账款、其他应收款及预付账款，积压的存货、闲置的固定资产和不良投资等的账面余额，待处理流动资产及固定资产净损失，以及潜亏挂账和经营亏损挂账等。	该指标揭示了企业在资产管理和使用上存在的问题，用以对企业资产的营运状况进行补充修正。一般情况下，指标越高，表明企业沉积下来、不能正常参加经营运转的资金越多，资金利用率越差。该指标越小越好。

（续表）

Altman Z 指数	Z 指数是采用企业的资产结构、运营能力、盈利能力、变现能力、偿还能力等不同单项指标，通过加权后组成一个多变量的综合性指标。 $Z=ax_1+bx_2+cx_3+dx_4+ex_5$ X1=营运资金 / 资产总额 X2=留存收益 / 资产总额 X3=息税前利润 / 资产总额 X4=总市值 / 负债总额 X5=销售收入 / 资产总额	Z值越小，公司发生财务风险的几率越大。
总资产周转率 总资产周转天数	总资产周转率（次数）是企业一定时期(一般按年度)的当期营业收入与平均资产总额的比率。 总资产周转率=营业收入/平均资产总额 总资产周转天数=期间天数/总资产周转率	是考察企业资产运营效率的一项重要指标，体现了企业经营期间全部资产从投入到产出的周转速度，反映了企业全部资产的管理质量和利用效率。该项指标数字越大，说明企业利用总资产的效率越高。
流动资产周转率	流动资产周转率（次数）是指企业一定时期的主营业务收入与流动资产平均总额的比率。 总资产周转率=营业收入/平均资产总额 总资产周转天数=期间天数/总资产周转率	是反映企业流动资产运用效率的指标。该项指标越大，说明企业利用流动资产创造营业收入的效率越高，股东获得的最终净利润也会越多。
应收账款周转率 应收账款周转天数	应收账款周转率（次数）是指企业一定时期的主营业务收入与应收账款平均余额的比值。 应收账款周转率（次）=营业（主营）收入/平均应收账款余额 应收收款周转天数=期间天数（1年）/ 应收账款周转率	是反映企业的应收账款运用效率的指标。应收账款周转率越高，或应收账款周转天数越短，企业的应收账款收回越快，用于企业运营的资金就越充足，经营效率越高，企业的财务风险也会随应收账款的及时回收而减小。
存货周转率 存货周转天数	存货周转率（次数）是企业一定时期主营业务成本与平均存货余额的比率。 存货周转率 =（主营）营业成本/平均存货余额 存货周转天数=期间天数/存货周转率	反映存货的周转速度，即存货的流动性及存货资金占用量是否合理。存货周转率越大越好，存货周转天数越小越好。
劳动效率	是销售收入除以员工成本的比率。 劳动效率=销售收入/员工成本	该比率反映企业每1元人工成本可以创造出多少销售收入。是评价企业人工劳动效率的指标，主要用于劳动密集型企业。该指标越大越好。
市销率（股价营收比）	市销率是股票的总市值与营业收入的比值。 市销率=总市值/主营收入 市销率=每股价格/每股营收	说明每1元的营业收入对股价的贡献程度，市销率越低，说明股票越具投资价值。

（续表）

市盈率（股价盈利比率）	是上市公司总市值与总盈利的比值，也是股票的每股股价与每股收益的比率。 市盈率=总市值/净利润 市盈率=每股股价/每股收益	它说明在目前的盈利水平下，投资者用多少年可以将投资成本收回。市盈率越小，说明股票的投资价值越高，越大则投资价值越低。
营业利润率	是公司的营业利润与营业收入的比率。 营业利润率=营业利润/营业总收入	它是衡量企业经营效率的指标，反映了在不考虑非营业成本的情况下，企业管理者通过经营获取利润的能力。该项比率越高，说明企业将营业收入转化为营业利润的比率越高，也就是企业的经营获利能力越强。
毛利率（销售利润率）	是公司的销售毛利占销售净值的百分比。 销售毛利率=销售毛利/销售收入	毛利率表示每1元销售收入扣除销售成本后，有多少钱可以用于各项期间费用的开支，剩多少钱可以形成盈利。销售毛利率是企业销售净利率的最初基础，是企业将商品转换为盈利的第一步。该指标越高越好。
成本费用利润率	是企业一定期间的利润总额与成本、费用总额的比率。 成本费用营业利润率=营业利润额÷成本费用总额	表明每付出1元成本费用可获得多少利润，体现了经营耗费所带来的经营成果。该项指标越高，利润就越大，反映企业的经济效益越好。
净资产收益率	是指净利润与平均股东权益的比值。 净资产收益率=净利润/净资产 加权净资产收益率=净利润/平均净资产	反映企业利用自有资本（股东权益、非债务）所获取利润的能力，即反映投资者的投资与投资者获取报酬的关系。该指标越高，说明投资带来的收益越高。
每股收益（EPS）	是上市公司的税后总利润与普通股股本总数的比率。 摊薄每股收益＝期末净利润/期末普通股总数 基本每股收益=期末净利润/当期发行在外普通股加权平均数 稀释每股收益=调整后期末净利润/（基本每股收益为基础+潜在可转换为普通股股数）	是反映上市公司每股的收益大小，该项指标是投资者评价企业盈利能力和衡量股票投资价值的重要财务指标之一，该指标数字越大越好。
本利比	本利比是每股股价与每股股息的比值，也就是上市公司的股价是股息的倍数关系。 本利比=每股股价/每股股息	该指标反映股价高出股息多少倍，股价是否高估。该指标越低越好。

（续表）

获利率	是每股股息与每股股价的比值。 获利率=每股股息/每股市价	说明每1元的投资所获得的现金分红报酬有多少。该指标越高越好。
股利保障倍数	是指可分配股东的利润相对于已经或已决定分配给股东股利的比率。 股利保障倍数=每股收益/每股股利 股利保障倍数=可分配给股东收益/普通股股东股利	反映企业可分配给股东的利润是股东所获得股利的倍数。一般情况下，该项指标越低越好。
息税前利润（EBIT）	扣除利息、所得税之前的利润。 EBIT = 净利润 + 所得税 + 利息 EBIT = 经营利润 + 投资收益 + 营业外收入 – 营业外支出 + 以前年度损益调整。	该指标排除了资本结构和所得税政策对评价项目的影响，能够更为准确地比较企业之间的盈利能力。也可以在分析同一企业不同时期盈利能力变化时，比净利润更具真实性。
资本回报率	是指投入和使用资金与相关回报的比例。 资本报酬率=(息前税后经营利润)/(投入资本) =[营业利益 ×（1–公司税率）]/(总资产–不计息流动负债)	用于衡量投入资金的使用效果，评估一个公司或其事业部门历史绩效的指标。
每股经营现金净流量	是上市公司经营活动产生的现金流量净额与发行在外普通股总数的比值。 每股经营现金净流量 = 经营活动产生的现金流量净额/总股本	它是反映上市公司每股所获得的经营活动现金数量的指标，主要用于衡量企业从事资本性支撑及支付股利的能力。每股现金流量越高，说明公司的每股普通股在一个会计年度内所赚得的现金流量越多。
销售收现比率	是企业在销售商品、提供劳务中收到的现金与主营业收入（销售收入）的比率。 销售收现比率=销售商品、提供劳务收到的现金/营业收入	该项比率反映企业从主营业务收入中获得现金的能力，评价销售渠道是否通畅，还可以反映企业在行业中的竞争地位。一般认为销售收现比率大于1是公司好的表现。
净利润现金含量比率经营现金净流量对净利润的比率	是指生产经营中产生的现金净流量与净利润的比值。 净利润现金含量=经营活动现金净流量/净利润	反映企业盈利能力和盈利质量。一般认为，该项比率应该大于1，越大越好，表明销售回款能力较强，成本费用低，财务的流动风险越小。
自由现金流量	是指在不影响公司持续发展的前提下可供分配给企业资本供应者的最大的现金额。 自由现金流量 =（税后净营业利润+折旧）–（资本支出+运营资本增加）	反映的是企业拥有现金资产和用于生产经营和扩大再生产的资金能力，一般认为，企业的自由现金流越充足越好。

（续表）

每股自由现金流量	是自由现金流量与企业普通股总数的比值。 每股自由现金流量=自由现金流量/加权平均发行股数	是反映企业盈利质量、经营健康程度和短期偿还能力的指标。一般情况下，该指标越高越好。
股价自由现金流量比	是每股股价与每股自由现金流量的比率。 股价自由现金流量比=股价/每股自由现金流量	是以公司目前创造的自由现金流量的速度，来看投资人需要多少时间才能将股价全数收回。股价自由现金流量比的重要性在于其可针对不同公司进行比较，无须考虑公司的规模大小，能够比较客观地衡量公司的价值，而且比较不容易被作假或美化。
营业收入增长率	是本期期末的主营业收入相对前一会计期的主营业收入增加额与前一会计期期末的主营业收入的比值。 营业收入增长率=（当期营业收入–上期营业收入）/上期营业收入	是评价企业成长性的指标，它是用来反映公司的企业营业收入的增减变动，衡量企业成长情况及行业地位、产品竞争力的指标。该指标越大越稳定越好。
净利润增长率	是当期期末净利润较上期期末净利润的增加值与上期期末净利润的比率。 净利润增长率=(当期期末净利润－前期期末净利润)/前期期末净利润的绝对值	反映企业实现价值最大化的扩张速度，是综合衡量企业资产营运与管理业绩的指标，同时也是评估企业成长状况和发展能力的重要指标。净利润增长率大于零时称为为正增长，小于零时称为负增长。通常认为净利润增长率越高，代表公司的扩张速度越快，企业成长越迅速，未来发展空间越乐观。
总资产增长率	是企业本年总资产增长额同年初资产总额的比率。 总资产增长率=（年末资产总额–年初资产总额）/年初资产总额	反映企业本期资产规模的增长情况。资产增长是企业发展的一个重要方面，发展性好的企业一般能保持资产的稳定增长。一般情况下，总资产增长率越高，表明企业一定时期内资产经营规模扩张的速度越快。
PEG指标市盈率相对盈利增长比率 称股价盈余成长系数	由上市公司的市盈率除以盈利增长速度得到的数值。 PEG=市盈率/历史盈利增长比率 预估PEG=预估市盈率/预估盈利增长比率	该指标既考察公司当前的盈利与市价之间的关系，又可通过盈利增长速度评估未来一段时期内公司的增长预期下的股票价格水准。PEG越低，说明该股的市盈率越低，或者盈利增长率越高，股票就越具有投资价值，PEG值小于1时，一般认为股价被低估，或投资者对公司未来成长性不看好。

（续表）

加权平均资本成本	是根据股东权益及负债占资本结构的百分比，再针对两者的成本予以“加权计算”，所得出的一项综合数字。加权平均资本成本（WACC）=（资产净值/总资本）×股权成本+（债务/总资本）×债务成本×（1-企业所得税税率）	通常被拿来和公司实际赚取的资本报酬做比较，用来判定管理团队能为公司的股东增加多少价值。
β值（Beta系数）	是特定资本市场上任意资产的风险与收益的均衡关系，其在数值上等于投资组合收益率相对于市场收益率的协 方差与市场收益率方差的比值。 $\beta_a=\frac{Cov(r_a,r_m)}{\sigma_m^2}$ 其中Cov（r_a，r_m）是证券a的收益与市场收益的协方差；σ_m^2是市场收益的协方差。	是一种风险指数，用来衡量个别股票或股票基金相对于整个股市的价格波动情况。β系数是一种评估证券系统性风险的工具，用以度量一种证券或一个投资证券组合相对总体市场的波动性。简单理解： β =1，即证券的价格与市场一同变动。 β >1，即证券价格比总体市场更波动。(较整体市场风险高) β <1，即证券价格的波动性比市场为低。(较整体市场风险低) β =0，即证券价格的波动与市场没有关系。 β <0，即证券价格的波动与市为相反，一般情况下是很少见的。
现金流量折现模型	现金流量折现值被广泛用于企业价值评估，它是建立在企业自由现金流量的基础上，用历史和当前的企业经营增长情况，评估预测未来自由现金流量，未来数年后的企业价值就是这段时间里每年自由现金流量的折现值。 $Vn=CF_1/(1+r)+CF_2/(1+r)^2+CF_3/(1+r)^3+\cdots\cdots+CF_n/(1+r)^n$ Vn：N年后企业的现金流量折现值。 CF_1、CF_n：是企业第1年和第n年的预估自由现金流量。 r（折现率）：也称折现因子，也可以是加权平均资本成本（WACC）	现金流量折现值反映企业的综合价值，该评估的结果与当前股价进行比较，并得出股价是否被高估或低估。许多股票评级机构对上市公司未来盈利和股价预测也经常采用这种评估模型。现金流量折现值不仅为投资者提供了一个未来的企业价值和对应的股价预期，其实也给当前企业的发展潜力和股价的估值及安全性赋予了量化结果。现金流量折现值越大于当前企业的市场价值，说明当前股价越被低估，股价预期上涨动力越足。相反，如果现金流量折现值低于当前市场价值，则说明当前股价被高估。
夏普比率	夏普比率=（投资组合预期报酬率-无风险报酬率）/波动性 波动性等于股票价格、指数的标准差。	同时对收益与风险加以综合平衡的指标。所以理性的投资人选择投资标的与投资组合的主要目的为：在固定所能承受的风险下，追求最大的报酬；或在固定的预期报酬下，追求最低的风险。